川口短期大学研究叢書 第1巻

両親のペアレンティングが未就園児の社会的行動に及ぼす影響
―包括的理論の構築とその実証的検討―

加藤邦子 著

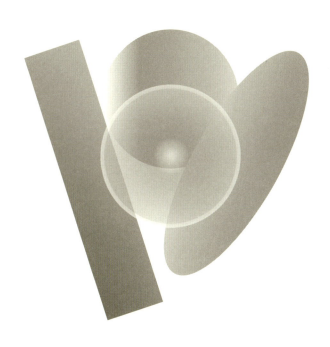

風間書房

目　　次

序章 ……………………………………………………………… 1

　第1節　ペアレンティングの定義と研究の意義 ……………………… 2

　第2節　日本の子育ての状況 ………………………………………… 8

　　1．人口動態ダイナミクスの視点からみた状況 ……………………… 8

　　2．夫婦間の性別役割分業 …………………………………………… 12

　　3．親子の関係性の変化 ……………………………………………… 18

　　4．ペアレンティング教育の課題 …………………………………… 21

第1章　本研究における課題と目的 …………………………………… 25

　第1節　包括的理論の必要性 ………………………………………… 25

　　1．子どもの発達に及ぼす親の影響―Involvement 理論 …………… 25

　　2．シンボリック相互作用論からみた子どもの社会的行動 ………… 26

　　3．Belsky のプロセスモデル ………………………………………… 27

　　4．従来のペアレンティングアプローチからの脱却 ………………… 28

　　5．Rusbult の投資理論からみた子どもへの影響 …………………… 31

　　6．本研究の課題 ……………………………………………………… 31

　第2節　包括的理論の構築 …………………………………………… 33

　　1．包括的理論の枠組み ……………………………………………… 34

　　2．理論を組み立てる意義 …………………………………………… 35

　　3．親子関係に援用する Rusbult の投資理論 ……………………… 37

　　4．ペアレンティングの構造化 ……………………………………… 38

　　5．Coparent の概念（構造化のキーワード1） …………………… 41

　　6．子どもにとってのアクセスしやすさ（構造化のキーワード2） ……… 41

第3節　研究の目的と意義 ……………………………………………… 43

　　1．研究の目的 ……………………………………………………… 43

　　2．研究の意義 ……………………………………………………… 44

第2章　基本概念と理論的枠組み ……………………………………… 49

第1節　基本概念 ……………………………………………………… 49

　　1．未就園児の社会的行動の発達 ………………………………… 49

　　2．コペアレンティング …………………………………………… 56

　　3．両親と子どもとの関係性（父親の関係関与性と母子の愛着関係）……… 58

　　4．父親の育児量 …………………………………………………… 60

　　5．父親役割の顕現性 ……………………………………………… 61

　　6．母親の育児不安と干渉的養育行動 …………………………… 61

第2節　本研究の理論的枠組み ……………………………………… 62

　　1．Rusbult の投資理論 …………………………………………… 62

　　2．Involvement 理論 ……………………………………………… 64

　　3．アイデンティティ理論 ………………………………………… 66

　　4．育児不安の研究から導かれる仮説 …………………………… 69

　　5．愛着理論 ………………………………………………………… 70

　　6．本研究で用いる概念図 ………………………………………… 71

　　7．理論間の接合点 ………………………………………………… 75

第3章　先行研究からみた研究の課題 ………………………………… 79

第1節　子どもの発達の規定因 ……………………………………… 79

　　1．母親のペアレンティングと発達 ……………………………… 79

　　2．父親のペアレンティングと発達 ……………………………… 82

　　3．親子遊びが子どもに及ぼす影響 ……………………………… 88

　　4．コペアレント（Coparent）が子どもに及ぼす影響 ………… 89

第2節　母親のペアレンティング研究 ･･････････････････････････････ 93

　　1．母親の抱える育児不安とその影響 ････････････････････････ 93

　　2．母親の養育態度・行動が母子関係に及ぼす影響 ･･･････････ 94

第3節　父親のペアレンティング研究 ･･････････････････････････････ 96

　　1．父親の役割と機能 ･････････････････････････････････････ 96

　　2．育児量が父子関係に及ぼす影響 ･･････････････････････････ 99

　　3．父親役割の顕現性が育児参加に及ぼす影響 ･･･････････････ 100

　　4．父親の育児参加を規定する要因 ･･････････････････････････ 100

第4節　先行研究のまとめ ･･････････････････････････････････････ 106

　　1．先行研究から導かれた本研究の課題 ･･････････････････････ 106

　　2．両親のペアレンティングにはどのような要因が影響を与えるか ･･･････ 107

　　3．本研究で用いる子どもの社会的行動 ･･････････････････････ 108

　　4．本研究で用いる概念モデル ･････････････････････････････ 109

　　5．概念モデルにおける仮説の設定 ･･････････････････････････ 110

第4章　方法 ･･･ 113

第1節　研究の分析枠組み ･･････････････････････････････････････ 113

　　1．分析モデル ･･･ 114

　　2．研究1と研究2における作業仮説 ････････････････････････ 118

第2節　手続き ･･･ 121

　　1．調査協力者 ･･･ 121

　　2．調査協力者の属性と調査の時期 ･･････････････････････････ 122

　　3．焦点化した集団場面における社会的行動の観察場面の構造 ･････････ 125

　　4．分析に用いた変数 ･･･････････････････････････････････････ 129

第3節　分析方法 ･･･ 134

iv

第5章　研究1　ペアレンティングの構造の実証的検討 ……………139

　第1節　変数の基本統計 ………………………………………………139

　　1．用いた変数の度数分布 …………………………………………139

　　2．基本統計量 ………………………………………………………143

　第2節　分析に用いた変数間の相関 …………………………………150

　第3節　研究1の因果モデルの検討 …………………………………154

　　1．分析モデル1と実際のデータとの適合度の評価 ……………154

　　2．研究1の分析結果の評価 ………………………………………156

第6章　研究2　両親のペアレンティングが社会的行動に及ぼす
　　　　　　　　影響 …………………………………………………161

　第1節　研究2の課題 …………………………………………………161

　第2節　社会的行動に対する両親のペアレンティングの説明力 ………163

　第3節　研究2の分析に用いた変数間の相関 ………………………166

　第4節　研究2の因果モデルの検討 …………………………………167

　　1．分析モデル2と実際のデータとの適合度の評価 ……………167

　　2．研究2の分析結果の評価 ………………………………………170

第7章　考察と結論 ………………………………………………………175

　第1節　研究課題に対する結果のまとめ ……………………………175

　　1．研究1　両親のペアレンティングのプロセスモデル …………177

　　2．研究2　ペアレンティングの構造と子どもの社会的行動との関連 ………182

　第2節　両親のペアレンティングが未就園児の社会的行動に影響する
　　　　　プロセス …………………………………………………………184

　　1．プロセスとしてのペアレンティング …………………………186

　　2．育児不安が母子関係に関連するプロセス ……………………188

　　3．育児への資源の投入が関係に及ぼす影響 ……………………190

4．父親の育児を規定する要因 ……………………………………… 193

　　5．干渉的養育行動が関係に及ぼす影響 ………………………… 193

　　6．父親のアイデンティティが育児量に及ぼす影響 ……………… 194

　第3節　包括的理論からみた両親のペアレンティングの構造 ……… 195

　　1．従来の理論を組み合わせた理論的枠組みの意義 ……………… 195

　　2．包括的理論枠組みの検討 ……………………………………… 196

　　3．就園前の2歳児は父母から何を学ぶのか ……………………… 199

　　4．Involvement 理論をめぐって ………………………………… 200

　第4節　ペアレンティング理論の可能性 ………………………… 202

　　1．Involvement 理論 ……………………………………………… 202

　　2．Rusbult の投資理論 …………………………………………… 203

　　3．アイデンティティ理論 ………………………………………… 205

　第5節　本研究の結論 ……………………………………………… 207

　第6節　研究からのインプリケーション ………………………… 207

　　1．父親と母親のペアレンティングに注目する必要性 …………… 207

　　2．日本の育児における性別役割分業を変えるために …………… 212

　第7節　本研究の限界と今後の課題 ……………………………… 216

あとがき ……………………………………………………………… 221

文献リスト…………………………………………………………… 223

人名索引 ……………………………………………………………… 247

事項索引 ……………………………………………………………… 250

序　章

　本書は，未就園児が集団場面に参加する際の社会的行動に，両親による養育的かかわりがどのように影響を及ぼすのかを明らかにするために，父親・母親のペアレンティングに関する従来の諸理論をとりあげて包括的理論を構築し，ペアレンティングがどのようなプロセスで子どもの行動に影響を及ぼすのかを実証的に検討したものである。ペアレンティング理論の構築とその実証的検討を目的としている。

　未就園児をもつ親は日々子育てに取り組んでいるが，よく考えてみると，「子育ての結果子どもにはどのようによい影響があるのか」，「親の責任はどこまでか」，「家庭で子どもをどこまで育てればよいのか」，「親が自然にふるまうことで，子育てといえるのか」，「子育てと集団保育にはどんな違いがあるのか」…等々，明確にされているとは言えない。

　本書で用いるペアレンティングについては，両親が子どもの発達課題に合わせて，子どもとともに行動したり，相互作用することであり，意識や信念も含む概念として用いている。

　本書の構成は，序章と第1章～第7章で構成される。序章では，日本のペアレンティングの状況と研究の背景について述べる。第1章では，研究の課題・目的と意義，第2章では，研究で用いる基本概念と理論的枠組みについて述べる。第3章では，先行研究について取り上げ，第4章では，研究の方法，第5章では，ペアレンティングの構造の検討，第6章では両親のペアレンティングが未就園児の社会的行動に及ぼす影響の分析，第7章では，研究の考察と総合的な結論を述べ，最後に研究の限界と今後の課題についてまとめている。

第1節　ペアレンティングの定義と研究の意義

　ペアレンティングという用語は，Belsky（1984）によれば，親として行動することとされ，すなわち，「子どもの潜在的能力や発達課題に敏感に合わせ，それによって，子どもの情緒的安定，自立した行動，社会的効力感，認知的能力を含めたさまざまな発達領域においてより高い発達に到達できるように働きかける行動」とされている。牧野（1992）によれば，「乳幼児の養育のみならず，胎児期から青年期に至るまでの長い期間にわたる親の役割という，両親が子どもを育てる技能を含んだ親としての役割に近い概念であり，女性役割から切り離した子育てや親としての仕事という意味をもつ」と定義されている。また Wilson & D'Amico（2001）の定義によるペアレンティングは，「文化によって規定されるもので，子どもの発達を促すという親の責任に焦点化したしつけや養育に関するもの」とされている。Bornstein（2002）は *Handbook of Parenting* の中で，「親として子どもに働きかける行動，知識，信念，期待という特徴をもち，雇用，社会的地位，文化，環境，歴史がその形成にかかわる」とする。「子どもからみると，父親，母親，片親，養父母，継父母，里親などの場合が考えられ，そのペアレンティングに支障をきたす要因として，子どもの障害，別居や離婚など結婚における問題，薬物依存などが挙げられる」としている。Grusec（2001）の定義によれば，ペアレンティングは「子どもの社会的，情緒的，認知的な発達を促すために重要であるとされ，親の態度と信念が反映されるもの」である。また Lamb & Bornstein（2011）によれば，「家族・社会・文化的文脈の中で，人生にわたる母親と父親両方のスタイルにおける共通点と違いを含めて，親たちがわが子にどのようにかかわるかというダイナミックな概念」としている。

　定義を概観してみると，親の態度と信念が反映されるもので，文化や歴史などを含む幅広い概念であり，研究者によってさまざまに捉えられてきたこ

とがわかる。一方ペアレンティングという概念を用いて，親が子どもに働きかける内容や行動を具体的に規定して，それらの構造を捉える研究はこれまで少なかったと考えられる。未就学児をもつ親に対して Sroufe & Rutter (1984) は，子どもの自律性や個体化を促進することや，社会的慣習を身につけられるように子どもに制限を加えることを，発達段階特有のペアレンティングの課題と説明している。また Teti et al., (1996) は，乳幼児に対して有効な働きかけができていると感じる母親は，さらに子どもと関わろうとし，子どもを理解し，ポジティブで適切な相互作用の機会を増やしていくと述べている。Saarni (1999) は，養育する親が，子どもの小さい時から感情体験を促し，表出するのを助けて，感情を社会化するとしている。一方子どもの発達水準によって，親の何を模倣するか，何と同化するのかは変化するが，ペアレンティングによって，親子関係が維持されるものと考えられる。

　乳幼児期には，親から子どもへ働きかける際に，子どもの発達課題に合わせてペアレンティングの調整をするとともに，両親間で調整することによって親子関係が維持される。

　以上を参考に，本書で用いるペアレンティングについては，子どもが集団に入る際の社会的行動への影響を明らかにするために，『両親が子どもの発達課題に合わせて，子どもと共に行動したり相互作用することで，意識や信念も含む概念』と定義しておく。

　両親のペアレンティングを取り上げる理由は，現代の日本では，女性の就業率の上昇などによって，父親の育児の機会は着実に増え，父親が子どもに関わらざるを得ない状況にあり，子どもの社会的行動についても両親の影響を明確化することには意義があると考えるからである。立会い出産の増加，育児休業制度の導入やワーク・ライフ・バランスの推奨，父親を対象とした育児グループやイベントの開催などを通し，両親からの影響を受けて子どもは育っていく。

　一方，「平成16年度・17年度家庭教育に関する国際比較調査」（国立女性教

育会館，2006）における日本，アメリカ，タイ，韓国，スウェーデンの1994年と2005年の調査結果の比較によると，日本の父親が，平日子どもと一緒に過ごす時間は減少したことが明らかになっている。さらに，特に日本と韓国においては，調査対象のうち専業主婦家庭の占める割合が半数を超えており，育児量の父母差が大きいこと，父親の育児量の少なさが特徴であり，父母差が拡大していることが明らかになっている。ただし，父親が子どもと一緒に過ごす時間は，子どもの年齢が低いほど長いため，未就園児については両親の影響はより大きいと予想される。

　父親が育児することのメリットについて，石井クンツ（2009）は，母親とは異なる大人との接触機会を生み出し，人間関係の多様性を学ぶ機会を増やすこと，また大人への親密性を増すこと，その結果，生活範囲を広げてネットワークを拡大することにつながり，ひいては子どもの社会性を高めると述べている。Macfie, et al.,（2005）は，両親の子どもに対する働きかけが，幼稚園の集団における子どもの行動に影響していることを明らかにしている。

　これまで父親の育児に関する研究では，育児参加が子どもにプラスの影響をもつことは確かめられてきた（繁多，1987; 中野，1992; 土谷・飯長・加藤・数井，1996; 加藤・石井クンツ・牧野・土谷，2002; Ishii-Kuntz, 2004; 石井クンツ，2007など）。従来の研究では，父親の育児の実態は，「育児量（育児頻度）」の多寡によって捉えられることが多かったが，本書では，子どもとの相互作用を含めたペアレンティングという概念を用いるため，新たな視点を提供するものと考えられる。

　さらに，育児行動の内容や量の影響，子どもの年齢段階による育児参加の変化，親の養育行動が子どもの発達に及ぼす影響などは，それぞれ個々に検討されてはきたが，ペアレンティングに関する理論的枠組みを踏まえ，両親がいかに子どもに働きかけるかが，社会的行動にどのように貢献するかについてプロセスを検討した研究はあまりみられなかった。すなわち従来の研究では，就業状況などの社会構造的要因が父親の育児行動，親子関係に及ぼす

影響，親子関係が子どもの発達に及ぼす影響について，個別の理論に基づいて検討されたが，ペアレンティングを構成する個々の概念をどうつなげるのか，包括的理論による検討が少なかったことが原因であろう。

大日向（2001）が指摘するように，現代は社会の変動性が急激に高まっており，何を目的にどういう教育をするのが子どものために望ましいかといった展望が持ちにくく，子どもに対する期待も責任も高度で複雑になっており，子育てが難しくなっていると考えられるのである。最近の子どもをとりまく状況の変化をみると，コミュニティの崩壊に伴い子どもの対人的環境の基盤が脆弱化している。少子化，きょうだい数の減少に伴い，子ども同士が出会う機会も減っていると考えられる。乳幼児をもつ家庭において，子どもが友だちと遊ぶ機会は減少していることが示されており（ベネッセ教育研究開発センター，2006），子どもの遊び相手は母親のみ，としている家庭が増加して，8割を超えているとされている。就園に至るまでに，家庭から家庭外へとつながる機会が減ると，仲間関係の形成も難しくなることが推察され，子どもの社会的行動にも変化が生じ，集団参加に支障をきたす可能性があろう。

子どもは家庭で何を学び，それは家庭外の行動にどうつながっているのか。子育ち・子育てが困難とされる現代だからこそ，主たる養育者（Primary care taker）だけでなく，第二養育者（Secondary care taker）による子どもへの働きかけという，両親のペアレンティングの構造を捉え，子どもがどのようなプロセスで社会的行動を身につけるかを検討することには意義があると考えられる。すなわち，ペアレンティングと子どもの集団参加との関連に注目すること，さらに社会的行動の発達を両親がどう促進するかについて検討することには意味があろう。両親のペアレンティングの実態を捉えた上で，子どもの社会的行動への影響を明らかにすることによって，父親の育児参加を促し，未就園児をもつ家庭への支援のあり方について示唆が得られると考えられる。

Shwalb, Kawai & Tsunetsugu（1997）は，日本の父親は親であることを最

も重要な役割と評価しているものの，子どもと積極的に関わっているわけではなく，意識と実態にギャップがあると指摘している。さらに，日本とアメリカの父親の育児参加を規定する要因を比較した石井クンツ（2009）の指摘によると，アメリカの父親は，意識と就業時間・環境の両者が育児量に影響していたが，日本の父親は，就業時間・職場環境など，意識以外の要因が育児量に影響を及ぼしていたと結論づけている。すなわち，日本の父親は，親としての役割を認識していたとしても，状況が変わらない限り，子どもに対する直接的な影響はかなり低い可能性が示唆されるのである。

教育基本法では，保護者は子の教育について第一義的責任を有する（2006）と規定されている。ところが，これまで日本では，未就園児について，家庭で育てられる社会的行動，すなわち，保護者のペアレンティングが子ども同士のかかわりにどのように影響を及ぼすのか—についてはあまり検討されてこなかった。家庭における子育てはプライベートな領域であり，それを支えているのは専業主婦の存在，強固な夫婦間の性別役割分業，3歳児神話，母性規範などで，母親の手で育てられることで，子どもは発達することが当然と考えられてきた結果と考えられる。

最近は女性の就業率の上昇，ひとり親家庭の増加などにより，乳幼児早期から保育所など集団に参加する子どもが増えている。したがって今後は親の主体性を尊重しつつ，意識と行動との間にギャップがあったとしても，子どもの社会的行動の発達を促せるように，子どもを取り巻く家族内外のさまざまな人間関係を相互に調整し，家庭と家庭外とを橋渡しするような支援が必要になる。

保育と母親による子育てが子どもの発達に及ぼす影響については，全米から約1300人の新生児を対象とした4歳半までの大規模な追跡研究によって『NICHD 発達初期の保育と子どもの発達に関する研究』（2006）において明らかにされている。国立小児保健・人間発達研究所 National Institute of Child Health and Human Development（以下 NICHD と略す）による Early

Child Care Research Network の研究である。その結果として母親以外の保育を受けていたとしても，子どもは親や家庭の要因により強く影響を受けることが示されている。子どもの発達に影響した家庭の要因は，親の教育歴，収入，受けている情緒的サポート，家庭の教育的環境，母親の精神的健康であったとしている。この研究プロジェクトでは，父親については，母親以外の保育，『自宅での保育（In-home care)』として捉えられていることから，今後は，母親だけでなく，父親も含めたペアレンティング構造が，子どもの発達に及ぼす影響について検討することが課題となろう。

　序章では，包括的な理論を提案するために，背景となる日本の育児の現状を明らかにする。Bronfenbrenner（1979）が，文化や民族性，地域性，家族における人間関係など，子どもをとりまく環境の中でこそ，子どもの発達を促すことができると述べていることに基づき，Bronfenbrenner の生態学的視点を取り入れる。

　子どもと環境との相互作用のうち，最もミクロなシステムは子どもが親と直接的に相互作用するようなレベルであると捉える。子どもは成長するにつれて，親だけでなく，子ども同士，親以外の大人，仲間集団，教師との関係に発展していくのである。したがってミクロシステム同士が連結すると，メゾシステムと捉えられる。たとえば父親と子ども，母親と子ども，教師と子ども，子ども同士というミクロなシステム同士が相互に関連すると考えるのである。またエクソシステムとは，親の職場の人間関係などを想定し，そこには子どもは直接には参加していないが，何らかの影響が生じているのである。さらに日本文化，家族政策などの社会的構造は，マクロシステムから受ける影響と捉えられている。Bronfenbrenner（1979）はこれらのシステム同士はネットワークを構成し，マトリョーシカ人形のように入れ子構造になっていると考えたのである。

　したがって，Bronfenbrenner の生態学的視点をもとに包括的理論を提示して両親が子どもに関わることが，子どもの社会的行動にどのように貢献し

ているのかを実証的に明らかにしていくことにしたい。

第2節　日本の子育ての状況

1．人口動態ダイナミクスの視点からみた状況

　日本の1990年以降の出生率の低下など人口規模の変動は，その結果として人口の高齢化・少子化などを急速に進めることになり，家庭内における子育て，老親扶養・介護などのあり方に大きな影響を及ぼすこととなった。人口動態ダイナミクスは，単に人口の増減や年齢構成の変化を記述して伝えるだけではない。少子高齢・人口減少社会は単に時間の経過を辿った結果ではなく，日本を構成する人が選択した多様なライフコースの結果もたらされたものであり，わが国の家族はその機能も大きく変化していることを示している。後の政府による子育て支援政策の必要性や転換にもつながっている。

　人口転換理論では，多産多死→多産少死→少産少死に推移するとされているが，多産少死→少産少死にいたる推移は，出生率の低下によるものと説明されている。この理論では少産少死社会における年齢構造は，高齢者層の占める割合が増加すると説明される。日本は，老齢人口比率（65歳以上の高齢者人口の全人口に占める割合）は1970年に7％を超え，1995年には14％を超えたが，その間25年しかたっておらず，2005年には21％，2014年には26％（総務省，2015）に達し，2050年には，35.7％に達すると推計されている。非対称な年齢構造は，経済，政策，公共投資，生活にかなり大きい影響を及ぼす。日本の平均寿命，合計出生数の推移をみると，世界一の長寿国（WHO，世界保健統計，2016）であり，もっとも少産少死を特徴とする国であり，他国に先んじてその政策を転換していく必要がある。急速かつ高率の高齢化は，日本の家族に揺らぎをもたらしている。

1-1. 日本の家族の揺らぎ

金子（2006）の分析によると，現代は，男女高齢者の扶養・介護問題と，若い男女の結婚や子産み，子育て問題との複雑な構造として捉えることができるという。少子高齢化に対応するために，従来の性別役割分業では対応できないような諸問題が生み出されてくるので，今後，性別役割分業に代わるべき新たなジェンダー関係の再構築を果さなくてはならないという。

少産少死の結果，膨らんだ老齢人口を支えるための扶養負担が増加し，人口減少が経済の発展を阻むということが実証されつつある。慢性的な労働力不足を解消する試みとして，高齢者の活用や外国人労働者の受け入れ，結婚や出産を機に労働市場から退出した専業主婦家庭の女性の活用はますます広がる。近年の待機児童問題にも反映されているように，わが国の未就園児を持つ家庭では，乳児保育のニーズが高まっている。さらに育児だけでなく老親の介護をも担う世帯が存在することから，Ｗケアという問題も生じている。

保坂（2005）は，育児・家事の領域において，夫婦間性別役割分業を見直し，男女の歩み寄りが必要とされるとしている。今後社会を維持するために，従来とは逆の方向で日本人のライフコースに大きな影響を及ぼしていくことは必至である。個々の家庭においては，男女間の相互理解や相互調整が必要になっているが，新たなジェンダー関係の再構築には揺らぎや混乱が生じる。

1-2. 少子化と日本政府による対策

日本政府は1989年に合計特殊出生率（女性が一生のうちに産む子どもの平均数）が1.57を示したことを問題と捉えた。その後低出生率と子どもの数の減少に対する関心が高まり，1992年の「国民生活白書」（経済企画庁）には，初めて「少子化」「少子社会」という語句が使われた。

1990年代は出生率の動向を踏まえた対策（1991年〜）を立てると同時に，父親の育児参加量を促す働きかけが増えた。1992年には育児休業法が施行され，その後1995年には育児・介護休業法が公布された。「家族的責任を有す

る男女労働者の機会及び待遇の均等に関する条約」（ILO156号条約）が批准され，男女が均衡を保つ政策としてすすめられてきた。

　健やかに子どもを生み育てる環境づくり，ウェルカムベビーキャンペーン，さらに1995年にはエンゼルプランが５年間の事業として進められ，育児休業給付の実施（1995年），週40時間労働制が実施（1997年）された。その後少子化への対応の必要性に基づく対策（1998年〜），総合的な少子化対策（1999年〜）が位置づけられた。たとえば，少子化対策推進基本方針，新エンゼルプラン（2000〜04年）が立案され，2001年には「保育所待機児ゼロ作戦」，2003年には次世代育成支援対策推進法，少子化社会対策基本法を施行し，2004年には次世代育成支援対策関連３法として児童福祉法，児童手当法，育児休業をとる労働者の福祉に関する法律を改正した。2005年からは子ども・子育て応援プラン（新・新エンゼルプラン）が立てられた。政府は2006年に出生率の反転（増加）と目標値を呈示するまでになった。

　2008年には保育サービスの提供割合を大幅に増やすとした「新待機児ゼロ作戦」にとりくむようになり，育児に関して社会的支援を行う方向性が強く示されている。その結果を反映してか，2005年に合計特殊出生率は史上最低の1.26を示したが，2006年は1.32，2009年1.37，2012年1.41，2013年1.43，…と上昇を続け，2015年には1.46と発表されている（厚生労働省，2016）。

　2012（平成24）年に成立した「子ども・子育て支援法」などの法律に基づいて，2015（平成27）年４月からは「子ども・子育て支援新制度」が施行された。各地方自治体は，この新制度の施行に向けて，地域の代表者による「子ども・子育て会議」を編成し，制度の内容について検討を重ねており，それぞれの地域の実情に合わせた実効性のある制度として力を入れてきた。

　このように2000年代以降，政府はあらゆる対象をターゲットとした少子化対策の一環として，「子ども・子育て支援新制度」を実施し，現在に至っているといえる。この制度には国の予算が当てられ，さらに，男女ともに仕事と子育ての両立支援，地域の子育て家庭支援策（情報提供，親教室など）が考

えられてきた。少子化対策は，法的拘束力がないことなどから，出生率向上に向けた潜在的な意図はあるものの，子育て期にある人々のリプロダクティブ・ライツを尊重した家族政策とみなすことができる。すなわち，当事者が子どもを産みたい，育てることが楽しいと実感でき，主体的に選択できるような家族福祉政策の充実という方向性は今後も維持されると考えられる。

こうしてみると，政府による「子ども・子育て支援新制度」では，専業主婦家庭，共働き家庭，ひとり親家庭など多様な家族を対象とした支援を目指しており，当事者の視点に立った実態調査や研究が求められているといえる。

1-3. 乳幼児期の子どもをもつ女性の就業率の変動

少子高齢化による慢性的な労働力不足を解消する試みとして，結婚や出産を機に労働市場から退出した専業主婦家庭の女性の活用が，今後ますます広がると予想されるが，日本では乳幼児を持つ女性の就業率はどのように変動しているのであろうか。

OECD の報告による6歳未満の子どもをもつ女性の就業率（フルタイム勤務）の変化について検討してみると（図1），3歳未満の子どもをもつ母親，3歳～6歳の子どもをもつ母親の全体に占める割合は1986年以降あまり変化

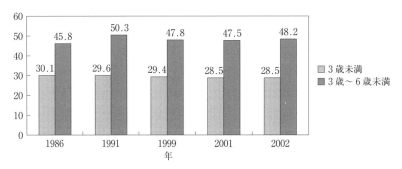

図1　6歳未満の子どもをもつ母親の就業率の変化
出典：国際比較　仕事と家庭生活の両立（OECD編著, 2005）

がみられず，3歳未満の子どもをもつ母親のフルタイム就業率は，どちらかというと低迷している。日本は，「未就学児を育てている」女性のフルタイム勤務の割合が少ない。

このような調査結果の背景には，待機児童問題だけでなく，女性がフルタイムで就労継続する困難が存在し，このような選択がなされていると考えられる。「第1回21世紀出生児縦断調査」（平成13年度）（厚生労働省，2001）によると，第1子出産前後の女性の就業状況は，出産半年後67.4%の女性が無職となっており，出産前にフルタイムで働いていた女性も仕事を辞めることが明らかになっている。出産半年後にフルタイム，パート・アルバイト，自営業で就業する女性の割合は全体の32.2%に過ぎないことからも，0歳児を育てる母親の就業率は低くなっている。

2．夫婦間の性別役割分業

日本では，近代以降母親のみが育児・家事を担わざるを得ない状況があり，「男は仕事，女は家庭」とする夫婦間の性別役割分業は依然として根強く存在している。労働経済白書（2008）によると，男性の長時間労働が一般化しており，勤め人（賃金労働者）である父親が育児参加の時間を増やすことは個人の努力だけでは到達できないという現実が窺える。育児参加を規定する要因に関する研究は積み重ねられてきたが，既成の働き方を意図的に変えることは難しい現状がある。夫の一日の家事・育児時間を他国と比較した調査（内閣府，2015）によると，日本は67分，フランス150分，スウェーデン201分となっており，日本の父親のうち長時間労働者（週49時間以上）の割合は，日本は22.7%，フランス11.6%，スウェーデン7.6%である。

多賀（2006）は，仕事と育児のはざまで男性の生きる意味が揺らいでいることを示したが，精神的・情緒的状態を充足させるシステムは未だ整備されていない。「平成18年社会生活基本調査」（総務省統計局，2007）の実態調査によれば（表1　統計を基に著者が作成），未就学児をもつ父親が週全体で育児に

序　章　13

表1　末子年齢6歳未満の子どもをもつ夫婦の育児時間の夫婦間の差（2007年）

曜日，行動の種類（育児）別総平均時間－夫婦と子どもの世帯（末子が6歳未満）　　（時間，分）

	夫				妻			
	週全体	平日	土曜日	日曜日	週全体	平日	土曜日	日曜日
育児	0.39	0.25	1.16	1.14	2.54	3.07	2.24	2.20
身体の世話と監督	0.10	0.10	0.09	0.13	1.17	1.23	1.00	1.05
乳幼児と遊ぶ	0.21	0.08	0.49	0.57	0.59	0.59	0.53	1.02
子どもの教育	0.02	0.01	0.09	0.02	0.09	0.09	0.14	0.08
子どもの送迎移動	0.05	0.06	0.05	0.01	0.22	0.29	0.10	0.02
その他の育児	0.02	0.00	0.04	0.00	0.06	0.07	0.07	0.07

その他の育児＝（乳幼児の介護・看護，及び子どもの付添いなどをあわせたもの）
出典：総務庁統計局　平成18年社会生活基本調査

かける平均時間は39分とされており，母親の2時間54分と比較すると4倍以上を母親が担っていることになる。さらに平日では12倍，土曜日，日曜日でもほぼ2倍の時間，子どもの育児に費やしているのである。牧野（1982;1985）は，夫が育児に参加していないほど，「夫は子育てに責任をもっていない」と妻が感じているほど，妻の育児不安が高くなることを明らかにした。すなわち，夫婦間の性別役割分業が顕著である家庭では，妻のみが葛藤を抱え，育児不安が高まる可能性が推測される。

　次に図2（社会生活基本調査平成18年度版を基に著者が作成）には末子が3歳未満の子どもをもつ共働き家庭における，週全体を平均した夫と妻の生活時間の差を示したが，仕事の時間差はほぼ2時間半妻の方が短くなっているが，家事は6倍以上，育児はほぼ4倍，妻の方が夫よりもかなり多く担っていることが示されている。

　女性の就業・未就業に関わらず，乳幼児期の育児に関して夫の協力が得られにくく，さらに地域との交流が乏しいために，身近に相談できる人もなく，孤立しがちで，一人で抱え込む傾向があるという背景には，育児を担う親は母親である，とする社会規範が根強く存在するのであろう。

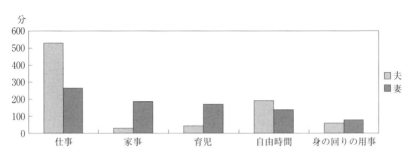

図2　末子年齢3歳未満の共働き家庭における夫と妻の週全体生活時間の差（2007年）

図3は，家族類型別世帯の割合の経年変化を示している。父子家庭に比べて，母子家庭が増加していることがわかる。また夫婦と子どもの世帯は減少傾向にあることを示している。日本の人口動態の変遷を見ると，同棲や結婚していない状況による子どもの出産が増加していることを示しており，子どもは乳幼児期から多様な家族の構造のもとに育っている現状がある。

父親が平日に子ども（3歳以下）とかかわる時間は，「家庭教育に関する国際比較調査報告書―子どもの家庭生活についての調査」（日本女子教育会，

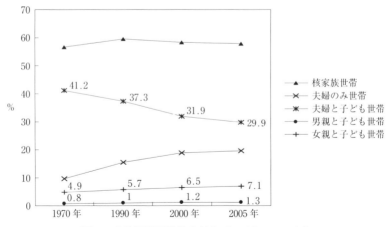

図3　家族類型別世帯の割合（1970年〜2005年）

出典：国立社会保障・人口問題研究所

序　章　15

1995）によれば，他国（韓国，タイ，アメリカ，イギリス，スウェーデン）と比較
してもっとも少なく，いかにして父親の育児時間を増やすかが課題とされて
きた。10年後の調査（国立女性教育会館，2006）において，他国（韓国，タイ，
アメリカ，フランス，スウェーデン）と日本の父親の育児参加を比較したとこ
ろ，韓国よりも多かったが，参加量には大きな変化はみられなかったことが
明らかになった。さらに子どもと一緒に過ごす時間の父母差は，他国と比較
したところ最も大きく，夫婦間の育児参加の程度の違いが著しいことが特徴
で，夫婦間の性別役割分業が特徴である。ところが，子育ての悩みや問題点
に関する父親の回答を分析したところ，41.3%の父親は，子どもとかかわる
時間が短いことを悩んでいるという結果が報告され，育児時間の短さは父親
にとって何らかの葛藤になることが読み取れる。

　一方，「子どもの世話」については，いずれの国も母親中心に行われてい
ることが明らかになっている。Pleck（1985）は，育児が自分の役割である一
と強く信じている母親は，父親が育児をすることに対して，罪悪感を感じる
と指摘する。すなわち，伝統的な夫婦間の性別役割分業を脱するには，男性
の育児参加にまず女性自身が適応しなければならないという課題があること
から，相互の歩みよりが必要であろう。子どもとの接触の国際比較調査にお
いて，父親の方が母親よりも高かった項目は，日本では「一緒に遊ぶ」と
「スポーツを教える/一緒にする」の行動であり，6ヶ国比較によると，「一
緒に遊ぶ」については，アメリカを除く日本，韓国，タイ，フランス，スウ
ェーデンの5ヶ国で父親の方が母親よりも多かった。

　江原（2004）は，世代間・性別間で性別役割分業という社会規範の変化の
程度に大きな違いがあることを指摘し，特に若い女性でジェンダー意識の変
容が大きいことを明らかにしている。従来の社会規範が崩壊・動揺しつつも，
収まりどころを見出し得ず，アノミー状態を生みだしているとしている。
人々が従来信奉してきた規範から，脱していく過程では，文化的目標と制度
的手段との離齬を生み（Durkheim, 1893＝1971），混乱状態になると述べてい

る。

未婚化・晩婚化の原因について，仕事のために結婚を面倒と見なす女性が増えた，妊娠・出産の不安やコスト感が現代の女性には強く感じられている，いまどきの母親には育児の負担感が強いからと説明されることは多いが，原因を女性にのみ求めるのではなく，現代の日本のジェンダー意識が揺らいでいるからこそ，男女間の相互理解が必要になってきていると考える必要があろう。

Ishii-Kuntz（1993）は，日本では，仕事上の要請が強いために，家庭における役割を果たせなくなっていると指摘する。乳幼児をもつ父親たちの中で，育児に関わる人は，仕事上の要請が相対的に弱いか，時間的制約がないという状況にあると考えられた。しかし父子家庭のケースでは，第一養育者として機能せざるを得ない。また妻が突然病に倒れたことをきっかけに，仕事を抱えながら家事をこなし，育児にとりくむ父親や，子どもの障碍に対して特別な配慮を要する事から，自らも母親とともに育児・家事に奮闘する父親も少数だが存在する。

今後は，「仕事量の多寡」と「緊急性」という要因のみで育児量が規定されるのではなく，親として機能することの必要性を父親が感じて，子どもを育てることがあたりまえになることによって，主体的に取り組むことが，夫婦間の性別役割分業を衡平にすることにつながるだろう。たとえば専業主婦家庭の父親で，1日あたりの就業時間が10時間以上で平日はほとんど育児参加できない場合であっても，育児参加の重要性を感じ，主体的に子どもに関わり，子どもとの間に関係性を育むことによって，子どもの発達を促進する可能性は十分ある。他方，就業時間は短いものの，妻から育児参加するよう強制されて消極的ながらも担当している場合は，子どもに関わっていても妻のヘルパーに過ぎず，育児の意義を感じることができず，負担感が増すこともあるだろう。その結果，父子関係は良好とはいえず，子どもの発達につながらない可能性も考えられる。夫婦間の性別役割分業には，このように育児

序　章　17

表2　共働きか否か別　生活時間の推移（昭和61年〜平成18年）　1986〜2006年

(時間. 分)

	共働き世帯					専業主婦世帯				
	1986年	1991年	1996年	2001年	2006年	1986年	1991年	1996年	2001年	2006年
夫の仕事時間	8.32	8.27	8.14	8.02	8.22	8.25	8.14	8.12	8.11	8.19
夫の家事・育児時間	0.15	0.19	0.20	0.26	0.33	0.17	0.25	0.27	0.35	0.42
妻の仕事時間	5.32	5.14	4.55	4.38	4.43	0.07	0.03	0.03	0.04	0.02
妻の家事・育児時間	4.30	4.39	4.33	4.37	4.45	7.41	7.42	7.30	7.34	7.34
	1986年	1991年	1996年	2001年	2006年	1986年	1991年	1996年	2001年	2006年
妻の家事関連の分担割合（全体）	94.70%	93.60%	93.20%	91.40%	89.60%	96.40%	94.90%	94.30%	92.80%	91.50%

出典：総務省統計局　「平成18年社会生活基本調査」　＊家事関連には家事と育児を含む

量だけでなく，それに伴う子どもとの関係性や機能のちがいが生じている可能性も考えられるのである。

　日本では，男性の家事・育児を含む家事関連時間が1986年には共働き世帯で15分，専業主婦世帯で17分だったが，2006年にはそれぞれ33分，42分を示しているように，わずかではあるが増加はしており，妻の分担割合は1986年には共働き世帯で94.7%，専業主婦世帯で96.4%であったが，2006年にはそれぞれ89.6%，91.5%を示し，わずかながら減少しているという結果（表2　平成18年社会生活基本調査，2007）から，性別役割分業の変化が生じている。さらに，従来は専業主婦世帯よりも，共働き世帯の父親の方が家事・育児参加が多いとされてきたが，表2で比較してみると，専業主婦世帯の父親の家事・育児時間の方が1986年〜2006年は長くなっている。

　父親か母親の精神的負担感が強い場合には，少なくともどちらかの親とよい関係ができていることが子どもの安定性につながるとされている（Rutter, 1987）。母親が育児の担い手として取り上げられることが多かったが，Dienhart（1998）は，父親が親であることを母親と共有していくことの必要性を

強調しており，そのためには男女間の平等と公正が維持されることが必要であるとし，育児を共に創りあげていくべきであると述べている。父子の関係性にも目配りすることにより，現代の家庭において複数の大人との関係性が調和的に育まれていることを示すことができれば，母親への養育役割の集中や過重負担を解消することにつながり，子どもの発達にとって父親が関わることの意義を明らかにできると考えられる。

両親の協力による育児について，Maccoby, Depner & Mnookin（1990）は，協力して機能する親（コペアレント: Coparent）という概念を用いている。両親が，相互的に子育てを支え，子どもの身体的な世話の多少にかかわらずより安定した子育て環境を提供するために，継続して関わり，協力して働きかける程度と定義されている。もともと離婚後の協力のあり方に対して提示された概念であったが，欧米と違って夫婦間の性別役割分業が著しい日本においては，母親と父親の要因を用いて，どのようにこのコペアレントを成立するのか—プロセスを検討する必要がある。

今後，労働政策と保育政策が効果的に進められれば，社会構造的な変化が「コペアレント（Coparent）」を後押しすることととなり，夫婦間の性別役割分業の衡平化に向かう可能性もあろう。すなわち，顕著な夫婦間の性別役割分業を継続させてきた日本の膠着状態を打開するためには，子どもにとっての親としての意識や行動が，子どもの発達にどのように寄与しているのかについて，父親と母親による育児の影響を研究することで父親の主体的関与につながることが期待される。

3．親子の関係性の変化

藤崎（2004）によれば，90年代以前の日本では，「家族の自助と私生活への不介入の原則」が暗黙の前提としてあったので，本来家族は，子育て・介護を役割として遂行すべきであり，遂行に支障が生じた場合に限り，公的な施策で保障するという考え方をとっていた。その後90年代には新たな福祉政

策として，社会福祉基礎構造改革がすすみ，政策の対象として「家族」が注目されるようになるとともに，「負担」と「受益」の対象となる家族が矛盾や困難を抱えていることが表面化したと指摘している。

目黒（1987）は『個人化する家族』の著書で，家族との生活は個人的つながりによって作られる，とする傾向が見られると指摘しており，社会生活の単位としての個人が，選択した生き方を助ける支援要因として家族が存在するという。したがって，矛盾や困難を抱える現代の家族はつながりが希薄となり，当然不安定な状態にあることを踏まえた上で，親子関係を取り上げなければならない。

柏木（1993）は，少子化の背景には「親の意志・計画にもとづいて産み"つくる"子ども」という意識や考え方の変化があると指摘し，育児はそれぞれの価値観が反映されるプライベートな領域であることを示している。日本ではこれまで3歳までは母の手で育てなければいけない，という母親規範が強く，子どもに対して敏感に察知し，対応しようとするのは専ら母親であった。従来，未就園児をもつ家庭への育児支援は，家族の自助と私生活への不介入の原則が暗黙の前提としてあったため，母親と親子が暮らしているコミュニティの潜在力にゆだねられていたのである。

本田（2007）は子どもの存在の意味に関する歴史的変遷をたどり，現代の親子関係の問題について考察しているが，従来のコミュニケーションの形態が変容した上に，子どもと大人との関係も変化し，本来なら身近にいる子どもが，親にとっては理解不能な忌避される存在になりつつあると述べている。さらに図4（厚生労働省，2015）に見られるように，1990年以降，児童相談所に寄せられる虐待相談数は増加の一途をたどっており，2014年度の相談件数は20年前の約45倍にもなっている。永井（2005）の全国家族関係調査（NFRJ98）の分析によると，親の虐待行動傾向は，就学後よりも，就学前の子どもに対する方がより多くなっている実態が明らかにされている。

一方，アメリカの研究では，Umberson & Gove（1989）は，特に子どもの

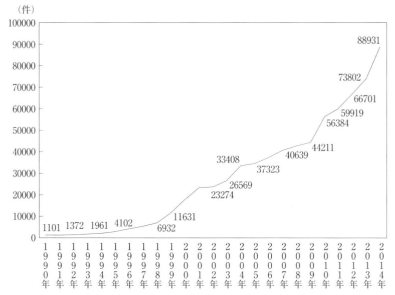

図4 児童相談所における児童虐待相談の対応件数
出典：厚生労働省2015

　年齢が幼いほど，親としての役割に関連する多くの要請およびストレッサーが存在することから，葛藤が高まることを明らかにしている。たとえば就園前の子どもをもつ家庭においては，基本的信頼感の形成，しつけ，子どもの身の回りの世話，遊び，他児との交流，就業との両立等，子どもを養育する上で多くの課題を抱える。このような多重役割をひとりの親が果たすことは，大きな負担になるにちがいない。葛藤を抱える場合，親子関係が維持されるための手立ても必要になるだろう。

　LaRossa & Reitzes（1993）は，時代的背景と共に，文化と実際の行動とのつながりをとりあげて質的分析を行っているが，現代は高失業率，成果主義によって，父親は永続的な過労状態にあるために，メディアやマスコミで育児にとりくむ必要性が喧伝されたとしても，男性の親としての行動に効果が見られるとは限らず，むしろ母親の方が情報を取り入れ，伴侶に働きかける

ことによって，父親の行動が変わっていくとする。また LaRossa（1988）は，「父親であること」が歴史的・文化的背景によって影響を受け，社会的に構築されると述べていることからも，今後，日本の父親について，社会状況，母親要因を含めて，親子関係への影響を捉えることが必要とされるのである。

父親と母親との間の補完機能の例を挙げてみると，抑うつ的な母親を持つ家庭の場合，父親は母子関係の悪化を回避するように，直接的に子どもを世話するだけでなく，祖父母の援助や地域の社会支援を求めることによって，子どもへのプラスの影響を高められるように調整すると考えられる。父親の行動，役割，家族や地域との関係も，このような危機に伴って変化すると考えられる。

子どものウェルビーイングという側面からみると，必要に応じて，さまざまな育児支援を社会が提供することによって，育児支援の選択肢を増やす必要もある。その一方で，両親がかかわることで，子どもはどのような社会的行動を学ぶのかについては明らかになっているとはいえない。

たとえば父母がおかれている社会構造的要因（仕事量，時間的制約，夫婦間の性別役割分業，収入，育児ニーズなど），父親・母親の育児量，父親が主体的かどうか，母親の育児不安や抑うつの程度だけでなく，利用している育児支援など検討すべき要因は多い。これらがどのように親子関係や子どもの発達に影響するのかを把握しておく必要もある。

4. ペアレンティング教育の課題

牧野（1992）は，ペアレンティングとは，子どもを育てる上で，両親による技能を視野に入れた概念で，親としての役割に近い概念，としている。ペアレンティング教育を親になる準備教育として位置づけているが，日本の問題点として，父親への言及が少ないこと，何をどのように教育すればよいかについて十分議論されていないことをあげている。

日本では，夫婦間の性別役割分業が顕著であるために，これまでペアレン

ティングに関して父親が取り上げられることは少なかった。しかし先述したように，コペアレント（Coparent）の重要性を考えると，母親だけでなく，父親を取り上げる意義は大きい。Tamis-LeMonda & Cabrera（1999）は，父親の子どもへのかかわり，その規定要因，子どもへの影響に関する知見を，政策や父親のための教育プログラムに結びつける必要があるとしている。現在育児をしている人は，自分自身が父親に養育されたと感じる人は少ないと予想される。このような日本の子育ての状況を踏まえ，現代の父親と母親が子どもに関わることによる影響について，ペアレンティング研究の概念[1]を使って構造的に明らかにすることは，ペアレンティング教育の実践や政策提言にも大きな示唆があると考える。第1節でとりあげた *Handbook of Parenting* は，Bornstein（2002）の監修によって5巻で構成されており，ペアレンティングを多面的に論じている。日本においては，ペアレンティング研究は喫緊の課題である。

Levant（1988）は，父親のためのペアレンティング教育として，親になる前のプログラム，新しく父親になった人のためのプログラム，子育てプログラムをとりあげ，アメリカでは父親であることに焦点化した取り組みがあると述べている。

日本では，出産に際しラマーズ法や立会い出産，新米パパ・ママの教室等が普及し，父親が事前に教育を受ける機会は増えている。反面，出産後のペアレンティング教育の導入，ワーク・ライフ・バランスの一環として，子どもとの相互作用を学ぶプログラムの開発が今後求められよう。ペアレンティングを高めるプログラムの導入によって，親となることによる発達（柏木・若松，1999）も見込めるのである。

日本では，父親を対象としたペアレンティング教育はほとんど整備されていないが，現在とりくまれているペアレンティング教育としては，1994年か

---

1 研究は，主に欧米が中心であるため，概念が日本の現状に適用できるかどうかについては検討する必要がある。

ら中等教育以上（中学校・高等学校）において，育児は，男女共修の家庭科教育の中で実施されてきた。今後，父親になった人を対象としたペアレンティング教育は必要であり，養育者が子どもとの関係性を高め，子どものウェルビーイングのために主体的に機能することが要請されると考えられる。

また，父親へのペアレンティング教育の問題点として，理論的枠組みが明確化されていないことが挙げられる。子どもの発達に及ぼす父親，母親の影響に関する研究は，乳児期以降青年期まで追跡する縦断研究においても，さまざまな結果が示されているのだが，残念ながら理論上の整合性が認められているわけではないという（Thompson, 2000）。したがって，理論に基づいた父親のペアレンティングについて検討することによって，父親がどのように子どもに影響するか，そのプロセスを説明することが求められるのである。

さらに母親の変数も同時に取り入れることにより，ペアレンティング教育はより実態に合った充実した内容になるだろう。そのことによって，日本の子どもの発達における両親の役割について新しい示唆を得ることができ，さらにペアレンティング教育の可能性を広げることにもなる。

ペアレンティング教育の留意点として，たとえば，Duggan, et al., (2004) は，児童虐待の危険性がある家庭に対して父親を対象とした訪問による介入プログラムを実施し，その効果について分析したところ，父親の暴力の程度に応じて訪問のプログラムを変えざるを得なかったこと，家族の構造が暴力に影響を与えており，多様な家族に対応するためにはプログラムを柔軟に変えざるを得ないことを課題として挙げている。家族や親の多様性に対応できるプログラムとその効果について検討することが求められる。

以上第2節では，従来の親子関係が変わってきていること，夫婦間の性別役割分業を見直す必要が生じていること等日本の育児の状況について述べた。少子高齢社会に対応するため，女性の就業率は必然的に高まると考えられ，今後両親による子育てについても，夫婦間の協力や保育所など社会的育児で補うなど，ペアレンティングの調整の幅が広がることが予想される。現在，

日本におけるペアレンティング教育は，父親と母親を含めたペレンティングに関する理論的研究はあまり多くない。少子化，夫婦間の性別役割分業の衡平化，親子関係の変化など，最近の日本の状況を踏まえ，ペアレンティングを包括的に捉えたプログラムを提案し，実践，評価するための理論枠組みが必要であろう。その結果，父親，母親が協力して子どもの親であることの意味を議論することが可能になるだろう。

第1章　本研究における課題と目的

この章では，本研究の意義を明らかにした上で，包括的理論を構築するために先行研究を紹介し，研究課題と目的について述べる。

第1節　包括的理論の必要性

子どもの発達の可塑性を考慮すると，両親は少なからず子どもに影響を与えると考えられる。

これまで子どもの発達に関連するペアレンティングに関しては，愛着，親役割に関する意識，母親の育児不安・抑うつ，子どもに対する養育行動，社会構造的要因（夫婦間の性別役割分業，教育歴，収入，時間的制約，育児ニーズ），社会的資源として育児支援の利用頻度などの研究から，さまざまな知見が得られている。しかしながら，どのように子どもの発達に影響を及ぼすかについて，個別の理論によって検討した研究が多く，包括的な枠組みを用いた研究はあまりみられなかった。

本書では，子どもの社会的行動を規定すると考えられる父親と母親のペアレンティングを構造化した上で，子どもへの影響について，包括的枠組みを提示して実証的に検討することが，子どもの社会的行動を高める支援や，困難なケースへの適切な介入や虐待予防につながると考えている。まず，包括的枠組みを考えるために，従来の理論をとりあげる。

1．子どもの発達に及ぼす親の影響―Involvement 理論

石井クンツ（2009）は，父親と母親が子どもにかかわることは，子どもにとっては，人間関係の多様性を学ぶ機会になり，母親以外の大人との接触機

会を生み出し，大人への親密性を増すこと，生活範囲を広げてネットワーク
を拡大し，ひいては社会性を高めるとし，親が関わることで子どもの人間関
係の発達に影響を与えうることを Involvement 理論としている。

さらに，前述した Bronfenbrenner（1997）が述べているように，時代，文
化，社会状況などの育った環境やとりまく人間関係が複雑に絡み合いながら，
子どもの発達に影響を及ぼすと考えられるのである。

とくに，保育所や幼稚園に参加する前の乳幼児においては，発達段階と子
どもの行動特徴に合わせた両親のペアレンティングが影響を及ぼすと考えら
れる。

一方，Sroufe（1996）は，幼児期の発達課題は，感情を表出すること，必
要なときに自分でコントロールし調整することであり，一見矛盾する課題を
達成するのは難しく，親の助けが必要になると述べている。親の対応として
は，介入して子どもの情動をコントロールする時期から，わからないように
支えたり導く時期を経て，その後介入がなくても子ども自身がうまく情動を
表出したりコントロールするという。すなわち，親が子どもに合わせて，敏
感で適切な介入ができれば，子どもの自己調整の発達が促進されると考えら
れるのである。

したがって，両親のペアレンティングを通して，子どもとの相互的関係を
築くことによって，子どもの社会的行動は促進されることを Involvement 理
論で説明することが可能であろう。

２．シンボリック相互作用論からみた子どもの社会的行動

シンボリック相互作用論の元になった Mead（1934＝1973）は，社会的行動
について，子ども同士のごっこ遊びは意味を伴った相互交渉であり，そこで
は自己と他者の間で共有されるシンボルを用いて，相手に働きかけ，自分の
行動を他者の役割に合わせて調整することによって，相互関係が成立すると
述べている。また，社会的な相互作用は，身振り，ことばのうちにある共有

されたシンボルによって媒介される過程であるとしている。

シンボリック相互作用論（Blumer, 1969＝1991）は，対象が示す意味は，社会的相互作用の中で作られたり，他者との間で意味づけが変えられたりするため，相互行為の展開は，行為する人がどのように意味づけているかによるとする理論である。

それぞれ別の家庭で育てられた未就園の子ども同士が，遊ぶ場面で，どのように意味が共有されているかを観察することによって，それぞれの子どもの社会的行動を把握できると把えるが，集団に参加する前の子ども同士の遊びについては，あまり研究されてこなかった。最近は，地域子育て支援拠点などで，子ども同士の関係を育む機会が提供されており，今後は未就園児の社会的行動をこの理論から考える必要がある。

3．Belskyのプロセスモデル

Belsky（1984）のペアレンティングの定義は，親として機能することとされ，すなわち，子どもの潜在的能力や発達課題に敏感に合わせることであり，それによって，子どもの情緒的安定，自立した行動，社会的効力感，認知的能力を含めたさまざまな発達領域においてより高い発達に到達できるように働きかけることである。

Belskyはプロセスモデル（図5）を提示して，ペアレンティングには多くの要因が関与していることを実証的に明らかにしている。すなわち，親自身

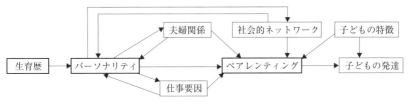

図5　ペアレンティングを規定する要因間のプロセスモデル
（Belsky, 1984をもとに筆者が作成）

の体験の積み重ねによる生育歴が，親のパーソナリティに影響を及ぼし，このような親自身の個人的な心理学的リソースが，夫婦関係，仕事，社会的ネットワークのあり方，ペアレンティングに影響を及ぼすことを中心に据えたモデルである。ペアレンティングに影響を及ぼす要因として，パーソナリティ，夫婦関係，仕事要因，子どもの特徴，社会的ネットワークを挙げ，そのようなペアレンティングが子どもの発達に影響を及ぼすことを示している。Belsky のモデルでは，ペアレンティングは，生育歴・社会や人的環境・子ども自身がもつ特徴と深く関与しつつ形成されるが，それが子どもの発達を促進したり，抑制する要因にもなりうることを示している。これは，親子をひとつのシステムとして捉えたモデルといえる。

　しかしながら，このモデルでは，先述したようにペアレンティングを両親がシェアするという考え方やコペアレンティング（Coparenting）という親子のシステムを明示していないと考えられる。

　Belsky のプロセスモデルに準拠しつつ，母親と父親の「ペアレンティング」を構造化することによって，未就園時期の子どもの社会的行動の発達に及ぼす影響を検討することは，このモデルの適用範囲を広げるものと考えられる。その際，両親のペアレンティングは，彼らが生きている文化や環境によって規定される部分が大きいと考えられることから，Bronfenbrenner (1979) の生態学的モデルに依拠し，さまざまなレベルで環境から支えられる「システム」として広げる必要がある。

4．従来のペアレンティングアプローチからの脱却

　これまでペアレンティングに関して，母親に焦点化され，発達に及ぼす父親の影響に注目されなかった点は問題である。

　その背景には，夫婦間の性別役割分業のイデオロギーが色濃く残っており，精神分析理論や愛着理論（Bowlby, 1969＝1976; Ainsworth, Blehar, Waters & Wall, 1978）では，母―子を対として捉え，子どもの発達にとって母親が重要な役

割を果たすと考えられてきたことが影響している。父親のペアレンティングを母親に用いる尺度で比較することには，コンセンサスが得られにくかった。

　Phares（1996）は，家族研究における従来の母親中心のアプローチを問題としており，母親と父親の両方を含む家族研究は今後増えると述べており，両親のペアレンティングを捉えることは時代的要請としている。しかし，その際には Lewis & Lamb（2003）が指摘するように，母親及び母子研究によって用いられてきた尺度を，どのように父親に適用するかについては検討が必要である。Amato & Gilbreth（1999）は，父子関係を母親と同じ枠組みで捉えた場合，得られた結果が異なる時，あるいは同じ時に結果をどう解釈することができるかについての見解は一致していないと述べている。

　父親研究の流れをみると，Parsons & Bales（1955＝1981）は，精神分析理論を発展させ，エディプス期以降（3歳以降）の子どもとその父親に注目している。すなわち父親は，「社会という外の世界と子どもとを結びつける役割，稼ぎ手，道具的（課題解決的・達成的）役割を果たす存在」と定義されていた。一方で母親は表出的（情緒的・共感的）役割をもち，食やトイレットトレーニングなど，世話役割を担う存在であった。父母の相違に注目したが，それまで周辺的関心しか持たれていなかった父親に注目した点で，Parsons & Bales（1955＝1981）の指摘は評価できるが，夫婦間の性別役割分業を強調することになったと考えられる。

　Schaffer & Emerson（1964）は，父親・母親を区別せずに「養育者」として捉え，父親に対して示す子どもの愛着行動をとりあげている点で，ペアレンティングを父親に広げることに一歩近づけたと考えられる。

　その後，就学前児の学習能力や知能を高める初期経験が問われるようになり，アメリカでは国を挙げて Head Start という補償教育にとりくむようになった。それとともに，ペアレンティングへの関心も高まっていった。Lamb（1976＝1981）は，生後7ヶ月から13ヶ月児を対象として，父親，母親への愛着行動と親和行動を観察し比較するなど実証的検討を重ねている。父

母間に有意な差はみられなかったことから，父親の子どもに及ぼす影響も大きいことを明らかにしている。このような研究に基づき Lamb（1982）は，父親の影響が注目されず，母親のみに焦点化された研究を批判した。さらに Lamb, Pleck, Charnov & Levine（1985）においては，父親の子どもへの関与を，直接的相互作用（engagement），子どもにとってのアクセスのしやすさ（accessibility），責任感（responsibility）という 3 つの概念によって捉えている。直接的相互作用（engagement）とは，父親が直接子どもと相互的にかかわること，アクセスのしやすさ（accessibility）とは，父親が子どもにとって利用可能であることと述べている。責任感（responsibility）は，子どもが必要な時に父親が子どものウェルビーイングに責任を持つことであると定義している。Cabrera, Tamis-LeMonda, Bradley, Hofferth & Lamb（2000）によれば，アクセスのしやすさは子どもに安定感を与え，情緒的な支えを提供する重要な概念であると説明しており，父親が子どものことを考えて提供している行動であっても目の前の子どものニーズに合っていなければ，アクセスのしやすさは低くなるとしている。彼らは父親が子どもに適切に関与しているかを重視し，父子関係の良好さに近い概念として用いている。

1980年代には Pedersen（1980），Belsky ら（1979; 1980; 1984），Lamb（1976; 1982; 1987），Clark-Stewart（1980），Parke & Sawin（1980）などによって，自然場面での父子の遊びを詳細に観察した研究が行われた。父子の直接的相互作用（engagement）を観察によって捉えるようになり，父親の情緒的表出や養護的傾向に注目した。家族の布置（constrellation）の一部として父子関係をとりあげ，子どもの親に対する愛着行動と父親の働きかけとの関連など検討された。

日本においては，繁多（1987）が，父親に対する子どもの愛着行動について検討しており，父親の育児量，肯定的育児観，父母の会話頻度が関連することを明らかにしている。Cox, Owen, Henderson & Margand（1992）では，子どもが 3 ヶ月の時に父親との相互作用の質が高く，養育態度が良好である

ほど，その子どもが12ヶ月時には，父親への愛着行動が安定することを確認している。

このような父親研究を辿ってみると，Lambらのアクセスのしやすさの概念は，子どもにとっての親の機能を示し，「父親が子どもに適切に関与すること」に焦点化しているため，父子関係の良好さを捉えた概念といえる。さらに，父親だけでなく母親のペアレンティングが子どもに影響することを説明する際にも，有効な概念として位置づけることができると考えられる。従来のペアレンティングは，親を中心とした子どもへの働きかけに焦点化していたが，親子関係という，子どもにとっての意味や良好さを加味している。

5．Rusbultの投資理論からみた子どもへの影響

Rusbult（1980; 1983）は持てる資源を関係へ投入するほど，その関係は維持されるという投資理論の枠組みを提示した。関係の維持や仕事の継続について，コミットメントという概念を用いてコストと（関係の維持という）利益との関連を説明している。その理論を親子関係に拡張し，親が自らの資源を親子関係に投入する結果，親子関係が維持されるという前提に基づき，親子関係を促進する要因を分析した研究（加藤，2007b）がある。すなわち，親の育児行動の頻度を子どもへの投資行動（コスト）と見なし，親の育児量が多いほど，子どもとの関係が維持されるかどうかを検討した研究である。結果として，両者の関連は確かめられ，仮説は支持されたが，子どもにはどのような効果がみられるかについては，まだ検討されておらず，今後の課題とされている。

6．本研究の課題

以上から本研究でとりくむべき課題をあげてみると，まず第一に，父親と母親が親機能をシェアするという視点に立ってペアレンティングを構造化する必要がある。Lambら（1985）の提示した3つの概念は，父親の子どもへ

の関与を捉えるのみならず，親子関係や子どもへの影響を説明する際に応用可能と考えられる。とくに，「子どもにとってのアクセスのしやすさ」という概念は，子どもの視点に立った父親の「利用可能性」を示す概念であることから，その対象に対して子どもは親密感を感じると予想され，その結果として，子どもと対象との間に親密な関係を築くことになると考えられる。

　その一方で父親に関する概念であるために，母親にも適用できるのかどうかについては，検討することが必要である。さらに親の働きかけが親子関係を促し，そのことが集団場面における社会的行動に関連をもつかどうかは，仮説を立てて検討する必要がある。

　第二に，Rusbult の投資理論によれば，資源を関係に投入するほど，関係は維持される（良好となる）と説明されるが，父親と母親による子どもへの働きかけと関係の維持との関連を説明できるのか，またペアレンティングの構造化に，この理論が有効かどうかについては，検討を要する。

　親の関与量が増えるほど，子どもの社会的行動が促進されるというような単純な関連だけではない。子どもが集団に参加するということに関しては，さまざまな要因が影響すると考えられるため，親の関与は，子どもにとってはどのような学びを導くことに関連しているのか。また，その結果，子どもは集団場面においてどのように行動するのかというプロセスを実証的に確かめる必要がある。

　第三に，未就園児の集団場面における社会的行動を，シンボリック相互作用論に基づいて考えると，他者とイメージを共有する相互行為は，社会的行動とみなすことができると考えられる。遊び場面を観察し，他児（者）に対して自己主張できるかどうか，自分の抱いているイメージを用いて，他児（者）に働きかける行動が見られるのか，相手のもっているイメージを理解し，共有することができるのか，役割をもった共同行動に参加することができるのか，などについて評価することによって，社会的行動を従属変数とし，プロセスモデルを実証的に検討する必要があろう。

第1章　本研究における課題と目的　　33

　第四に，親の仕事の忙しさや夫婦間の性別役割分業の程度に応じて，両親の子どもとの関与量は変化する。それぞれの家庭における父母の就業状況やとりまく社会的環境の要因は，父親・母親のペアレンティング，親子関係，子どもの集団場面における社会的行動に影響することが予想されるので，状況の要因を含めたプロセスとして組み立てる必要がある。

　すなわち，本研究では Bronfenbrenner の生態学的モデル，Belsky のプロセスモデルに準拠し，未就園児を育てている夫婦の実態に合わせて，両親のペアレンティングを中心に据えたプロセスモデルを，仮説とともに提示して以上の課題について検討する必要がある。

　以上の課題を念頭におき，父親と母親のペアレンティングはどのように子どもの集団場面における社会的行動に影響するのかについて，従来の理論を拡張した包括的理論枠組みを構築し，実証的に検討することが求められている。

第2節　包括的理論の構築

　従来は子どもとの関係性の概念として，愛着関係が取り上げられることが多く（愛着理論は，第2章第2節で詳しく述べる），乳児期から母親の適切な子どもへのかかわりが多いほど，母子関係は安定し，子どもの発達は促進されると考えられてきた。一方家族のサブシステムとしては，母子関係以外にも，父子関係，夫婦関係が存在する。たとえば，母親が子どもを叱っている際に，父親が母親を批判することや，その逆のパターンもあり，直接，間接的に夫婦関係が親子関係に影響を与える例など考えられる。

　Parke（1995）は，家族成員は互いに直接的，間接的な影響を及ぼしあう相互依存性をもつために，父親の役割についても，母親の役割に伴って変化するという視点を取り入れる必要性を指摘している。たとえば，母親が育児に責任を感じ過ぎ，子どもに密着すればするほど，父親は育児から遠ざかる

という可能性も考えられるし，さらに，母親が育児の過重負担に耐えられないことをきっかけに，父親に育児参加を要請することで，以前よりも父子関係が良好になる可能性も考えられよう。また，親子間の行動のうち相互関係や互いの主観的体験を共有する機会を通して，親のかかわりが，後の子どもの発達に影響を与えると，Bornstein（2002）は説明している。

したがって，包括的理論を提示するにあたっては，家族内のさまざまな関係性や相互作用を取り上げて，子どもに及ぼす影響の可能性を考慮しなければならない。

1．包括的理論の枠組み

先述した Belsky のプロセスモデル（図5）は，ペアレンティングには，パーソナリティから直接的パス，パーソナリティから夫婦関係・仕事要因・社会的ネットワークを経由する間接的パスが影響を与え，子どもの発達（従属変数）に影響を及ぼすことが示されている。

本研究ではこの Belsky のプロセスモデルに基づくが，「ペアレンティング」に関しては，両親を構造化した上で，包括的理論の枠組みを作成する。さらに，第1節で述べた日本の状況を反映させつつ，母親と父親の養育が，どのような要因から影響を受け，それがどのように子どもの社会的行動に影響を与えているのかについて，関連する促進要因や抑制要因の構造を明らかにしたいと考えている。

ただし Belsky が用いた生育歴とパーソナリティ要因は，親の心理学的リソースで，個人内要因であるために，本研究では取り上げないこととする。

2要因を除く仕事要因，夫婦関係，社会的ネットワーク要因は，ペアレンティングに影響を与えるとともに，日本の育児の現状を反映する重要な要因である。また従属変数として子どもの発達を設定した Belsky のプロセスモデルを援用した包括的枠組みを描いてみると，図6のようになる。

中央のペアレンティングについては，両親を構造化するにあたり，単独の

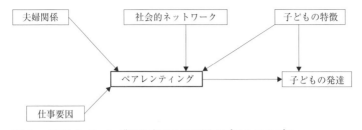

図6 ペアレンティングを規定する要因間のプロセスモデル
(Belsky (1984) のプロセスモデルから生育歴・パーソナリティ要因を除く)

理論で説明することは難しく，従来用いられてきた理論を組み合わせた理論構成が必要になる。

2. 理論を組み立てる意義

これまで家族について，家族構造の多様化，家族の人間関係の複雑化，社会や環境の多様性が明らかにされてきた。しかし Bengtson, Acock, Allen, Dilworth-Anderson & Klein (2005) は，なぜ，どのようにそれらの関係性や継続性が生じているか，なぜどのように家族の多様性があるのかをはっきりとさせていないと述べている。すなわち家族研究のフィールドは極めてめまぐるしく変わってきているため，より最近の知見を用いて，より使いやすい理論を開発しなければならないと警告しているのである。また Bengtson (2005) は，時代とともに家族は多様になりかつ複雑化が進んでいるため，現代の家族は複合したパラダイムのフィールドとなっている。家族について，複雑さと多様性を捉えるためには，いくつかのレンズでみることが必要であるとしている。結果については明示的な枠組みを使って解釈し，研究の結論を説明するべきであるとも述べている。

Bengtson に倣えば，現代の家族や親子関係について説明するためには，従来の理論を組み合わせた上で，家族関係の複雑さや問題を包括的に捉える必要があることがわかる。また豊富なデータを用いて，その理論枠組みを検

証する試みが必要であろう。

Klein（2005）によると，理論を組み立てる過程は，第一に直観および意識に始まり，第二にどのように連関するかを読み解こうとする試み，第三に経験的な探索研究であるという。すなわち，現実の家族の複雑性について，経験をベースとして，直感的に関連を捉えた上で，相互作用を検討するが，その際，多様な方法を試みることによって，新しい理論への糸口が得られるとする。第四に，新しい理論は，従来の研究に基づく連関による証拠によって示されなければならないということである。すなわち，非伝統的な方法で理論を結びつけるのを避け，従来の研究に則って説明することができるように，理論の具体的な組み立てを明示する必要がある。第五に，その理論の構造は，概念間の関連を明示する。すなわち，現実の家族の多様性を組み込めるような概念を用いる。第六に，こうして組み立てられた包括的理論であれば，家族についてその多様性・複雑性を説明したり理解することが可能になる。最後に，このようにして構築された理論は，実際のデータの意味を解釈し，説明を助けるツールとして位置づけることができると述べている。

本研究においても，理論を組み立てて説明する方法を模索し，より広い視点から，家族の複雑性を解釈することが求められる。

現代の複雑化した社会では，環境要因や社会構造的要因によってペアレンティングは影響を受けると推測される。父親，母親が何を親の役割として重視するかというような動機づけが多様化していること，さらに発達心理学においては，子どもの発達にはさまざまな要因が影響を与えると想定される等の理由により，ひとつの理論的枠組みでカバーしきれないことは明らかであろう。

理論を組み合わせることによって，従来の個々の理論ではカバーしきれなかった現象について解釈することができ，促進要因や阻害要因についての対処することが可能になるだろう。

3．親子関係に援用する Rusbult の投資理論

Rusbult の投資理論（1980; 1983）では，関係関与性（コミットメントともいう。以下省略）という概念を「関係を維持し，かつ関係に愛着を感じる傾向」と定義しており，当該関係への資源の投入量，得られる充足感，関係への価値づけが，この関係関与性に影響を及ぼすと説明している。すなわち，対人間のやりとりは，当事者の主観や価値づけによって意味が付与され，充足感を感じる場合には繰り返され，選択し責任をもつ行為は関係関与性を高めるが個人が外から強制された行為は関係関与性を高めないとしている。

加藤（2007b; 2009b）は，未就学児をもつ父親と有業の母親を対象として，親子の関係性に Rusbult の投資理論を適用できるか検討している。その際，「子どもとの関係関与性」という概念を用いて「子どもとの関係を維持し，かつ関係に愛着を感じる傾向」と定義しなおし，育児量（関係への投資量）が多いほど，この関係関与性が高まること，仕事よりも育児の価値づけが高いほど，ディストレスが低いほど，関係関与性が高まることを仮定し，Rusbult の投資理論について実証的検討を行ったところ，妥当性が確かめられている。

父親の場合は，仕事上のつきあいを重んじたり，仕事に没頭しすぎること，父親になる前のライフスタイルを変更しないことによって，いずれも育児への価値づけは低くなり，子どもとの関係が築きにくいと考えられ，さらに育児量が少ないほど，ディストレスが高いほど，関係関与性が低くなると仮定した。有業の母親の場合は別の選択肢（仕事，趣味，つきあいなど）に相対的に魅力を感じる場合には，育児の価値づけが低くなり，さらに育児量が減少するほど，ディストレスが高くなるほど，関係関与性は低くなるという仮説を設定した。

「子どもとの関係関与性」を従属変数とした重回帰分析の結果，父親と有業の母親に関しては仮説が支持され，育児量が多いほど（親が資源を子どもと

の関係に多く投入するほど），また仕事と育児の相対的比較で育児の価値づけが高いほど，生活におけるディストレスが低いほど，関係関与性が高くなることが明らかになっている。加藤（2009b）では，専業主婦家庭の「父親」に関してはこの理論が支持されたが，専業主婦家庭の「母親」については支持されていない。とくに専業主婦の場合，牧野（1982; 1983; 1985; 1988）の育児不安の研究によれば，誰からもサポートされず，孤立している場合には，育児不安が高まり，母親の育児量が増えるほど，子どもに不適切な養育が増えるために，子どもとの関係が悪くなるため，当然の結果であろう。

Rusbult の投資理論では，ある個人が関係へ資源を投入すれば，それだけ関係が維持されると説明してきた。さらに関係から得られる満足感や価値づけが関係関与性に寄与すると捉えられている。すなわち，この満足感や相対的価値づけという 2 つの要因は，個人内要因と捉えることができる。

ところが，序章で述べたような日本の状況が背景にあることを踏まえると，その役割が母親に集中している場合，母親は過重負担を感じており，孤軍奮闘の状況にあり，親子関係に相対的に高い価値を置いたり，そこから満足感が得られるとは言いがたい現状となる。Rusbult の投資理論によれば，親がもてる資源を子育てに投入するほど，親子関係は良好になると予測できる。しかし，個人内要因の関連に関する理論であるために，社会構造的要因や親同士の調整までは含まれないという点で，家族内の協力や葛藤を捉えるには限界があると考えられる。育児においては，ほとんどの場合，それぞれの家庭で父親，母親がお互いに調整したり，けん制しあうなど相互作用が生じるものと考えられ，矛盾や葛藤を抱えると考えられる。他の理論を組み合わせて包括的に捉えられるような理論的枠組みを提示することが課題となる。

4．ペアレンティングの構造化

図 6 （p. 35）においてペアレンティングを構造化するには，Maccoby, et al.（1990）の提示したコペアレント（Coparent）の概念を用いて，父親，母親

がともに協力して機能することを表す必要がある。

これまで，父親の育児参加には，子どもの年齢・きょうだいの人数などの育児ニーズ要因（幼いほど，子どもの数が多いほどニーズが高い），父親の就業時間などの時間的制約要因，夫婦間の性別役割分業意識の要因，相対的資源差要因（夫の収入が妻より高いほど，夫は育児をしない），育児支援要因など，社会構造的要因が影響すると考えられてきた。また父親が親としての役割をどの程度重視しているかが，育児量を左右すると考えられることから，父親の意識が影響する。日本においては，子どもの発達を従属変数として，両親のペアレンティングの影響について検討した研究は，まだ少数であり，家族成員の相互作用は子どもの社会的行動にどのような変化を生み出すのか，について従来の知見をもとに説明する必要があろう。

ペアレンティングの構造化を図示する際に検討すべき仮説をあげる。

(1)父親の育児量と母親のかかわり量などの子どもとの関与量は直接的に子どもの社会的行動に関連をもつのではなく，親子の関係性を媒介することによって，子どもに影響するという仮説である。

先述したRusbultの投資理論では，父親は，育児に資源を投入することによって，子どもとの関係関与性はより良好になるとしているが，これは父子が相互作用を積み重ねていくうちに，互いの要求や感情に敏感になり，結果的に父子関係が継続すると考えられるからである。育児量と関係性との関連を説明する理論として有効であろう。

一方，母親の育児不安は，利用できる支援の数が少なく孤立しているほど，父親の「育児参加」が少ないほど，高くなることが確認されている。さらに育児不安が高い人は「母親の子どもへの不適切なかかわり」が多くなることが示されている（牧野，1982; 牧野・中西，1985）。母親の子どもに対する不適切な行動は，「親子関係」を不安定にすると仮定することができる。このように，育児不安，不適切な養育行動，母子関係の関連を説明する育児不安の

40

研究成果は有効である。

　(2)父親と母親が子どもとの関係性を維持することによって，子どもの社会的行動を育むことができるという仮説は，Involvement 理論によって説明できる。すなわち，父親と母親が子どもに適切にかかわるほど，子どもは人間関係において多様性を学び，ひいては集団場面における社会的行動を高めるとする理論である。

　(3)アイデンティティ理論の立場（Ihinger-Tallman, Pasley & Buehler, 1993）では，父親が養育役割を重視していることが，育児量の促進要因になるとしている。Stets & Burke（2000）の説明によれば，アンデンティティ理論では，自らが重視している役割を果たすことによって自己を確認し，アイデンティティを維持しようとすると捉えている。すなわち，父親は，育児役割というアイデンティティが動機づけとなって，主体的に育児参加することにつながる結果，父親役割が遂行されると捉える。たとえば，父―子のような役割関係によって組み立てられた複数のアイデンティティは，父親役割の顕現性へと組織され，内面化されて機能するようになる。父親のペアレンティングでは，養育役割を重視する構え（意識・態度）があって，動機づけが維持され，父親の育児量を高めることになるとする仮説を立てることができる。

　このように従来の理論で用いられてきた仮説によって，ペアレンティングを構造化することにより，両親が子育てを支え，子どもに対して協力して働きかけることによって，安定した子育て環境を提供することが理論的に説明可能になると考えられる。このペアレンティングの構造化が妥当であるかどうかについては，次章において，先行研究にあたって裏づけることにする。

　図7には，以上を整理してペアレンティングの構造化の概念図を示した。

5．Coparent の概念（構造化のキーワード1）

　図7のペアレンティングの構造化では，横軸として，仮説的ではあるが，両親が協力してペアレンティングにあたることとされる，コペアレント（Coparent）の概念を下部に提示している。協力の度合いが増えるほど，父親の影響が強くなることを，矢印の向きによって示している。

　母親の育児不安は父親の育児参加や利用する育児支援によって，影響を受けることが確かめられていることから，両親のペアレンティングに関連する概念として，「育児不安」を位置づける。日本の母親は育児不安の高さが特徴とされているが，父親の育児量が増えることで，育児不安が低められ，子どもへの母親のかかわりにもよい影響を及ぼすと考えられる。

　図7の「母親の子どもへのかかわり」から「愛着関係」への矢印（パス）は，父親と同様に Rusbult の投資理論の枠組みによって説明できると考えている。すなわち，母親の子どもへの適切なかかわり頻度が高まることによって，安定した愛着関係が形成されるというプロセスを想定している。

　このように，母親に関しては，育児不安をどう解消するかを中心に説明する仮説で，そのために父親がペアレンティングを協力して行うこと（コペアレント）が必要であろう。また父親の育児量を増やすためには，アイデンティティ理論に基づけば役割の顕現性を高めることが必要となるという仮説を反映させている。

　ペアレンティングの構造においては，母子の愛着関係と父親の関係関与性がいずれも子どもの社会的行動に影響を与えるという仮説を取り入れることが可能であろう（Involvement 理論）。

6．子どもにとってのアクセスしやすさ（構造化のキーワード2）

　図7のペアレンティングの構造化では，右側に縦軸として，仮説的ではあるが，子どもにとってのアクセスしやすさとされる，アクセシビリティ（Ac-

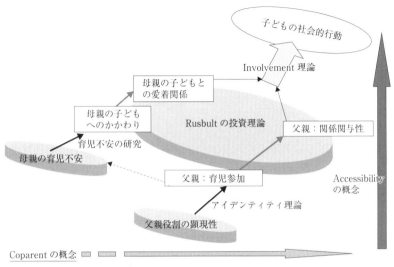

図7　ペアレンティングの構造化

cessibility) の概念を提示している。

　Lamb, Pleck, Charnov & Levine (1985) は父親の関与について，responsibility, engagement, accessibility という3つの概念で捉えている。加藤 (2009a) は，2歳児をもつ専業主婦家庭の父親を対象として，子どもと父親との関係を話題としたフォーカス・グループ・インタビュー (Vaughn, Schumm & Sinagub, 1996) を実施して，父親の子どもとの関係について検討している。フォーカス・グループ・インタビューとは，率直で日常的な会話を引き出し，参加者のさまざまな意見を集めることができる方法である。

　子どもとの関係における父親自身の気持ち，子どもの気持ちに関する言説を収集し，育児の理解，感情，子どもや母親の受けとめ方など，父子関係が，どのようなプロセスで生じるかについて分析した結果，父親が親としての責任を強く感じるほど，父親が子どもとの直接的相互作用を積み重ねて（母親との調整も含む）おり，子どもとの関係づくりが促進されるというプロセスが明らかになったとしている。子どもにとってのアクセスのしやすさを示す

accessibility を，関係性の概念として説明できたとする。すなわち，親とし
ての責任を感じるほど，子どもとかかわる頻度が高まるほど，子どもに適切
な働きかけが増え，子どもにとってアクセスしやすく，父子関係が促進され
るというプロセスが確認されている。

本研究のペアレンティングの構造化については，父親だけでなく，母親と
の（子どもにとっての）アクセスのしやすさが高まれば高まるほど，父子，母
子関係が良好になり，子どもはそこから多くを学ぶことによって，社会的行
動にも良好な影響を与えるという仮説を立て，概念としてアクセシビリティ
を取り上げている。

第3節　研究の目的と意義

1．研究の目的

本研究では，就園前の子どもをもつ家庭において，父親と母親が子どもに
かかわることが，家庭外の集団場面に参加する際に，どのように子どもの社
会的行動に関連しているのかについて明らかにする。具体的な目的は，次の
2つである。

第一は，Belsky（1984）のペアレンティングを規定するプロセスモデルに
準拠しつつ，従来個別の理論で検討されてきた育児に関する概念，たとえば
父親の育児量，父子・母子の関係性，親役割意識，母親の育児不安，母親の
子どもへのかかわり，社会構造的要因（夫婦間の性別役割分業，夫婦の教育歴，
時間的制約，育児ニーズ）を用いて，従来の理論を組み合わせて説明すること
ができるかどうかを検討することである。すなわち，両親のペアレンティン
グ理論を構築し，子どもの社会的行動をどのように規定しているのかについ
て，概念間の関連や接合を考慮した包括的理論を提示することである。

第二は，提示した包括的理論に実際の調査・行動観察から得られたデータ

をあてはめて，実証的に検討することである。すなわち，両親が子どもに関わることで子どもとの関係性を高め，子どもの社会的行動に寄与するという変数間の構造を明らかにするためには，提示した理論枠組みに実際のデータをあてはめて検証することが必要である。

　その際，本研究では，研究1と研究2の2段階で検討することにしたい。研究1では，日本の育児の状況を踏まえ，父親と母親のコペアレント（Co-parent）と子どもにとってのアクセスのしやすさ（Accessibility）の概念によって，子どもとの関係を維持するためのペアレンティングを構造化したモデルを提示し，仮説を検討する。次に研究2では，包括的理論によって子どもの社会的行動を説明できるかどうかについて実証的に検討する。

　なお本研究では，子どもの年齢により，養育者の対応の仕方が異なると予想されることから，家族構造，子どもの年齢を前提とした包括的理論を提示する必要があると考えている。未就園児の社会的行動の捉え方については，親子関係で捉えられる行動と集団場面において保育者等が捉える行動は異なると考えられる。未就園児は，親子関係から仲間関係への移行期にあたることを考慮すると，家庭外の集団場面での自由遊びを観察し評定する必要がある。また未就園児をもつ両親のペアレンティングについては，未就園であるがゆえに親の就労状況などは限定的である。したがって専業主婦家庭における父親と母親を取り上げることが妥当であろう。

2．研究の意義

　序章で述べたように，日本では，男性就労者の長時間労働は改善されないまま現在に至っている。他国に比べ，夫婦間の性別役割分業が顕著であり，父親は，親役割が重要であるという認識はあっても，役割の重要性に従って遂行することができにくい。ペアレンティングに付随した「子どもに対していかに行為するか」という親として機能していない傾向が強い。

　一方，Pleck（1985）は，父親の育児参加が増えることによって，母親自身

が母性をめぐって罪悪感を抱くことや，伝統的に母親役割として占有してきた養育の領域を，父親と共有することに女性が抵抗感をもつと指摘している。したがって，ペアレンティングに関しては両性相互の歩みよりが必要になっていることから，父親と母親を含めてペアレンティングを構造的に捉え，それが子どもに及ぼす影響を捉えるためには，まず従来の理論を組み合わせて，その妥当性を説明することが必要であろう。したがって両親のペアレンティングを構造化し，それが子どもの社会的行動をどのように規定するかに関する包括的理論枠組みを示した上で，実証的に検討する。本研究の意義は以下の6点である。

(1)従来の理論を用いた研究においては，それぞれの要因間の関連について個別に説明されてきたが，両親の育児参加が子どもの社会性にどのように影響を及ぼすかについて，理論を組み合わせて構造的に捉えた研究は少なかった。そこで従来の研究結果を統合しうるような包括的な枠組みを提示することによって，子どもの社会的行動の促進を目指した両親の子育て支援に生かせる可能性があること，

(2)日本の父親は子どもと関わる時間が相対的に少ないとされているが，父親の育児参加を家族の構造，夫婦間の性別役割分業，時間的制約，育児ニーズなど，社会構造的に外側から客観的に捉えるばかりではなく，子どもとの関係性を捉えることによって，より子どもの社会的行動に即した父親のペアレンティングについて検討することが可能になること。

(3)父親の育児参加が母親の精神的安定に貢献することは，牧野・中西(1985)などによって取り上げられており，父親の育児参加が子どもの社会性の発達を高めるとした研究は取り組まれてきたが，そのことがどのように父子の関係性と関連しているのかに関しては，これから検討する必要がある。

父親の育児参加が父子関係や子どもの発達にどのような影響を与えているのかについて，プロセスを明らかにすることも意義があろう。

日本では，幼児の遊び相手が「母親のみ」という家庭が8割以上を占めていることが，ベネッセ教育研究開発センター（2006）の調査によって明らかにされているが，子どもの遊び相手が母親のみである場合，対人的な交流に対してなんらかの支障が生じるために，集団の中で友だち同士の関与が難しくなることが危惧される。

また夫婦間の性別役割分業が顕著である場合には，父親は多重役割を担わない傾向にあると考えられるため，未就園の年齢段階の子どもをもつ家庭を構造的に明らかにすることには意義があると考えられる。すなわち，現代の家庭において母子関係だけでなく，父子の関係性が調和的に育まれる可能性を実証的に示すことによって，ひいては母親への養育役割の集中や過重負担を解消することにつながり，子どもの社会的行動にとって父親が関わることの意義や父親のワーク・ライフ・バランスが改善されることにもつながる。父親の経済的な貢献という側面ばかりでなく，子どもを養育するペアレンティングという側面に焦点をあてた実証研究によって，父子関係の重要性や父親が主体的に育児に関与するための方策を具体的に提示できる意義は大きいと考えられる。

(4)Rusbult（1980; 1983）の投資理論は，対象との関係性に関する個人内要因を説明する理論である。本研究の対象となる両親のペアレンティングに関しては，両親の相互的関連を認識した上で，両親が協力して育児することが子どもにどんな影響があるかを明らかにしたいと考えているため，従来の理論を拡張することによって，理論の適用範囲を広げられること，

(5)幼児期の集団場面における社会的行動に関しては，子ども同士，あるいは大人と子どもとの関係における内在的，外在的問題行動に注目し，適応

という視点から検討されることが多かった。しかし本研究では，シンボリック相互作用論の立場から，子どもが他児や保育者とともに遊ぶ集団場面における実際の相互作用を観察して評価する。すなわち，遊び場面において相互に役割をとる状況は，意味を伴った相互交渉であると考えられることから，遊び場面ではどのくらい自己主張できるか，さらにその場面において遊びをどのように構成することができるかという指標等を用いて，子どもの社会的行動を捉える。未就園児が親子の関係性から，集団場面における自己と他者の関係性に移行する際の社会的行動を捉えることには意義があると考えられる。

(6) Blumer（1969＝1991）は，Mead を基礎としてシンボリック相互作用論を展開したが，社会的な相互作用とは，身振り，ことばのうちにある共有された，シンボルによって媒介される過程であると説明している。さらに Natanson（1956＝1983）は，他者と「ともに存在すること」をとりあげ，意味を共有している状況を記述し，他者の役割を取り入れること，自分の役割を主張して相手を調整すること，他者の行動に合わせて自らも行動するという傾向を示し，物理的な現実とは異なる，社会的な現象の構造を捉えることが必要であると述べている。

このような研究の流れを概観すると，社会的行動は広義には，ある個人がある集団に参加し，その集団における意味，シンボルやイメージを共有し，体現したり表出し，さらに新たに発展させたり創出してゆくための，ある個人の個性化と他者との関係性を土台とした行動と捉えられる。

このようにして子どもは，重要な他者の行為と関連した社会集団の態度を内面化するようになると考えられる。未就園児の社会的行動を従属変数とすることによって，親子関係から集団場面への参加に移行する際に，どのような配慮や介入が必要になるのかについての知見が得られるという意義が考えられる。

第2章　基本概念と理論的枠組み

第1節　基本概念

用いる概念について，その定義，用途を以下に詳述する。

1．未就園児の社会的行動の発達

1-1．発達の定義

発達とは，新社会学辞典によると，「個体の行動や状態，あるいはその底にあると理論的に考えられている構造と機能が，より完全な状態またはよりよく適応した状態へという方向をとり，時間の経過とともに系列的，組織的に変化するのを記述し構成する際に適用される概念である」とされている（小嶋，1993: p.1183）。発達は，人間が育つという前方向の現象に対して用いられるが，単なる変化や，ランダムであったり一時的に生じる変化を発達と捉えるのではなく，地域社会の状況の中で，同年齢の仲間や文化に典型的に生じ，生物学的成熟である年齢（生活年齢）を重ねるほど，経験を通した学習を積むほどに，その程度がより高められるように変化することを体系的に説明する概念とされている（Clarke-Stewart & Friedman, 1987: Pp. 25-26）。

本研究では，発達には，生物学的・心理学的側面だけでなく，文化や時代，社会，集団などのその人をとりまく環境的側面が影響を与えると考える。持っている能力や特徴が系統的に外に現れる現象として発達を捉え，量的・質的に変化するとともに，一貫性を反映するものと考えている。また，したがって研究者や親，教師，支援者など，子どもの発達にかかわる役割にある人々が発達を捉える際に，その背後には，社会が抱いている発達の概念と，

それを支える基本構造が働くと考えられる。したがって，文化が異なる子どもの発達評価を実施する際には普遍的な基準を定めることは難しい。本研究では社会的行動を従属変数としているので，保育者や子どもたちがともに存在する集団場面において，どのような行動が見られるのか観察し，評価を行うことで変数化する。

1-2. 未就園児の社会的行動とその発達的評価

　本研究で対象としている未就園児の発達特徴を中心に述べていく。McCartney & Phillips（2006）によれば，「人生の最初の2年間に目覚ましい発達を遂げるが，その根底には一定の対象（特定の大人）を志向するような愛着関係があって，外部によってコントロールされるような行動から，外的対象を自らの意識上の心像や観念に置き換えて思考することができるような表象的思考へと発達する」と説明している。さらに DeHart, Sroufe & Cooper（2003）によると，「この時期の子どもたちは，移動能力，コミュニケーション能力，他者の理解も高まり，自己主張も発達する一方で，良好な親子関係にあったとしても，時に親のいうことを聞かず，親の要請とは逆のことをしたがり，自分の思いを主張する」と描写されている。

　すなわち，この時期の社会的行動は，特定の大人との関係を土台にして他者との関係を広げ，外界に働きかけるという特徴を示す。具体的には，他者に関心を示すこと，他者に対して適切な対応ができること，他者に自己主張ができること，集団の中で適応的に行動できること，他者から認められたいという承認欲求を持つこと等が想定できる。このような特徴を認識した上で，集団場面における子どもの自発的な行動と他者との関係のもち方や相互調整を「社会的行動」として観察する必要がある。

　Mead（1934＝1973）は，人間が社会的な場において，実際の経験を下地として表象や概念を統合して行う行動が社会的行動であると説明している。ごっこ遊びにおいて役割をとる状況については，意味を伴った相互交渉場面で

あり，社会的な場で自己と他者の中に共有されるシンボルを用いて，それぞれが働きかけたり，自分の行動を他者の役割に合わせて調整することによって，相互関係が成立する場面としている。

Blumer（1969＝1991）は，Mead を基礎としてシンボリック相互作用論を展開しているが，社会的な相互作用は，身振り，ことばのうちにある共有されたシンボルによって媒介される過程であると説明し，(1)人間は意味に基づいて行動し，(2)こうした意味は，社会的相互作用によって生まれ，(3)意味の解釈は，人間がさまざまな事柄に対処する際に，自分自身と相互作用を行う過程で操作されたり修正される，という3つの基本的前提を掲げている。

子どもの自己（Mead が提示している 'me'）の段階が，社会的行動に影響を与えるとした。自己の段階として，Mead（1934＝1973）は，プレイステージ，ゲームステージを挙げている。まずプレイステージとは，イメージやことばを使った表象機能がみられる時期で，子どもは何かになったつもりで遊ぶことやふり遊びが見られ，モノに命名したり，意味を他者と共有することで楽しめるごっこ遊びがみられる。遊びの中で役割をとる段階である。次のゲームステージとはルールに基づく遊びが成立する段階である。規則に則って秩序ある役割参加の遊びが展開される。その後に，一般化された他者の概念が取得できるようになると，コミュニティの一員として行動できる，としている。Mead が提示したプレイステージの前段階として，Charon（2007）は，「準備ステージ」を挙げている。準備ステージにある子どもは，特定の大人（親や保育者等）に助けられれば意味を他者と共有できるようになると述べている。この項の最初に述べたように，未就園児は，自分の思いが中心であり，大人の援助を受けながらごっこ遊びを始める時期にあたることから，社会的行動の特徴は準備ステージとみなすことができる。

このようなシンボリック相互作用論の流れを概観すると，社会的行動は広義には，ある個人の個性化と他者との関係性を土台とした行動と捉えることができる。すなわち，ある個人が特定の大人とかかわることによってシンボ

ルやイメージを共有し，体現したり表出することを通して，集団におけるシンボルやイメージを共有する素地をつくる。やがては他者の行動に合わせて自分の行動を調整したり，他者の役割を取り入れ，発展させ新たに創出してゆく行動である。

社会的行動の評価については，これまで多くの研究者が，行動を観察し体系づけてきたが，Belsky & Most（1981），Fenson & Ramsay（1980），Garvey（1977＝1980）などは，行動観察に基づく遊びの発達研究を行ってきた。遊びは，乳児期には対象（モノ，おもちゃなど）を単純に操作するだけであるが，その後，よちよち歩きのころにはふり遊びをし始め，就学前の時期になるとストーリーをもつ数人での協同遊びやファンタジーを用いた遊びに発達すると説明している。

未就園児の特徴は，前述したように，移動能力，コミュニケーション能力，他者の理解が高まり，表象機能へと発達する時期と捉えられ，親子の関係から仲間関係への移行期にあたる。未就園なので，ある集団に毎日参加するメンバーとして存在するわけではなく，さらにひとりひとりの子どもがベースとしている各家庭における体験も異なるため，文化や養育の違いが反映されやすい。欧米の尺度を用いた評価によって，子ども同士の遊び行動を観察しても，評価基準として相応しいかどうかには疑問が残る。

中野・久慈・岸・舟橋（1986）は，「人とのかかわりの中で仲間と遊ぶ力の発達過程」を検討して，未就園児の遊び場面における行動観察をもとに，社会的行動を捉えている。中野ら（1986）は，月齢34ヶ月～41ヶ月までの遊んでいる子どもを対象とした遊びについて，「対象を何かにみたてたり，何かのつもりになって動作を行なうなど，イメージを用いた遊びができ，かつ，保育者の仲介があれば他児との相互活動ができること」と定義している。中野ら（1986）は，未就園児についてイメージを用いた遊びを相互的な活動に広げる時期にあると捉えており，欧米のシンボリック相互作用論の準備ステージと対応していると考えられる。

第2章　基本概念と理論的枠組み　　53

　中野ら（1985; 1986）が捉えた未就園児の集団場面における社会的行動の観察による評価は次に挙げるとおりである。

　(1)人に対する自己主張の程度については，子ども自身の要求や意志を，保育者や他児にどう表現するかという視点から，たとえば，「…したい」と表現する，他者の問いかけに「イヤ」と否定する，等子どもの意思表示について具体的な基準を設けている

　(2)集団場面への参加度については，集団場面に自分から参加するかどうか，その遊びが継続するかどうかの程度を観察し，自ら参加してきて遊びが持続しているか，保育者や他児に誘われると参加してくるか，集団の場面や新しい場面には関心を示さないか，という基準で，具体的な参加状況を描写して自発的行動を評価している

　(3)遊びの構造・目的を理解しているかどうかについては，保育者や他児が遊びのイメージやストーリー，目的を提示すると，それに合わせた言動や行動が見られ，それを保育者や他児と共有することができるかどうか，合わせた言動や行動は見られるもののイメージの共有までは難しいか，イメージやストーリーや目的を示しても行動や言動が伴わない，など具体的な子どもの行動に対する評価を用いている

　(4)共通のテーマやイメージをもったごっこ遊びに保育者や他児とかかわりを持ちながら参加するかどうかに関しては，集団場面でのごっこ遊びに相互的かかわりを持ちつつ参加するか，まねをしてごっこ遊びに参加するか，傍観したり，関心を示すかどうかについて捉えており，具体的な評価基準である
　未就園児が親から離れた集団場面における自由遊びの参与観察に基づいて

作成されており，行動観察を評価する簡便な方法と考えられる。集団場面における社会的行動に関して，ごっこ遊びなどイメージを共有するような遊びでの自発性や相互性に注目した評価で，適用しやすいと考えられる。

1-3. 就園後の発達評価

本研究では未就園児を対象としているが，対象者たちはやがて保育所や幼稚園に入り，集団に参加する時期を迎える。このことが親子にとってどのような意味をもつのかを踏まえておく必要がある。日本では2008年（平成20年）に幼稚園教育要領の改正（文部科学省）と保育所保育指針の改正（厚生労働省）がなされ，幼児期の教育の原則として示されている。まず（1）環境性原則：幼児の身の回りにある環境に関わることで幼児を育てる，（2）多様性原則：多様なかかわりを学んだ上で，ひとつのやり方のよさを幼児が発見していく，（3）一体性原則：知・情・意は切り離せない，（4）表現性原則：身体活動をベースに，造形，音楽，ことばによる表現をとおして豊かな感性を育てる，が掲げられている。さらに他者の存在を意識し，自己を抑制しようとする気持ちが生まれる幼児期の発達の特性を踏まえ，入園から修了に至るまでの長期的な視野をもって，充実した生活が展開できるように計画が立てられている。

幼稚園だけでなく，保育所，認定こども園などの保育士・幼稚園教諭など子どもの発達にかかわる役割にある人々は，この教育の原則に基づいて子どもの自己主張や他者との調整（自己抑制）などの発達の特徴に配慮し，集団参加がスムーズに進むように子どもを援助する。

恒吉（2008）は国際比較から見た日本の就学前教育の特徴について，集団へ同調する傾向，権威に対しての従順さ，といった未熟さや弱さと結びつけられる依存状態を，積極的に肯定すると指摘している。個を主張し，権威に対して反抗していく欧米的自我とは対置されて論じられてきたと述べている。またこれまでの日本の幼稚園・保育所では，集団性，共同性，社会性の育成が特徴であり，対人関係の育成を重視しており，自立心が強く，ひとりが好

きな子どもや内省的な子どもを肯定的に評価しないという欠点も見られると
している。

　恒吉（2008）は，「集団性，共同性，社会性の育成は，子どもがどのよう
に集団に同調するように方向づけられるのか―という集団統制のメカニズム
と切り離せないことを意味しており，日本では，周囲との絆を築かせた後，
その結果，子どもが仲間からの集団的な働きかけに応え，集団への所属感に
突き動かされて，自発的に同調するように仕向ける」と述べている。心理的
な近さ，絆によって身近な集団に共感し，対人関係の親密さによって生まれ
る同調圧力によって「自発的に」協調することが期待されていると指摘する。
そこでは，「何をなすべきか」について，保育者の期待として子ども達に理
解されているため，本来の意味での「自発性」ではないとし，依存と共感の
しつけの延長にある，絆による教育と批判している。

　本研究では，このような指摘を踏まえたうえで，未就園児の社会的行動に
ついては，「いや」「したい」などの自己主張の程度について評価できるよう
に工夫する。

　Pettit & Mize（1993），Sawyer（1997）は，幼児期には，遊びを通して相互
作用が積み重ねられ，子ども同士のイメージが社会的行動に反映されると述
べ，子どもの発達における社会的ふり遊びの重要性を強調している。したが
って，遊び場面での自己主張やイメージの表出，相互作用を多元的に観察す
ることによって，集団場面における社会的行動を評価する必要がある。

　序章第1節で紹介した，アメリカのNICHDによる研究では，母親のみな
らず保育の質（保育者と子どもの比率，子どもの行動に対する応答性の高さやポジ
ティブな保育）の高さは，子どもの社会性の発達に有意な影響を及ぼすこと
を明らかにしている。有意な関連があったのは，子ども同士，子どもと大人
とのかかわり方，行動のコントロールの指標で，協力的かどうか，大人の言
うことをよく聞くか，乱暴でないことなど協調性と従順さ，問題行動の少な
さという側面であった。本研究では，行動調整だけでなく，集団場面におけ

る自己主張，遊びの主題（目的）を理解できているかどうか，イメージを共有して相互的役割がとれているか，というような遊びに自発的に参加する度合いについても観察することによって，ペアレンティングとの関係を捉えたいと考えている。

2．コペアレンティング

コペアレント（Coparent）とは，もともと Maccoby ら（1990）が，父母が離婚したとしても，子どもに対しては双方の関与が必要になるとして，子どもの親として協力することを意味する概念として使われていた。その後，Cowan & Cowan（2000）は，離婚に限らず，両親が協力してペアレンティングを遂行することに関して，この概念を適用している。さらに McHale, Lauretti, Talbot & Pouquette（2002）は，両親のそろった家庭においても，コペアレント（Coparent）の概念を用いて分析を行った。本研究では，両親がペアレンティングを協力して行っていることを捉える概念としてコペアレントを用いる。

親が子どもとの関係性を維持するためには，子どもひとりひとりの個性と自己主張に対する応答性を発揮すべきであると考えられている（Schaffer, 1990＝2001）。Sroufe（1996）は，子どもが感情を表出することと，必要な時に自分でコントロールし調整できるようになることが幼児期の課題であると述べている。この一見矛盾する課題を達成するのは難しく，親の助けが必要になるという。親が介入して情動をコントロールする時期から，わからないように支えたり導く時期を経て，その後介入がなくても子ども自身がうまく情動を表出したりコントロールする時期を迎える，というように，親の対応を変える必要がある，としている。すなわち，親が，子どもの情動に敏感で適切な介入ができれば，子どもの自己統制の発達が促進され，さらに社会的行動も促進される。子どもは，親子の相互関係によって，自らの自己表出と自己抑制とを調整したり，親によって調整されたりすることを経て，その後

仲間関係を成立させるようになると考えられる。

　ここでいう「親」とは，両親を含めて考えることが必要である。特に，このように親が対応に手こずるとされる就園前の時期の子どもは，両親との関係性が質的に変化したり，相互的なやりとりによって再調整が生じることも含めて，子どもの発達は促進されるのである。たとえば，積木で遊ぶ際に，「おうちを作ろう」，「バスに乗ろう」，「階段を登ろう」，「お城をつくろう」，「基地に隠れよう」，「ベッドはどこ？」など，日常場面で各家庭において共有された題材を用いて，みたて・つもりやイメージが生じる。すなわち，父親・母親が子どもとの相互関係を持ちながら提供する体験の世界を通して，子どもは表象機能を広げていくものと考えられるのである。

　日本では「母性規範」が根強く，母親による子どもとの情緒的な関係づくりによって，親に対する子どもの信頼関係の形成を促し，結果的に子どもの発達を促進すると考えられてきた。その結果，子どもの発達に及ぼす影響については，母親の技量の問題として捉えられてきた経緯がある。しかし本来は，父親と母親のペアレンティングが子どもにとっての環境になる。

　恒吉（2008）によれば，日本の育児の特徴は，母子の絆の強さを軸として，共感を重視し，依存を許容し，そうした近さによって自発的に子どもが意に沿うことを期待するものであったが，このように絆を強調した育児には問題点があり，(1)子どもの依存したいというニーズに応えるということはその役割が母親に集中したときには，非常に負担になること，(2)年齢相応の扱いが何であるかは，その社会的，文化的コンテクストの影響を受けること，(3)従来は地域や学校，父親が限度を教えたり，規律を教えていたので，子どもの欲するものを察して動くような「包み込む」母親に対して，バランスが取れていたが，絆に焦点化するあまり，限界設定や規律をどのように子どもに獲得させたらよいかについて再検討する必要があること，をあげている。つまり，これまでの研究では，幼児期の発達は，親への愛着に焦点づけ，母子の関係性と密接に関連しているとする立場に立って捉えられていたのであ

る。

　したがって，本研究では，コペアレントの視点からペアレンティングとは，「父親と母親が子どもの発達課題に合わせて行動したり相互作用することで，意識や信念も含む概念」として用いている。

3．両親と子どもとの関係性（父親の関係関与性と母子の愛着関係）

　関係関与性とは，関係へ持てる資源を投入すれば，それだけ関係が維持されると考えるRusbult（1980; 1983）の投資理論で用いられている概念である。関係関与性は，「人がある対象への関係を維持し，かつ関係に愛着を感じる傾向」と定義されている。対人間のやりとりは，当事者の主観や価値づけによって意味が付与され，充足感を感じる場合に繰り返され，個人が外から強制された行為は関係関与性を高めないが，選択し責任をもつ行為は関係関与性を高め，関係維持の要因になるとしている。Marks（1994）は，「自発的な楽しさ」を関係関与性のひとつの要素として挙げている。進んで自発的に継続する関係で，いやいやや仕方なく続ける関係ではない。

　加藤（2007b）は，Rusbult（1980; 1983）の投資理論の枠組みを援用して，父親（有業母親）の育児量が多いほど，仕事との対比で育児の価値づけが高いほど，父親（有業母親）のディストレスが低いほど，子どもとの関係関与性が高まるというモデルを提示して，実際のデータをあてはめ，その妥当性を明らかにしている。この研究では関係関与性を一元化し，有業の父親・母親を対象にRusbultの投資理論の適用可能性が支持されていることから，本研究でも父親については，子どもとの関係関与性の概念を用いて，Rusbult（1980; 1983）の投資理論を援用する。

　父親の子どもとの関係関与性に関して，質的分析を行ったBrotherson & Dollahite（1997）によると，「父親が子どもの興味に気づくこと」，「一緒に活動する中で子どもにパーソナルに関与すること」，「子どものニーズに合わせて相互作用すること」という共通概念が抽出されたとしている。したがって，

子どもとの関係関与性は，親子の体験を前提としたイメージやつもりを共有できる関係性として捉えられていることがわかる。本研究で関係関与性概念を用いるにあたって，Brotherson & Dollahite（1997）の質的分析の結果を参考に質問項目を考えることとした。

　一方，母親と子どもとの関係性については，愛着理論（Bowlby, 1969 = 1976; Ainsworth, et al., 1978）において検討されてきた。この理論では，安定した愛着関係は子どもの発達と正の相関をもつと考えられてきた。Cassidy（1988）は，乳児期に母親に対して安定した愛着関係を示した子どもは，かなりの割合でその後も社会情緒的発達が良好で，発達初期の母親への愛着行動が維持されることを示している。また先述した NICHD の研究（2006 = 2009）では，保育（母親以外の人によって定期的に行われる子どものケア）を受けている子どもと，母親の養育のみの子どもを比較検討したところ，保育の有無，保育時間の長さ，保育を始めた時期の早さ，保育の質に関わらず，母子の安定した愛着関係と子どもの発達との関連が明らかにされていることからも，愛着関係は発達との関連を示す重要な概念である。

　愛着理論に基づく Pederson & Moran（1995）は，従来子どもの母親に対する愛着行動を測定するために用いられていたストレンジシチュエーション法は，日常とはかなり異なる実験場面であることに疑問をもち，日常場面の母子の愛着関係を観察するための指標を作成した。この指標で評価された母子の愛着関係は，従来のストレンジシチュエーション法によって確認された愛着のタイプと相関が高いことを明らかにしている。Pederson らが用いた愛着関係という概念は，「母親と子どもの間に形成される情緒的な絆であり，具体的には，子どもにとってストレスのある場面で，子どもが母親によりそうことで安心を得たり落ち着くことができる関係であり，探索的な活動の場面では，母親が子どもにとって安全基地として機能している場合には子どもの探索が活発になり，平常の場面で母子の相互作用がスムーズであるような関係」と定義されている。その後加藤（2001; 2007a）は，日本の母親の未就

園児との関係性を捉える際に，Pederson & Moran（1995）の愛着関係の観察指標を参考に，親子一緒に参加する場面で行動観察を実施し，愛着関係の安定性と社会的行動との関連について検討し，安定性が高いほど社会的行動の評価が高くなる傾向を明らかにしている。

　したがって，両親と子どもとの関係性について，本研究では，父親の関係関与性と母親の子どもとの愛着関係の概念を用いる。

4．父親の育児量

　父親の育児には大きく二領域がある。外遊び，身体を使って遊ぶこと，室内でおもちゃなどで遊ぶこと，絵本やお話をよみきかせることなどの「遊び」領域，風呂に入れること，食事の世話をすること，寝かしつけなどの「世話」領域である。父親の「遊び」に関する育児量は母親より多くなっている（国立女性教育会館，2006）という現状を踏まえ，従来の育児行動の頻度を父親の自己評定によって捉える。

　父親の育児量が多くなることは，親が子どもに投入する資源の量が増えると捉えることができる。Rusbult（1980; 1983）の投資理論を親子関係に適用した加藤（2007b）の結果から，育児量が多くなるほど親子の関係性にプラスの影響があることが支持されている。

　日本の父親の育児量には，時間的制約，夫婦間の相対的資源差，夫婦間の性別役割分業，育児ニーズの要因など，社会構造的要因が影響を与えていることが従来の研究から明らかにされてきたことから，本研究でも規定要因として検討する必要があろう。

　ストレス理論の枠組みでは，育児量が多くなるとストレッサーになると捉えられているが，父親が母親から育児を押しつけられるなど，義務としての育児はストレスを感じさせ，主体的な育児参加はストレスを低めるという研究（Kessler & McRae, 1982）がある一方で，親役割とメンタルヘルスとの間にプラスの関連を見出している研究（Aneshensel, Rutter & Lachenbruch, 1991），

マイナスの関連を示す研究（Glenn & McLanahan, 1982; McLanahan & Adams, 1987）のどちらもある。さらに，関連がないとする研究（Umberson & Gove, 1989）もある。

したがって，育児量とストレスとの関連は，共通した結果が得られているわけではない。状況によって異なることが推測され，親の置かれている社会的構造や夫婦関係など含めて捉える必要があろう。さらに Parke（1995）によれば，家族成員は互いに直接的，間接的な影響を及ぼしあっており，母親の取る役割に伴って父親の役割も変化すると述べており，また，子どもの発達段階によって，父親の機能が変わるという指摘（Belsky, 1979; 1980; 1984）もある。

本研究では，父親の育児量は，「世話」「遊び」などの行動を時間や頻度などによって，数値化するものとし，育児量を指して「育児参加」とする。

5．父親役割の顕現性

父親役割の顕現性とは，Ihinger-Tallman, Pasley & Buehler（1993）やMarsiglio, Amato, Day & Lamb（2000）においてとりあげられている，「父親であることを，もともと父親が意味づけ，重要視していること」と定義されており，期待や意味づけによって，行動を動機づける機能をもつと考えられている。アイデンティティ理論の立場では，父親役割の顕現性が育児量を規定すると捉える。すなわち，父親自身が育てられた経験（生育歴）や，これまでの人生の経験，わが子と接する体験の蓄積や状況によって，父親であることを重要に思っているほど，育児量が増える傾向がある。

6．母親の育児不安と干渉的養育行動

牧野（1982），牧野・中西（1985）は，母親の孤立した育児は，育児不安を高めるとしており，母親が周りの育児支援を利用できるほど，母親の育児不安は低減することを明らかにしている。育児不安とは「育児を担当している

人が，子どもの状態や育児のやり方などについて感じる漠然とした恐れを含む不安の感情。疲労感や焦り，イライラなどの精神状態を伴う」と定義されている。その後安藤・岩藤・荒牧・無藤（2006）は，育児サポートネットワークをもっている母親ほど，育児不安が低く，自尊感情が高いことを明らかにしている。

　未就園時期にある1歳〜2歳児は，自己主張や不快感情の表明が多くなり，母親がなんらかの対処行動を行わざるを得ない状況が生じる。子どもがかんしゃくを起こしたり泣くと，親は対応することが難しく，手こずる場面が増える。このように子どもが自己主張や不快感情を表出する場面で，母親が先回りして手を出したり口を出したり，すぐ制止するような侵入的な行動で対処することがある。このような行動は干渉的養育行動と呼ばれている。

　母親が孤立し，育児不安が強い場合には，ひとりでなんとか対応しなければならないと責任感を感じすぎてしまうことから，干渉的養育行動が多くなる可能性がある。育児不安によって，負担や疲れを感じ，柔軟に多様な対処ができなくなると推測される。

第2節　本研究の理論的枠組み

　父親と母親のペアレンティングが子どもの社会的行動に影響するというプロセスを説明する可能性を探るために，基本となる理論枠組みを説明する。

1．Rusbultの投資理論

　Rusbult（1980; 1983）は，関係の維持を説明する理論として，その関係に資源を投資するほど，関係関与性が高まることを説明し，投資理論として提示している。

　Rusbultの投資理論はもともと交換理論（Blau, 1964; Homans, 1961＝1978）と相互依存性理論（Kelley & Thibaut, 1978＝1995）から派生した理論である。

交換理論は，人は，行動することによって，得ることができる利益と，コストの差が最大になるように行動を選ぶという欧米の Give and Take を素地とした理論である。投資理論では，「当該の関係へ持てる資源を投入（コストをかける）すれば，それだけ関係が維持される（利益)」と捉える。対人間のやりとりは，満足を感じる場合に繰り返され，個人が外から強制された行為は継続しないが，選択し責任をもつ行為は関係関与性を高め，関係維持の要因になるとしている。

　最近の研究（Knoester & Petts, 2007; van Dam Karen, 2005）は，従来のように報酬とコストという交換理論から分析するものの，対象への自己投入や思い入れなどの情緒的側面も併せて分析を行い，報酬とコスト一辺倒ではなく，情緒的な側面を勘案し，さまざまな文化・社会における適用可能性を探っている。これまで日本にはなじみにくい面があったが，経済的行動のみならず，対人関係に置き換えて説明することも可能であろう。たとえば，Adams & Jones（1999）は，行為者がコストを受けいれた上で，対象に忠実であろうとするような関係が形成される例を取り上げており，行為者は常に報酬を追求するわけではなく，コストがあるとわかっていても選択したり，関係を継続させると説明している。このように複雑化した利益が選択されるという社会的交換理論の枠組みは，ペアレンティングを捉える際に適用可能な理論ではないかと考えられる。

　というのも Rusbult（1983）は，投資理論をさまざまな人間関係に適用できるのではないかとしているからである。投資理論は，これまでは恋愛関係に適用されることが多かったが，婚姻関係（Impett, Beals & Peplau, 2001），友人関係（中村，1990），夫の DV（ドメスティックバイオレンス）にとどまってしまう妻の心のメカニズム（Rusbult & Martz, 1995; Rhatigan & Axsom, 2006），仕事への関与（van Dam Karen, 2005; Koslowksy, 2001; Farrell & Rusbult, 1981），親役割（O'Neil & Greenberger, 1994）にも適用されるようになり，適用範囲が拡張されつつある。

就業する父親・母親の育児量と子どもとの関係関与性との関連性を検討したところ，この理論の適用可能性が確認されている（加藤，2007b）ことから，育児量が多いほど，子どもとの関係関与性が高まる可能性がある。しかしながら専業主婦については，Rusbult の投資理論がそのままあてはまるわけではない。両親のペアレンティングに適用するためには，Knoester & Petts（2007）や van Dam Karen（2005）のように情緒的な側面や相互作用の要因を取り入れて，適用する必要があると考えられる。

一方，加藤（2007b; 2009b）は，関係関与性を 7 項目の 1 次元で捉えているが，関係関与性を 2 因子あるいは 3 因子の多次元で捉える立場（Johnson, Caughlin & Huston, 1999; van Dam Karen, 2005; Stanley & Markman, 1992）もある。つまり，関係関与性を関係に対する愛着や傾倒を示す因子と強制・義務，規範の因子で多元的に捉えて検討した研究もある。

日本の母親に関しては，夫婦間の性別役割分業や父親の長時間労働，職場の理解の乏しさ，母親規範という状況の中で，育児が過重負担になることから，関係への満足度が低まり，関係への相対的価値づけも低減するのではないか―と考えられる。

2．Involvement 理論

直井（2007）は家庭教育に関する従来型のアプローチについて，「親の心構え」の要因で説明することは親を責めるだけで，問題の解決に至らないと批判している。むしろ，親が子どもにかかわるということに関し，要因間の影響を統制した上で，親の要因と子どもの発達の結果とのつながりを説明する理論枠組みを用意して議論する必要があり，それによって，家庭教育の促進要因と阻害要因は明らかになると指摘している。この指摘に基づけば，父・母のペアレンティングによって，子どもにはどんなメリットがあるのかについて，他の要因からの影響をコントロールして検討をする必要があろう。

石井クンツ（2009）は，父親が子どもに及ぼす影響について，第一に母親

とは異なる大人との接触機会を得ることによって人間関係の多様性を学ぶ，第二に一緒に行動することによって子どもの生活範囲が広がることによって社会性が高まりネットワークも拡大する．第三に母親の育児不安の軽減を経由して子どもの社会性によい影響を及ぼすとし，子どもは父親が関わるほど，(母子関係以外の) 人間関係の多様性を学び，ネットワークが拡大し，ひいては社会性が高まると説明している。この枠組みは，親が子どもにかかわるということに関して，考慮すべき要因間のダイナミクスを明らかにし，親の要因と子どもの発達の結果とのつながりを説明する理論と見なすことができる。

　Lamb (1987) は，子どもの社会化について，親による社会化 (Parental Socialization) という概念を用いて，親が子どもに関わることによって，子どもが親との相互作用の中で，生活する社会や将来生活しようとする社会に適切に参加することができるような価値や知識や，技能や行動などを習得するとしている。この Lamb (1987) の提示する枠組みは，親が関わることが相互作用を成立させ，子どもの学びを広げ，社会的行動に影響すると捉えている。さらに Saarni (1999 = 2005) は，感情の社会化には家族が大きな影響を及ぼすとしている。親は子どもが経験する感情のコーチやマネージャーとして機能している。このような子どもの体験が下地となって，社会性や感情の発達が促される。

　また Sroufe (1996) は，幼児期の課題として，感情を表出すること，及び必要なときに自分でコントロールし調整することをあげているが，この一見矛盾する課題を達成するのはなかなか難しく，養育者の助けが必要となる。子どもの発達に合わせた養育者の対応としては，はっきりと介入して情動をコントロールする時期から，わからないように支えたり導く時期を経て，その後介入がなくても子ども自身がうまく情動を表出したりコントロールするようになる時期を迎えるとしている。すなわち，養育者が子どもの情動に敏感で適切な介入ができれば，子どもの自己統制が促進され，さらにスムーズな集団への参加が期待できると考えられるのである。

このような養育者の行動（介入）は，複数の養育者との関係性という In-volvement 理論で用いた概念を媒介することによって，子どもの発達と関連をもつと考えられる。すなわち，子どもの発達に合わせた養育行動であったとしても，関係性を崩すような介入は，子どもの発達を促すことにはならない可能性がある。

社会が複雑化する中，子どもを育てる目的や方向性を見失いがちであるが，子どもは他者とかかわる中で，成長に向かう存在であることを考えると，多様な関係性から学んだことによって，社会的行動を発展させるのであり，子どもが複数の大人に育てられることに意義がある。

Involvement 理論で用いられる人間関係の多様性という概念は，関係関与性と母子間の愛着関係という概念にあたる。両親への親密性が高まることにより，集団参加の場面において遊びが広がる可能性が示唆される。また，体験が豊かになることによって，表象的思考が活性化し，イメージの共有が促進されることから，遊びの目的が理解できたり，自他の区別が進むことによって，ごっこ遊びにおいては役割取得が促進されることが予想されるのである。

3．アイデンティティ理論

アイデンティティ理論では父親の子どもへの関与は，父親であることについてもともと父親が意味づけ，重要視することによるとしており，Ihinger-Tallman, Pasley & Buehler（1993）や Marsiglio, Amato, Day & Lamb（2000）において「父親役割の顕現性」という概念がとりあげられている。

Burke & Tully（1977）はシンボリック相互作用論の立場から，自己概念はアイデンティティの寄せ集めで，それぞれのアイデンティティは，他者との相互作用に基づく期待や意味づけによって作り上げられるとする。Sasaki（2008）は，父親の人種や所属する文化によって，何を父親としての重要な役割とするかが異なっていることを示している。対象が属している人種や文

化を含めて，父親のアイデンティティを捉える意義は大きい。

Bouchard（2007）は，父親が親として子どもに関与することには，父親の動機づけ，伴侶から支援されているという認識，父親としての有能感，育児参加量，子どもとの関係の満足感のすべてが影響を与えていることを明らかにした。日本において，父親としての自己決定やアイデンティティがどのように父親の行動を規定するのかを検討する必要がある。

最近は育児行動とアイデンティティとのつながりに関する研究が増加している（Henley & Pasley, 2005）。また，Stryker & Burke（2000）の研究では，アイデンティティを外部と内部で捉える必要性について，①社会構造とのつながり，② self-verification（自己検証）による内部プロセス，というように両側面に関連があることに注目している。アイデンティティは父親の自己と社会との間の関係についての明瞭な理解を提供するとしている。

さかのぼって Lapsley & Power（1988）は，従来の研究を概観した上で，「自己」「自我」「アイデンティティ」「主体としての I」「客体としての me」などの多くの用語の使い分けがあることを批判しており，アイデンティティ理論では用語を細分化させるよりも，むしろ統合することによって，さまざまな領域で有効に応用できる点を評価している。

本研究では，このようなアイデンティティ研究の流れを受けて，父親のアイデンティティは，父親の主観的体験によって意味づけされ，実際の父親の行動を規定するものと捉える。さらに，父親の子どもへの行動や働きかけに影響を与え，子どもの生活や行動に影響を与えるものと仮定する。

一方，Fox & Bruce（2001）は，男性の父親としての態度および育児量が，アイデンティティ理論と投資理論のどちらで説明できるかについて検討したところ，どちらも有効ではあったが，投資理論よりもアイデンティティ理論の方がより育児量の変動を説明できたとしている。父親役割の顕現性は育児量に影響を及ぼすと考えられるのである。

従来日本における父親の育児量はいっこうに増えないことから，日本の男

性は，仕事役割と自己は統合しているが，父親という役割と自己は残念なが
ら，まだ統合されていないと考えられる。役割バランスという点から，仕事
と育児役割と自己が互いにどのように統合されるかを注目していくことには
意義がある（Marks & MacDermid, 1996）。父親のアイデンティティという側
面から考えると，父親の役割意識が変る結果，育児量が変化する可能性はあ
る。したがって，育児量を規定する要因として，今後アイデンティティの視
点が有効になると考えられるのである。

　アイデンティティと状況との関連について，Figueredo & McCloskey
（1993），Marks & McDermid（1996）は，役割を遂行する際に，アイデンテ
ィティは，状況と関連して機能すると指摘している。たとえば，長引く経済
不況によって仕事量自体が減少し，就業時間の短縮，就業日数の減少，自宅
待機やワークシェアリングが拡大するなどの状況の変化により，就業時間の
短縮化が徐々にでも進んでいけば，必然的に父親が家庭にいる時間が増加す
ることが予想され，状況と連関して，父親自身も変わっていく可能性がある。

　複雑化した社会では，多様な社会的経験や環境の中で，親になる過程もさ
まざまであろう。社会的な位置づけや準拠する価値観・規範，さらに他者と
の体験や状況を反映させて，「父親であること」「母親であること」について
役割意識をもち，「親であること」を統合していくと捉えることができる。
親であることのアイデンティティがもつ顕現性（salience）は有効な視点と考
えられる。

　一方，Umberson, Chen, House, Hopkins & Slaten（1996）は，女性の親と
してのアイデンティティが，役割葛藤に影響を与えていることを明らかにし
ているが，男性においても親としてのアイデンティティは親役割の葛藤と関
連すると考えられる。たとえば父親役割を重視したとしても，就業時間が長
いことによって，思うような育児参加ができないために葛藤をかかえる例な
どがあてはまる。Simon（1995; 1997）は，配偶者であること，親であること，
就労者であること，など組み合わせた多重役割が，どのように葛藤に影響を

及ぼすかについて検討している。その結果，男性と女性の相違点は，女性では多重役割を果たすことが葛藤の原因になっているが，男性の場合は葛藤の原因にならないとしている。このことは，父母が同じように多重役割を保有していても，父親か母親かによって，育児に携わる時間や責任感の程度などが，葛藤のあり方に反映したものと考えられる。

　日本の家庭において，父親と母親がより自由で柔軟なジェンダー関係を構築するためにも，親としてのアイデンティティ理論の視点から，ペアレンティングを構造化することは必要である。

4．育児不安の研究から導かれる仮説

　牧野（1982; 1983; 1988）による詳細な分析によれば，乳幼児を持つ母親の育児不安については，母親に課される育児の過重負担，その結果もたらされる社会的孤立感によって規定される概念であるとされている。育児不安は父親の育児参加，育児支援によって緩和されることが明らかになっており，また育児サポートネットワークの広さは，母親の育児不安を軽減すること（安藤・岩藤・荒巻・無藤，2006）が確かめられているため，母親への育児支援の数，父親の育児参加の要因が育児不安に影響を与えるという仮説を立てることができる。母親が社会的に孤立した状態で育児に関わる量が多くなると，育児への過重負担をもたらし，子どもに不適切な養育行動をとることにつながるため，子どもの社会的行動にはマイナスの影響を及ぼすと考えられる。

　育児不安の研究では，母親のみが育児にかかわるという状況が，子どもの発達にはマイナスの影響を与えると考えられてきた。育児不安という要因によって，育児量が子どもとの関係性を維持するというよりも，むしろマイナスに影響すると説明している。母親の過重負担や疲労感が高まることから，そのような母親への育児支援を増やし，父親による育児量を増やすことによって，育児不安が低減すると説明する。その結果として，母親がきめ細やかに応答的に子どもに対応することができ，子どもへの適切な養育行動が増え

るという仮説が導かれるのである。

5．愛着理論

　安定した愛着が子どもの情緒的安定に影響を与え，発達全般にもよい影響
があると考えられてきたために，乳幼児期からの母子関係は，子どもの発達
にとって重要であるとされてきた。

　愛着理論では，子どもの養育者にむけた愛着行動に関して，父親よりも母
親の機能をより重視しており，乳児期の愛着行動と，その後の子どもの情緒
安定性との間には関連があるとする。女性の社会進出が進むにつれて，子ど
もは複数の対象に愛着を形成することが確認されている。たとえば Steele,
Steele & Fonagy (1996) は，子どもが複数の対象への愛着を形成し，父親，
母親への愛着も互いに影響しあうことを明らかにしている。子どもは対人関
係における情緒的絆を，養育者に対する子どもの愛着行動と，養育者の保護
行動の提供によって形成する（近藤，2001）。

　すなわち，養育者を母親に限定することはなく，その後の子どもの情緒発
達に父親も関連をもつことが明らかにされてきた。このような愛着理論の変
遷に基づき，父親にも拡張する必要が考えられる。

　愛着理論では，子どもの親への愛着行動だけでなく，親がどのように子ど
ものシグナルを察知し，適切に応じられるかどうかと密接に関連すると捉え
ている。これまで Ainsworth, et al. (1978) は母親の敏感性（Maternal Sensi-
tivity）という概念を用いて論じており，さらに，Emde (1980) や Biringen
& Robinson (1991) は情緒的応答性などの概念を用いて検討している。

　敏感性とは，子どものサインに気づき，正確に解釈し，適切に応答してい
る程度，応答のタイミングのよさの程度によって測定され，9段階評定で評
定されている（Ainsworth, et al., 1978）。その後は，母親だけではなく，父親
の敏感性や情緒的応答性にも注目されている。さらに，先述した Pederson
& Moran (1995) のように，親子の愛着関係（attachment relationship）という，

双方向的な働きかけを観察することで関係性を捉える試みもある。

縦断研究では，Grossmann, Grossmann, Fremmer-Bombik, Kindler, Scheuerer- Englisch & Zimmermann（2002）によれば，乳児期の母親への愛着行動と2歳時点の愛着行動に有意な関連が見られなかった。また乳児期の父親に対する子どもの愛着行動と，10歳時の情緒安定性との間に有意な関連は認められなかったとされている。その一方で，乳児期の母親への愛着行動は，10歳時の子どもの情緒安定性を予測することが確かめられており，2歳時の遊び場面における父親の敏感性も，10歳時の子どもの情緒安定性を予測していることが示されている。愛着理論は，親子の関係性とその影響について，包括的に説明できる理論といえない。これまで述べてきたように，他の理論と組み合わせて，子どもの社会的行動への影響を検討する必要があろう。

6．本研究で用いる概念図

以上の理論枠組みを概観すると，子どもの社会的行動に父母のペアレンティングがどのように影響を及ぼすかを捉えるためには，父親・母親の養育に関する要因と子どもの社会的行動とを結ぶプロセスを説明しなければならない。また，両親の置かれている状況に関する変数，母親の育児不安，父親のアイデンティティの概念を組み合わせて，研究課題とした両親のペアレンティングの構造をとりあげる必要がある。研究1ではペアレンティングを構造化することによって，両親の子どもとの関係性を高めるための理論的枠組みを提示し，研究2では，図6のBelsky（1984）のプロセスモデル（p.35）に準拠して，子どもの社会的行動までを含めた包括的概念図を提示する。

概念図を作成する際に考慮した点は，(1)親が子どもに関与するというペアレンティングに関わる要因をできるだけ投入する，(2)その要因間の仮説的な関連を構造化する，(3)要因同士の関連を説明するために，Rusbultの投資理論を中心に構成する，(4)父親の就業時間，母親の就業の有無，子ど

もの年齢によって，父親の育児量が異なることを踏まえ，研究の目的にあわせた包括的理論が提示できるような概念図となるように配慮する。

Sroufe（1996）が指摘しているように，子どもの年齢によって養育者の対応の仕方が異なるために，上記(1)～(4)は，未就園児の社会的行動を促進するためにはどのような養育が必要といえるのかについての説明や解釈となる。研究1では，目的に基づいて，ペアレンティングを構造化することで，父親の育児参加，母親の子どもへのかかわり頻度が子どもとの関係性に及ぼす影響を考えるための理論を組み立てて概念図を作成した（図8）。

家族の要因間のプロセスに注目するため，父親，母親，子どもが現在おかれている家族の構造などの社会構造的要因，父親の育児量，母親の育児不安が，親子の関係性にどのように影響を及ぼし，それが子どもの社会的行動にどう影響しているのかについて検討する。

その際，父親と母親が協力して親機能を果たすという視点から研究されてきたコペアレント（Coparent）概念は，日本の顕著な性別役割分業を衡平化するために有効な概念であると考えられる。たとえば，母親が育児支援を利用できるほど，父親が育児参加するほど，母親の育児不安は低くなり，その

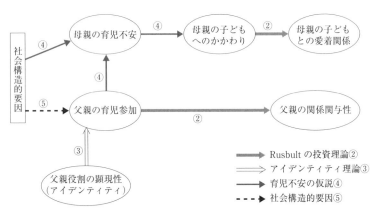

図8　概念図　父親・母親の要因が子どもとの関係性に及ぼす影響

第2章　基本概念と理論的枠組み　73

結果，子どもの自己主張や不快感情の表現に対する干渉的養育行動を減少させることにつながると考えられる。これは，父親が育児関与することによって，親機能の衡平化が進むことが，母親にとっても子どもにとってもプラスになるという仮説である。

　さらに，Involvement 理論では，父親と母親の子どもとの関係性が子どもの行動に関連することを説明はするが，関係性を高めるためのプロセスについては説明されていない。そこで，子どもにとってのアクセスのしやすさの概念を採用することによって，親の関与について，子どもにとって利用可能性が高いほど，親子関係が成立し，その結果社会的行動が促されるというプロセスを説明できる。このように，なぜ関係性が高まるのかについては，子どもにとってのアクセスのしやすさの概念は有効である。

　まず研究 1 では，従来の Rusbult の投資理論の枠組みを中心において，仮説的に両親の子どもへのかかわりの量が子どもとの関係性を高めるというプロセスについて検討する。次に研究 2 では，包括的理論全体，つまり子どもの社会的行動を従属変数として設定する。

　父親のペアレンティングに関しては，育児量が増えると（資源を投入すればするほど），子どもとの関係性はより良好になることは，Rusbult の投資理論によって説明可能である（②）。社会構造的要因は父親の育児量（育児参加）を規定し（⑤），父親役割を重要であると見なしている程度が高いほど，父親の育児量を増やすことは，アイデンティティ理論によって説明できる（③）。ここで適用したアイデンティティ理論では，父親役割を自分にとって重要と捉えるほど育児量を増やすと考えるが，役割関係によって構成されるいくつかのアイデンティティが，父親役割の顕現性へと組織され，それに伴って内面化されて，実際の育児量を増やすように機能すると捉えるのである。

　次に，母親のペアレンティングは，牧野（1982），牧野・中西（1985）の研究によれば，「母親の孤立した育児は，育児不安を高めることになる」と指摘されていることから，母親が育児支援を利用できるほど，父親の育児量が

多いほど，母親の育児不安は低減する（④）。利用する育児支援の数が多いほど，母親の育児不安が低減することによって，子どもへの適切なかかわりが増える（④）。子どもに適切なかかわりが増えれば増えるほど，先述した愛着理論を適用すると，近藤（2001）が「子どもは親が養育・保護という親的投資を与えてくれると期待して親を信頼する」と述べているように，愛着関係が安定すると考えられることから，Rusbultの投資理論の枠組みで説明可能である（②）。

研究1のペアレンティングの構造に加えて，研究2では，父親・母親の子どもとの関係性が良好になることと，父母間の相互作用によって，子どもは人間関係の多様性を学び，自己主張と自己抑制のバランスをとり，遊びのイメージを共有することができることによって，社会的行動を促すというプロセス（①）をInvolvement理論で説明する概念図を図9に示した。子どもの社会的行動に至るプロセスをまとめてみると，次のようになる。

社会構造的要因によって，父親の育児量は増える（要因の内容によっては方向性が逆のこともあるが）（⑤）。次に，父親の育児量が多いほど，父親の子どもとの関係性を高める（②Rusbultの投資理論）。また同様に母親にとっては，

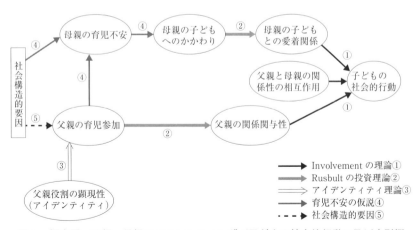

図9　概念図　父親・母親のペアレンティングが子どもの社会的行動に及ぼす影響

利用できる育児支援の数が多いほど，育児不安は低められ（④），父親の育児量が多いほど，育児不安は低減すると考えられ（④），それによって子どもへの不適切なかかわりが減少する（④）。さらに，母親の子どもへの不適切な行動が減少するほど，母親の子どもとの愛着関係は高まる（② Rusbultの投資理論）。父親の関係関与性と母親の子どもとの愛着関係が高いほど，子どもの社会的行動は促進される（① Involvement 理論）というように，包括的理論による概念図について説明可能である。

7．理論間の接合点

7-1. 研究 1 の接合点

父親について，「育児参加」は，アイデンティティ理論と Rusbult の投資理論において共通する概念であることから，理論間をつなぐ接合点とみなすことができる。先述したとおり，専業主婦家庭における父親と母親のペアレンティングは，日本の場合，社会構造的要因に影響され状況依存的であると考えられるため，父親の場合は，仕事要因による影響は無視できないほど大きい。父親の育児量は仕事の影響を受けることが想定されるため，社会構造と 2 つの理論の接合点として「育児参加（育児量）」を捉えることができる。

母親については，育児不安が母親の「子どもへの不適切なかかわり頻度」と関連することは，育児不安の研究から説明可能である。また Rusbult の投資理論においては，母親の「子どもへの適切なかかわり頻度」が母子の関係性と関連すると説明できるため，関連の方向を逆にしてみると，「母親の子どもへのかかわり頻度」は両者で共通する概念と見なすことができ，したがって理論間をつなぐ接合点となる概念といえる。

父親の育児量（育児参加）や母親の子どもへのかかわり（量）という接合点は，いずれも関与量を示す概念であり，関係性に関連するという意味では，父親も母親も同様の概念がアイデンティティ理論，社会構造的要因，育児不安の仮説と Rusbult の投資理論の接合点になっている。

アイデンティティ理論では父親役割の顕現性は，父親自身がどのような父親に育てられたか，どのように父親として機能してきたか，育児をどう捉えているかによって形成され，これまでの父親の生育歴や状況が反映されると捉えられている。したがって，直接的な子どもとの交流を示す概念ではないものの，父親としての行動を規定する意識であり，子どもとの直接的なかかわりを増加させることはアイデンティティ理論で説明可能である。

先述した Lamb ら（1985）の 3 つの概念のうち，直接的相互作用は実際の育児行動と見なすことができ，直接的相互作用が多くなり，関係が良好になるにつれて，子どものアクセスのしやすさが高まると考えることもできよう。

また，日本では母親が育児の責任（responsibility）を感じすぎることから，子どもになんらかの影響を及ぼし，そのことが，子どもとの関係性にも関連すると捉えることができる。したがって，母親の育児不安が，子どもへのかかわりを規定し，それが愛着関係の安定性に影響するというプロセスは，上記の Lamb ら（1985）の概念に基づくと，責任が直接的相互作用を媒介して，子どもにとってのアクセスしやすさを規定するというプロセスとして説明することも可能で，非常に共通性が高いと考えられるのである。Lamb ら（1985）の 3 つの概念を使って，母親のペアレンティングを説明することができる。

本研究では，母親の育児不安の研究を参考に，父親の育児参加からのパスを設定（④）しているが，これは，アイデンティティ理論と Rusbult の投資理論の接合点である父親の「育児参加」が，両親のペアレンティングの接合点にもなっていることを示している。

7-2. 研究 2 の接合点

Involvement 理論において説明される「両親の子どもとの関係性」は，父親の「育児参加」及び母親の「子どもへのかかわり（量）」と，子どもの社会的行動との間に位置づけられ，Rusbult の投資理論とをつなげる接合点と

見なすことができる。

　父子関係が良好であると，父親にとっては子育ての手ごたえが得られ，子どもにとっては，一緒に遊びを楽しむ相手であったり，不快感情を抱えた時には父親の援助を受けて調整を学ぶ機会になり，父親はアクセスしやすい存在となる。子どもが他児と遊ぶ際にイメージを共有したり，ごっこ遊びにつながりやすいことが推測される。母親と子どもの愛着関係が安定していると，子どもにとっては，母親がストレス時になだめられ，安心する体験を重ねて，自己調整を学ぶ機会になり，そのことによって，外に向かう探索活動が活発化し，他児とイメージを共有したり，ごっこ遊びにつながると推測される。いずれも，投資理論と Involvement 理論の共通概念である父子・母子の関係性が，子どもの社会的行動につながる接合点になっている。

　さらに Involvement 理論によれば，母親・父親との相互作用が成立することによって，人間関係の多様性を学ぶことが予想される。すなわち子どもは，父親の関係関与性と母親の子どもとの愛着関係との交互作用（コペアレント）から多様性や複雑性を学び，集団場面における社会的行動に反映させると推測されるのである。すなわち，相互関係は，意思や要請，欲求，つもり，イメージ，思いなどを伝え合うだけでなく，互いを理解する親密性の土台となり，家族に限らず，さまざまな関係をもっているほど，それだけ子どもの社会的行動は豊かになることが予想されるのである。

　以上，Belsky のプロセスモデルに準拠した，社会構造的要因がペアレンティングに関連し，さらに子どもの社会的行動に影響するというプロセスを説明できる包括的理論は，理論間の接合点によって組み立てることが可能であり説明できると考えられる。

第3章　先行研究からみた研究の課題

　前章では包括的理論に関する概念図（図9 p.74）を提示したが，子どもの
社会的行動あるいは発達を従属変数とする研究とペアレンティング研究を整
理することで，本研究の課題を具体的に述べる。

第1節　子どもの発達の規定因

1. 母親のペアレンティングと発達

　Belsky（1984）のプロセスモデルでは，母親のペアレンティングが子ども
の発達にどのようなプロセスで影響を及ぼしているかを示している。生育歴
が，パーソナリティに影響を及ぼし，パーソナリティ，夫婦関係，仕事要因，
子どもの特徴，社会的ネットワークがペアレンティングに影響を及ぼし，そ
のようなペアレンティングが子どもの発達に影響を及ぼすモデルである。す
なわち個人内要因が周りの環境と相互作用しながら，ペアレンティングを形
成し，それが子どもの発達を促進するという過程を示している。

　日本ではこのプロセスモデルを援用して，遠藤ら（1991）がペアレンティ
ングの規定因について検討している。母親の生育歴，妊娠・出産の経過，結
婚年数，育児サポート，ストレス，子どもの特徴に関わる変数の規定度を初
産と経産婦で比較したところ，初産婦・経産婦ともに，ペアレンティングは，
個人内要因よりも，子どもの特徴（気質や健康状態）に関わる規定因からの影
響が強いことを明らかにしている。子育ち・子育て状況がずいぶん変化して
いる現代において，ペアレンティングの規定因，プロセスモデルの妥当性に
ついてあらためて検討する必要があろう。

母親の養育態度が発達に影響を与えることを明らかにした研究では，東・柏木・Hess（1981）は，日米の4歳児とその母親を対象として比較調査を実施している。いずれの国も，子どもの知的発達には母親の行動や態度が有意に影響を及ぼすことを明らかにしている。日米に共通する態度として，母親が子どもに対して受容的であることや暖かいこと，そして子どもの活動を認め促すような行動が，知的発達を高めることを確認している。

　母親のしつけ方略について，Crokenberg & Litman（1990）は多様な方略を使うほど，母親の言うことを子どもが受け容れ，自発的に行動することが多く，逆にしつけ方略が単一で強圧的であるほど，母親に反発することが多かったとしている。Mattanah（2005a; 2005b）は権威のある態度，および子どもにとっての足場作り（Scaffolding）と考えられる行動をとる母親ほど，その子どもの集団場面での教師評定は高く，学齢期には学業成績が高くなることを明らかにしている。

　すなわち，母親の養育態度については，子どもの自発性を認めたり，ヒントを与えたり，暖かいことによって子どもが親の援助にアクセスしやすく，受け入れやすく，関係性が良好になり，発達を促すことが確かめられている。

　子どもが本来もっている人見知り・場所見知り，抑制的傾向の強さというような子どもの気質は，遺伝的要素が強いものと捉えられ，養育によっては変化しにくい子どもの特徴である。乳児期に母親に対して安定した愛着関係が築けていれば，子どもの社会情緒的発達が良好であることを明らかにした研究もある（Cassidy, 1988）。縦断研究の結果，乳幼児期に新奇なものに抑制的な気質をもっていたとしても，母親と安定した関係性（愛着関係）があることで，より認知的発達評価が高くなることを示した研究もある（Karrass & Braungart-Rieker, 2004）。しかし中にはRubin, Hastings, Stewart, Henderson & Chen（1997）の研究に見られるように，母親が子どもに侵入的で手や口を出すという干渉的養育行動をとり続けると，子どもの人見知り・場所見知りが激しくなったという結果も示され，干渉的養育態度が気質に影響を及

ぼすことを明らかにした研究もある。

　研究知見から，母子関係，気質などの子どもの特徴，発達の関連について因果関係の方向性を断定することはできないが，懸念されるのは，子どもの気質の難しさが親の対応のまずさと相俟って，関係がこじれると，発達を抑制する可能性が生じることである。

　従属変数である子どもの発達のうち，本研究にかかわる社会性の発達については，集団適応と自己の発達の両面を捉えることが必要である。先述したNICHD の追跡研究（2006 = 2009）では，社会性について，子ども同士，または子どもと大人とのかかわりにおいて，子どもがどのように自分の行動をコントロールできるか，従順さ，問題行動（乱暴，孤立するなど）の少なさ，協調性に関する子どもの行動観察評定と母親要因の関連が確認された。母親要因の詳細は，子どもに対する敏感性の高さと，見守り，知的に刺激のある働きかけ，さらに母子間の安定した愛着関係であった。母親の教育歴，収入，受けている情緒的サポート，家庭の教育的環境，母親の抑うつ度の低さと発達との関連も明らかにされている。

　Pettit & Dodge（1993）では，子どもの外在化する問題行動を規定する要因について，親評定と教師評定，家族相互作用パターンとの関連について検討しているが，問題行動は母子間の否定的で高圧的な相互作用パターンと関連し，父子よりも母子相互作用の方が子どもの幼稚園以降の発達に関して強い影響があることが確かめられている。母親が子どもの発達に及ぼす影響についての証拠が示されている。その一因として，集団場面における社会的行動に関しては，集団への適応を尺度化して，教師あるいは母親が評定することによって捉え，子どもの問題行動の有無に焦点化した研究が多かったこともあろう。

　一方，Kochanska, Aksan, Prisco & Adams（2008）は縦断研究によって，未就園時期（7・15・25ヶ月の時）に母子関係において相互性が高い場合，その子どもが4歳4ヶ月になった時点で，集団場面での自己表現が高く，さら

に母親が強圧的でなければ，規律の内面化と自己調整が良好であることが明らかになり，母子関係と集団場面における自己主張の程度との関連についても確認されている。

すなわち，問題行動の少なさや自己コントロール，従順さといった集団適応に関する変数については，母子関係の良好さ，母親の適度に権威ある態度，子どもにとっての足場作りと考えられる，scaffolding 行動の高さが有意な関連を示すことが明らかにされてきたと言えるが，その一方で，自己表現などの集団場面での自己主張との関連を確認した研究はあまり多くない。集団場面での自己主張，関わりを持つ人数，イメージ共有や遊びの広がり，遊びを構成する能力などの社会的行動について検討することは，本研究の目的とも重なり，今後とりくむべき課題と考えられる。

2．父親のペアレンティングと発達

父親と子どもとの相互作用について分析した Dollahite, Hawkins & Brotherson (1997)，Hawkins, Christiansen, Sargent & Hill (1993) は，家族において父親は，世話としつけなどを含む広い意味でのペアレンティングを担う存在であるとしている。子どもに及ぼす父親の影響については，これまで探索的な研究が多く，母親の子どもへの影響に関する研究から理論的な枠組みを援用した研究が多かった。父親の影響のみを理論的に説明することは難しいと考えられることから，母親を含め，父親および家族構成に関する要因間の関係について，先述した Maccoby ら (1990) のコペアレント (Coparent) の視点から，構造的に捉えることによって父親の担うペアレンティングについても明らかになると考えられる。

Cabrera, Shannon & Tamis-LeMonda (2007) は，父から子どもへの影響を明らかにするためには，社会的，歴史的な影響や過去から現在へのライフコースを取り上げる必要性を主張し，複雑な要因が影響を与えている可能性について言及している。Evenson & Simon (2005) は，父親であることで抱

第3章　先行研究からみた研究の課題　　83

く葛藤についてはまだ明らかになっておらず，父親の育児量が子どもに及ぼす影響について，子どもの年齢，父親自身のライフコースを考慮した分析が，今後の研究には欠かせないと指摘している。Umberson & Gove（1989）が指摘しているように，父親であることとメンタルヘルスとの関連は，対象者のライフコースによって変動する可能性がある。

　このように父親の子どもへの影響は，子どもの年齢，父親のライフコース，父親のおかれた環境によって異なると捉えられてきたため，研究対象を限定して，ライフコース，社会構造的要因の特徴を考慮した研究が必要になると考えられるのである。そのような工夫によって，より実態を捉えることにつながる。たとえば，Cabrera, Fitzgerald, Bradley & Roggman（2007）の研究では，父親の育児量は，子どもの発達の時期によって異なることを想定して検討している。今後は Pleck（2007）が指摘しているように，なぜ，父親が子どもに関わると子どもの発達を促進するのかを説明できるように研究を積み重ねる必要があるだろう。

2-1. 父子関係が子どもに及ぼす影響

　MacDonald & Parke（1984），Parke, Cassidy, Burks, Carson & Boyum（1992），Boyum & Parke（1995），Isley, O'Neil, Clatfelter & Parke（1999）らは，実際の観察に基づいて父子関係，母子関係の質（内容）を評価し，それが就学前児の仲間関係にどう影響するかを検討した。その結果，親子関係の質は仲間関係にプラスの影響があることを明らかにしている。その際，父親と母親の関係の質は異なるため，それぞれが子どもに働きかけることによって，子どもにとっては多様な体験を広げるとしている。すなわち，子どもに多様な人が関わることによって，子どもの発達を促すと考える Involvement 理論の見解と重なるといえよう。

　Easterbrooks & Goldberg（1984）は，父子関係の質と発達との関連について，行動における敏感性（Sensitivity: 子どもの気持ちや行動に対してタイミング

よく適切に反応する程度を示し，関係の質を評価する時の指標として用いられる）を用いて，子どもの課題の達成度との関連を検討したところ，子どもに対する父親のかかわりと発達の間に中程度の相関がみられることを確認している。子どもの発達に何らかの影響をもつことは確認されているが，なぜ関連するのかについて説明されているとはいえない。

　Cabrera, Shannon & Tamis-LeMonda（2007）は，子どもの年齢を未就園時期に限定した上で，父子関係が子どもの認知，言語，社会・情緒的な発達に影響することを予測するモデルを提示して，実証的に検討している。その結果，父親が子どもの主張を支持するような関係をもち，父親の教育歴が長いことが，子どもの言語的，認知的発達にはプラスの影響があり，さらに24ヶ月時点には，子どもの感情コントロールにもプラスの影響を与えることを明らかにした。また母親が子どもの行動に対して手を出し，口を出すような干渉的養育態度は，就園前の子どもの感情コントロールと言語発達にマイナスの影響を，さらに父親の干渉的養育態度は，就園前の子どもの言語発達にマイナスの影響を及ぼすことを明らかにしている。

　したがって，父親のペアレンティングのうち，子どもの感情表出を受けとめているか，子どもとの相互作用を調整しつつ継続させることができるかなど，良好な父子関係を築くことが規定因となる。Fabes, Eisenberg & Eisenberg（1993），Fabes, Eisenberg, Karbon, Bernzweig, Speer & Carlo（1994），Eisenberg, Fabes & Murphy（1996）によれば，親子における良好な相互作用は，親が子どもの感情的反応，中でも不快な感情をどれだけ予想できるかということと関連し，さらに，子どもが仲間の中でうまく自己表現できるか，どうかと関連することを明らかにしている。また Fabes らは，子どもは仲間関係において，父親をモデルとして模倣することによって，仲間に対して自己表出するとしている。すなわち父親が，子どもの自己表出を暖かく支えることによって，子ども側にはモデリングが生じ，集団に参加した時に，仲間に対しても自己主張ができると説明している。このように父子関係が子ど

もの発達に及ぼす影響については，子どもの気持ちを予想したり理解できること，その理解に基づいて父子関係を円滑化することが，子どもの自己表現や自己主張，自己調整など子どもの自己の発達につながっていることが示唆されるのである。

　日本の研究では，たとえば，加藤・中野・土谷・小野寺・数井（1996）は，0歳〜7歳までの子どもをもつ家庭（共働き家庭，専業主婦家庭を含む）を対象として父親，母親に対する調査を実施し，育児量が多い父親ほど，養育行動の柔軟性，つまり子どもの行動に共感したり子どもの気質や特性に合わせたり，場面の違いによる子どもの変化や子どもの成長による変化に対して柔軟に対応した行動がとれることを明らかにしている。子どもに関わるほど，子どもの気持ちを理解することができ，それに合わせ，養育行動の柔軟性が高まり，結果的に父子関係は良好になる。さらに3歳児をもつ専業主婦家庭において，父親の柔軟性が子どもの発達と関連することを示している（土谷・飯長・加藤・数井，1996）。

　一方加藤（2008a）は，シンボリック相互作用論の立場から，父子の自由遊び場面におけるイメージ共有過程の質的研究を行っている。その結果，生活に根ざした経験を親子が遊びに取り入れることで，父子相互のイメージを共有した遊びが成立していた。共有過程には，子どもの自己の発達段階（Mead, 1934＝1973）が関連しており，Mead（1934＝1973）の提示したプレイステージ，及びCharon（2007）の提示した準備ステージでは，父親の働きかけが変化することで，イメージ共有が進むことを明らかにしている。すなわち，父子の相互関係が活性化するためには，父親が子どもの発達段階に即して関わることが必要になる。

　このように父子関係について，未就学児とその父親の相互作用を観察し，イメージの共有過程と子どもの自己の発達との関連などは明らかにされ，発達との関連を検討している研究もみられるのである。

　Lamb（1976＝1981）やPedersen（1980＝1986）は，親子関係を円滑化する

ためには，子どもの信号を敏感に受けとめて適切にタイミングよく応答する親側の行動が必要であるとした愛着理論（Bowlby, 1969＝1976; Ainsworth, et al., 1978）に準拠し，さらには子どもの側にも信号を発信するコミュニケーション能力が必要であるとしている。このような概念は親の子どもに対する敏感性（sensitivity）と捉えられて，母親に用いた観察評価（Ainsworth, et al., 1978）が適用されている。これまで，父親の子どもへの敏感性，発達的適切性，情緒的雰囲気，相互的楽しさなどの要因を用いて，子どもへの影響についても検討されてきている。

Snarey, Son, Kuehne, Hauser & Valiant（1987）は，Erikson（1982）の発達段階モデルのうち，中期成人期ステージ7の発達課題として「世代性―停滞」を参考にして，父親について，やりとり，世話，コミュニケーション，しつけ，受容など，養育者としての行動や感情を指標にして捉えている。Erikson の generativity 概念によって，父親の子どもとの関係のもち方を生涯発達に位置づけて分析している。

以上の先行研究から，父子関係が，子どもの発達になんらかの影響を及ぼすことは示唆されるが，それぞれの個別の理論的枠組みから検討されている。そのため，父子関係の測定方法の違いや結果ついては，見解が統一されていないことが問題として指摘されている（Amato & Gilbreth, 1999）。

父子関係の詳細な観察を用いた研究においては，父親の育児を規定する社会構造的要因があまり検討されていないこと，父子関係を評価する際に，母子関係の研究から導き出された観察評定の尺度を援用している研究が多いこと，母子関係と組み合わせた研究が少ないことが課題として挙げられる。

したがって，父親の子どもへの関与を捉える枠組みに，社会構造的要因を盛り込むこと，概念間の関係を明らかにして従来の理論を組み合わせること，父母の変数を同時に分析することやコペアレント（Maccoby ら, 1990）について検討する必要もある。

2-2. 父親の育児参加が子どもに及ぼす影響

　Rutter（1987）は，両親そろっている600家族について，社会的地位（SES）をコントロールした上で縦断研究を行い，就学前の時点において父親との直接的相互作用が多い家庭の子どもは，父親との相互作用の少ない家庭の子どもよりも，学校生活の問題行動が少ないことを明らかにしている。Crockett, Eggebeen & Hawkins（1993）は，アフリカ系アメリカ人の早産で生まれた985人の乳児サンプルにおいて，父親が子どもと遊んだり，世話をした群は，そうでなかった群と比較して，3歳時点で有意に高いIQスコアを示し，認知的発達に差異がみられたとしている。

　日本においては，父親の育児参加が社会的に注目されているにもかかわらず，父親の育児参加が子どもに及ぼす影響に関する縦断研究がとても少ない。繁多（1987），中野（1992），Ishii-Kuntz（1998），加藤・石井クンツ・牧野・土谷（2002），Ishii-Kuntz（2004），石井クンツ（2007）などによって，父親の育児量が子どもにプラスの影響があることは確かめられてきた。Ishii-Kuntz（2004）は，父親の育児量と就学児の社会性に関する日米比較を行って，育児量が多いほど，子どもの友だちとのネットワークが広くなっていることを明らかにしているが，今後は育児量との関連だけでなく，どのような親の関与が子どもの何に影響するかについて，発達と育児量の媒介変数を加えて，実証的に検討する必要がある。

　育児量を捉える際に，「遊び」と「世話」を分けて分析したり，父親の育児量が多いほど，発達にプラスの影響を及ぼすことを示した研究，育児量が多いほど，父子関係が良好になるとする研究が，個別に研究されてきた。それらを包括する理論的枠組みが必要であろう。

　たとえば，Dienhart & Daly（1997）は，父子・母子相互作用のうち，遊び頻度は，父親の方が母親より多いことを質的分析によって明らかにしているが，育児は子どもの生活すべてを含むため，"遊び"だけを観察して父親の頻度が高いとしても，一面的な結果しか得られず，父子関係を説明したこと

にはならない。したがって，父親のペアレンティングを捉える際の育児量について
は，世話・遊びの両者を含めて子どもへの影響について分析する必要
があろう。

3．親子遊びが子どもに及ぼす影響

国際比較調査（国立女性教育会館，2006）において指摘されたように，日本
の父親の育児参加のうち「一緒に遊ぶ」については，アメリカを除く日本，
韓国，タイ，フランス，スウェーデンの5ヶ国で父親の方が母親よりも多い
育児行動となっていることが明らかにされている。さらに専業主婦家庭の妻
たちは，夫に「子どもと遊んでほしい」というニーズを持っていることが確
かめられている（国立女性教育会館，2006）。したがって，日本では遊びを父
親の役割と認識していることが推測されるのである。

遊びについては，これまで多くの研究者が，発達的な分類・評価で描写し
体系づけてきている（たとえば，Belsky & Most, 1981; Fenson & Ramsay, 1980;
Garvey, 1977 = 1980）。

高橋（1979）によると，遊び場面とは，(1)自由で自発的な活動，(2)面白
さ，楽しさ，喜びを追求する活動，(3)活動自体が目的である，(4)活動への
遊び手の積極的かかわり，(5)他の日常性から分離された活動，(6)言語習得，
社会的役割認知，空想性・創造性などの他の行動系と一定の系統的な関係を
もつ，という特徴を示すとしている。

未就園児との遊びにおいては，楽しく自発的な活動であること，規制しな
いことが求められ，遊びの理解が試される場であり，さらに遊びを通して，
子どもの気持ちに気づいたり，発達を理解する場面にもなると考えられる。
また，麻生（1996）は，子どものふり遊び[2]は，大人に育てられることによ

---

2 遊び場面では，現実生活の価値基準に縛られない。自由に主観性を駆使して「虚構」の世界を創
り上げる。子どもは現実の日常生活で習得した事象の因果関係を組み立てなおす。何かの役割を演
じるときも，日常よく見慣れ，体験し，知識となっているイメージを素材とする。対象物に対して
イメージをあてはめ，○○のつもりであたかも○○を用いるように遊ぶ。

ってできるようになるとしている。子どもは，親に何かを伝達する，親の役割を認識し動作によってまねる，身振りによって現前にはない何かを表現するようなイメージを使って，豊かに遊べるようになるのである。

　遊びを社会学的に分析した Mead（1934＝1973）は，子どもの自己の発達にとって親子の相互作用の意義を重視し，親子の関係性が，実際の経験に表象や概念を統合する仕方に影響を与えるとしている。中でも「ごっこ遊び」は，具体的な親子のやりとりを反映し，子どもの反応を促すと説明している。このような意味を伴った相互交渉が成立するためには，子どもが他者との間で共有するシンボルを用いたり，自分の行動を他者の役割に合わせて調整する能力が求められるとしている。子どものコミュニケーション能力，他者を理解したり自己主張が発達してくるにつれて，遊びの構成力も高められると考えられるのである。

　遊びは，母親，父親との遊びから，身近な人，保育者，友だちと共に，というように対象が変化し，共有されたシンボルとその解釈も複雑になっていくと考えられる。未就園児がそのような遊ぶ力を蓄えて，それを仲間関係の中で発揮するためには，麻生（1996）が述べているように，親と遊ぶ体験が基になっている。

4．コペアレント（Coparent）が子どもに及ぼす影響

　子どもの発達に及ぼす親の影響は，父親か母親か，どの発達領域であるのか，育児量か関係性なのか，などによって異なることは説明してきたが，石井クンツ（2009）が指摘するように，子どもにとっては，母親・父親という多様な大人との接触機会を生み出すことにより，社会性を高めることにつながるのである。

　家庭場面の観察において，父親・母親の行動の分析をおこなった Belsky（1980＝1986）は，子どもへのことばかけ，刺激に注意を向ける行動，行動を制限する，身体的接触，社会的やりとり，モノを媒介にした遊び，身体を使

った遊びの出現頻度を用いたが，子どもへの行動自体には父母差がみられなかったとしている。但し，母親の働きかけと子どもの探索行動との間に有意な関連は見られなかったが，父親の働きかけと子どもの探索行動とは有意に関連することを示している。さらに親が子どもに対して対象物に注意をむけるように促したことと，子どもがその適切な情報を選び出す能力とは，有意に関連することを明らかにしている。

　家庭場面の観察における縦断研究を行った Clarke-Stewart（1980＝1986）は，行動の出現頻度，両親の情緒的表出性（行動の受容，身体的・物質的・社会的・言語的刺激，敏感性，なだめる，励ますこと）の評定を用いて親子関係を15ヶ月から30ヶ月まで観察した。その結果，遊びのスタイルの違いについては，母親はモノを使う遊びが多く，父親は社会的な遊びや身体を使う遊びが多く，とくに子どもに指示したり，ほめたりすることは父親の方が多かったとしている。さらに，母親と子どもと父親という三者の遊び場面においては，母親が父子関係を活性化させ，父親が中心的な役割をとれるように働きかけることで，子どもから遊び仲間と認めてもらえるように援助すると考察している。15・20・30ヶ月時の追跡調査によって，遊びにおけるそのような両親の働きかけは，親子関係を経由して，社会性と関連することを明らかにしている。これらの研究から，父親と母親のペアレンティングには，共通性と共にちがいもみられ，補完関係もあることから，この多様性によって子どもの社会性は発達することが示唆される。

　田中・中澤・中澤（1996）は，父親が単身赴任となった家庭と帯同赴任（父親の赴任に伴って家族が移動する）の家庭について，母親を調査対象として検討した結果，父子の会話量や養育協力度といった父親の活動量には有意な差はみられなかった理由として，単身赴任の父親は，父親不在の問題性を意識して，定期的帰宅，妻子との会話，子どもの遊び相手や相談相手といった家族役割の遂行に務めて，物理的不在に対処するために，機能的な不在に陥らないように配慮していたとしている。すなわち，父親が物理的に存在して

も，家族の役割を充分に遂行せず，機能的不在に陥る場合には，子どもに影響を与える可能性もある。

　Davidov & Grusec（2006）は，子どもの感情に父親と母親が対処することと，子どもの発達との関連について検討し，子どものディストレスに対する両親の敏感性が高いほど，子どもの感情コントロールの得点が高まることを明らかにしている。また Feldman（2003）は，父親と子ども，母親と子どもの相互作用をとりあげ，親子間の感情の共有が，父親の対人的な親密性と子どもの肯定的感情とに関連することを明らかにしている。さらに Tamis-Le-Monda, Shannon, Cabrera & Lamb（2004）は，父親と母親による，子どもを支えるような関与が発達に影響することを明らかにしている。

　これらの研究を概観してみると，子どもの発達への影響は父親・母親要因を同時に扱った研究が増えており，両親間の相互作用についても言及されているものの，社会的状況を分析にとり入れた研究は少ない。

　日本ではたとえば菅原・北村・戸田・島・佐藤・向井（1999）は，胎児期から10歳までの縦断研究の結果から，乳幼児期の行動特徴，家庭の社会経済的状況，親の養育態度などの要因が10歳時の攻撃的・反抗的行動傾向に有意に関連することを示している。この研究において問題行動の予防因子は，父親の良好な養育態度，母親の父親に対する信頼感であることを明らかにしている。長期間にわたる縦断研究では，子どもの発達に影響を及ぼす両親の要因は同じとはいえないが，母親だけでなく，父親の要因や夫婦関係が影響する可能性が示されている。

　また，加藤・近藤（2007）は，3歳児と父親，3歳児と母親の組み合わせについて，遊びタイプ（親子遊び場面における子どもへの働きかけのタイプ）と子どもの感情統制との関連について検討している。親子遊びの観察評定を用いて，父子遊び，母子遊びを「子どもの自発性を尊重する」「適切な限界設定と構造化」「敏感性」の3尺度で観察し，3尺度のいずれも高い群，いずれも低い群，限界設定のみ高い群，限界設定のみ低い群に分類し，父母の組

み合わせによる子どもの発達との関連について検討している。

　3尺度のいずれも低い父親と，限界設定の度合いのみが高く，他の2尺度が低い母親の組み合わせの両親をもつ子どもは，3尺度のいずれも高い両親を持つ子どもと比べ，感情統制がより低かったという結果を明らかにしている。すなわち，親子遊びのタイプについて父母のタイプの組み合わせが，子どもの感情統制の発達と関連をもつことを示している。したがって，母親と父親の組み合わせ，すなわち，コペアレントのあり方が子どもの感情統制という従属変数になんらかの関連をもつことが示唆されたのである。この研究は，探索的研究にとどまっており，今後は父親と母親要因間の関連について，理論的な枠組みで説明する必要があろう。

　父親と母親が協力して子どもを養育することは，子どもにどんな効果をもたらすかについて明らかにする必要がある。両親のペアレンティングがどのように子どもに影響を及ぼすかというメカニズムについては今のところ明らかにされていないため，理論的枠組みを構築する必要があろう。今後子どもが多様な家族構成で育てられることや，離婚後などの親子関係の調整の必要性，さまざまな育児支援を利用し，組み合わせて養育される際の支援のあり方を考える参考になる。

　Wu, Hou & Schimmele（2008）は，同居や別居，結婚や離婚など家族の構造が子どもの心理社会的な行動に及ぼす影響について検討している。その結果，別居が子どもの発達に影響を及ぼすわけではなく，低収入，家族の機能障害，親の養育性が子どもの発達に影響を及ぼすことが明確にされている。すなわち，家族の構造自体が直接的に子どもの発達に影響を及ぼすわけではなく，そのことによって家族がうまく機能しない，養育性が損なわれるなどの家族の機能障害が二次的に引き起こされるということによって，子どもに影響を及ぼすと考察している。ここでいう二次的な機能障害というのは，家族が担うペアレンティングの構造がうまく機能しないことと考えられる。

　今後は，Coparentの概念を用いて，子どものウェルビーイングのための

第3章 先行研究からみた研究の課題 93

(Belsky, Crnic & Bable, 1995; Furstersnberg, 1990)，両親の協力的な機能を捉える
こと，すなわち，子ども，両親，夫婦の視点からペアレンティングを構造化
することやその影響性に関するプロセスを示すことが課題になる。

第2節 母親のペアレンティング研究

1. 母親の抱える育児不安とその影響

　育児期の母親の精神衛生は，ペアレンティングのあり方に影響する。日本
では，母親が孤立しているほど育児不安が高くなるとされ（牧野，1982），利
用できる支援の数が多いほど育児不安は低くなるとされている。中津
（1993）によれば，母親の育児不安が高いほど，その子どもには不安傾向（わ
がまま，気分のムラ，よく泣くなど）が見られることが示されている。

　一方，菅原・北村・島・戸田（1996）は，子どもの気質上の難しさが母親
にとってストレッサーとなり，母親の抑うつと関連し，母親の精神的健康を
悪化させることを明らかにしている。さらに母親自身に関連するストレスと
子どもの行動や状態の難しさに関連するストレスの2軸に分けて，いずれも
抑うつの程度に関連することを明らかにしている。菅原（2005）は，妊娠・
出産・育児がストレッサーになることを考えると，育児期の母親は程度の差
はあれ，自らの育児に関連するストレス，そして子ども自体の難しさに関す
るストレスを抱えがちであることから，この2つの側面に関連した抑うつ傾
向がみられるとしている。母親は，子育てストレスを抱えることで，育児不
安が高くなり，育児負担感が増し，子どもに対して柔軟に応じられない状況
が生まれ，ゆとりがなくなり，追い込まれていくと推測される。

　このような研究から育児不安は，外部からの育児支援と母親の養育行動を
媒介する概念と見なすことができる。さらに，その結果親子関係に影響を与
える可能性もあり，それが子どもの発達に関連することが示唆される。育児

不安要因が，育児支援の要因や父親の属性や育児量にどの程度規定されるのか，母親の子どもに対するどのような養育行動に関連するのか，子どもの特徴とどのように関連しているのか，親子関係とどう関連するのかについて，父親，母親，子ども要因を含めて，子どもに及ぼす影響についてプロセスを明らかにする必要があると考えられる。

　以上をまとめると，母親の育児不安，抑うつ傾向やストレス，子ども自体の難しさは，母親の受容的な態度や子どもを認めて促すような行動に関連し，父親要因，子ども要因は無関係ではないことが示唆されるが，今後包括的にペアレンティングを捉えることで，子どもに及ぼす影響を説明するような研究が必要である。

2．母親の養育態度・行動が母子関係に及ぼす影響

　Schneider-Rosen & Cicchetti（1984）によれば，母親から不適切な養育（マルトリートメント）を受けた子どもは，母親に対して不安定な愛着関係を築く傾向がみられるという。母親が子どもの自発性を認めず，侵入的である，あるいは限界設定（しつけの枠）が不適切であるような養育行動は，親子関係を脅かすことが危惧される。

　Isabella & Belsky（1991）は，母子相互に応答性が乏しい場合には，母子関係が不安定になることを明らかにしている。母親の子どもへの働きかけが子どもの波長にあっており，相互的交流が高いことを，母子の同期性（Synchrony）という概念で捉えて説明している。子どもが母親のかかわりを受け取り，安定した母子関係を築くためには，母子の同期性を観察によって捉えることが有効と考えられる。

　東・柏木・Hess（1981）の日米の4歳児とその母親の比較調査によれば，日本の母親の，子どもへの発達期待は，親に従順ということであり，子どもが親の言うことを聞かない時に無関心をよそおったり，気持ちに訴えたり，合理的な説明をしたり，他者のまなざしを意識させたりして恥ずかしさに気

づくように仕向けるなど，優しく説得する方略を用いて，納得できるように働きかけるという特徴を示している。子どももそのような母親のかかわりによって，他者と協調するような親密性の発達をたどるとされている。一方，アメリカの母親は，親の意図を強圧的に伝えるかかわりが多く，子どもの自我とぶつかりながらも，自己を主張しあう中で，交渉することによって，解決に向かえるような関係性を築いていくと説明している。

　欧米の母親とちがい，日本の母親は，子どもが言うことを聞かないという状況においては，さまざまな方略を用いて，なだめたりすかしたり，というようにかかわり，そのことによって，子どもが自らの気持ちを調整して他者との親密性を築けるようにしていく。すなわち母親は，自分の意図をあまり明確にしないまま，子どもが自己コントロールできるように導いていき，結果的に子どもは他者との調整ができることから，母子関係を高めると推測されるのである。自我のぶつかり合いという明白な相互交渉ではなく，暗黙の社会的交換が成立するような関係を築くことが示唆される。

　一方縦断研究に取り組んだ Kuczynski & Kochanska（1990）は，母親の働きかけが子どもの従順な行動に影響を与えることを明らかにしており，Bornstein, Gini, Suwalsky, Putnick & Haynes（2006）は，親子の情緒的な相互的応答性が高いほど，親子の関係性は維持されるという結果を示している。

　以上の研究から，日本の母親の特徴が浮き彫りになっているが，母親の意図が明白か否かに関わらず，母親の養育行動は，それぞれの文化に従うように形成され，子どもとの関係性が築かれていく。母親の働きかけと子どもの行動との関連については，母子関係が媒介すると考えられる。

第3節　父親のペアレンティング研究

1．父親の役割と機能

　まず Parsons & Bales（1956＝1981）は，父親は社会構造の中で，母親と対
照的な機能をもつ存在としてとり上げた。家庭において父親は，稼ぎ手であ
り，道具的役割を果す存在と考えられ，社会からも期待される役割をもつ。
その流れを受けて，家族内における父親の勢力や役割が研究対象となった。

　その後，父子関係には，育児の質や内容の豊かさが影響を及ぼし，その結
果，父親に対する子どもの愛着行動が多くなるとする結果（Lamb, 1982;
1987）も明らかにされている。Lamb ら（1985）は，父親による子どもへの
関与の中心的概念として，前述したように3概念を提示している。

　その後，これらの概念を用いた研究が多く取り組まれるようになった。た
とえば，Leslie, Anderson & Branson（1991）は，「責任感」の概念について
検討し，夫婦間の教育歴・年齢・収入などの相対的資源差，就業時間・子ど
もと関わる時間・帰宅時刻などの時間的制約，子どもの年齢・きょうだい数
などの育児ニーズ，夫婦関係のあり方など社会構造的に規定されることが確
かめられている。また McBride & Mills（1993）は，3歳～5歳の子どもを
もつ父親と母親を対象として，関与の3概念の程度と，母親の就業の有無な
ど家族の属性，夫婦関係，親のストレスおよび役割認知について尋ねた。そ
の結果，専業主婦家庭でも共働き家庭でも，母親の方が父親よりも長時間子
どもに関わっているが，父親は，子どもとの遊びに時間をかけていることが
統計的に確かめられている。さらに McBride & Rane（1997）は，職業人，
親，夫という多重役割に従事しているという認識が高い父親ほど，子どもへ
の関与が高くなることを示している。母親の場合は，多重役割によってスト
レスを抱えるが，この研究では，むしろ関係性が高まるという結果が導かれ

ている。

McBride & Rane（1998）は，夫婦のパートナー性が高いほど，子どもへの関与の3概念が高くなることを示した。Lewis（2000）は，両親が揃っている家庭の父親を対象として，母親が就労しているほど父親の「直接的相互作用」（engagement）が高く，しかも父親役割を自覚していることを明らかにしており，母親の就労の有無が影響を与えるとしている。Nangle, Kelley, Fals-Stewart & Levant（2003）は，就学前の子どもを持つ共働き夫婦を対象として，父親のアクセスのしやすさと責任感の2概念は，社会構造的変数および父親のもつ信念によって規定されることを明らかにしている。このように母親の就労などにより，協力して生活する基盤があることによって，父親の子どもへの関与が促されることがわかる。

Doherty, Kouneski & Erickson（1998）は，責任感について，「同居している」「経済的に家族を支える」「PTA活動に参加する」によって構成される変数としている。責任感は親が関与する仕事や社会状況によって影響を受けるとし，子どもへの影響，母親への影響は父親を社会学的な視点から検討することによって明らかにできると述べている。1990年代以降は，父親の子どもへのかかわりが，どのような要因によって規定されるかについて検討した研究が多いこと，直接的相互作用，子どもにとってのアクセスのしやすさに関する研究は多いが，責任感を取り上げた研究は相対的に少ないと考えられる。

その後 Lewis & Lamb（2003）や Pleck & Masciadrelli（2004）などの研究では，父親の直接的相互作用が子どもの発達や精神的健康に貢献していることを明らかにしている。しかし Palkovitz（2002）は，父親の直接的相互作用が多いこと（育児量）が，必ずしも子どもにとってプラスの影響を与えるとは限らず，むしろ父親の動機づけ，スキルおよび効力感と社会的支援が子どもに影響すると指摘している。尾形・宮下（1999）は，日本の父親による子どもとの身体的接触を伴うような直接的相互作用が，認知的な側面よりは，

家族への愛情や安定感などの情緒的な側面に関連していることを示しており，父親は家族要因を基盤に，子育てに機能していることが示唆される。

このように，先行研究を参考にすると，Lamb らの概念のうち直接的相互作用が子どもの発達にダイレクトな影響を及ぼしているというよりも，父親は，社会構造的要因からの影響を受け，母親と相互的に影響を及ぼし合って，ペアレンティングの構造の一部を担っていることが示唆される。

一方，Hawkins & Dollahite（1997）は，父親の仕事（Fatherwork）という概念を提示したが，これは Erikson（1982）の発達段階モデルに準拠したジェネラティビティ（generativity: 次世代育成）にあたる概念であると述べている。子どもとの関係を発展させて子どもを育てることを，父親の仕事（Fatherwork）として定義している。すなわち父親の役割は，社会的または文化的要請に基づいて規定されるが，ここで提示された父親の仕事という概念は，単なるルーティン化された作業やキャリアを示しているのではなく，ライフワーク，ミッション（使命），感情労働と捉え，次世代を担う子ども（わが子だけでなく）の要請に対応した働きかけのことを指すと述べている（Hawkins & Dollahite, 1997）。

一方，Demo & Cox（2000）は，父親の研究を概観し，従属変数として子どもの変数が少ないことを問題としてとり上げている。今後は父親を含めた環境と子どもとの関連をより広げて取り上げることが必要であると主張している。

日本の父親研究の今後の課題は，母子研究で捉えられてきた理論枠組みを父親に適用するのではなく，ペアレンティングを構造化して検討する事である。また，父親の子どもへの関与における中心的な3概念に関して，とくに「直接的相互作用」に関しては子どもとの行動の観察や従来の質問紙調査において育児量を尋ねるなどによって捉えられてきたが，「子どもにとってのアクセスのしやすさ」や，親としての「責任感」について検討した研究が少なく，これからとりあげるべき概念になると考えられる。日本の父親につい

ても，子どもにどのように機能すればよいのか，どう関わりたいのかという主体的な意味づけは多様になっていると考えられることから，子どもにとってのアクセスのしやすさ，父子関係は，ペアレンティングを構成する重要な概念となるであろう。

2．育児量が父子関係に及ぼす影響

Cabrera, Tamis-LeMonda, Bradley, Hofferth & Lamb（2000）の研究では，アメリカの父親は子どもに関わる時間が増えているとされているが，現実は子どもへの責任を担っている第二養育者でもなく，「第一の（母親の）ヘルパー」であると指摘されている。日本の父親は長時間労働によって子どもと関わる時間が少ない状況にあり，実証的研究が少なかった。

その後，父親が注目されるようになり，育児行動の頻度・時間（週のうちそれぞれの育児行動をどれ位の頻度で行うか，何時間くらい関与するか，など）を用いて育児量を捉え，父子関係との関連が検討されるようになった。たとえば賀茂（2001; 2004）の調査では，家族一緒にとる夕食の頻度と外出する頻度が多いほど，父親の抑うつが低いほど，結婚に対する満足度が高いほど，父子関係の質が良好であることを明らかにしている。

加藤（2007b）は，父親と有業の母親を対象として，親子の関係性にRusbultの投資理論を適用している。育児量が多い（親が持てる資源を関係に多く投入する）ほど，関係関与性が高まっていることを確認している。育児量と親子関係との関連を重回帰分析によって検討した結果，育児量が多いほど関係関与性は高まり，育児と仕事の相対比較において，育児の価値づけが高いほど関係関与性が高まり，生活におけるディストレスが低いほど，関係関与性が高まることが確認されている。

加藤（2009b）では，専業主婦家庭の父親に関してこの理論が支持されることを明らかにしている。すなわち，子どもにかかわればかかわる（育児量が増える）ほど，父子関係が良好になっていることが確かめられている。

したがって，父親の育児量と子どもとの関係性との関連については，Rusbult の投資理論に基づき，育児量が関係性に影響することは支持されている。

3．父親役割の顕現性が育児参加に及ぼす影響

Ihinger-Tallman, Pasley & Buehler（1993）は，父親が離婚後も親であり続けるような「父親役割意識」について研究した。父親の育児量に影響を及ぼすのは，父親の子育て役割というアイデンティティが顕著であるかどうか（顕現性）であるとしている。Ihinger-Tallman ら（1993）は，父親の子どもへの関与とは相互作用を促進する行動であると定義し，さらに，父親が子どもに関与することがひいては，子どものウェルビーイングに寄与すると考え，子どもの発達にとって重要な役割を果たしていることを忘れてならないとしている。すなわち，Ihinger-Tallman らの中心概念は，単なる父親の育児量で捉えられるものとは異なり，親役割を担うことによって，間接的にではあるものの子どもの発達にも重要な役割を果たすことが可能になるとしている。また Rane & McBride（2000）によると，養育役割を重視し意識の中心にすえている父親は，それが低い父親より，全体として子どもとより多くの相互作用と責任行動に従事することを明らかにしている。

以上をまとめてみると，父親としてのアイデンティティは，父親の育児量に影響を与え，育児量が，子どもの気持ちを予想できたり，相互主観性を高めるような親子関係に影響を及ぼし，さらにそれが子どもの発達を促進するというプロセスが仮説として考えられる。

4．父親の育児参加を規定する要因

Marsiglio & Cohan（2000）は，父親の育児参加について，社会的構造をマクロ，メゾ，ミクロレベルで捉え，生態学的モデルで説明しているが，社会や文化によっても父親の育児は異なり，経済状況によっても影響を受けることを明らかにしている。Parcel & Menaghan（1994）は，父親の就業時間が

長いほど，就学前の子どもの行動上の問題が多く見られることを示しており，Sarkadi, Kristiansson, Oberklaid & Bremberg（2008）は，父親の子どもに及ぼす影響に関する従来の研究をレビューし，社会構造的背景は無視できないほど大きいと述べている。

　育児量を規定する要因について検討した藤本（2001）は NFRJ98（全国家族関係調査，1998）のデータを用いて，親の就業状況との関連を検討しているが，父親よりも母親の方が育児量は多いが，労働日数や時間が長くても，子どもと一緒に外出する，趣味・スポーツなどを一緒に楽しむ，と答える父親が多いという結果を示しており，育児量は就業状況に関連するとは言えなかったとしている。

　賀茂（2001）は NFRJ98のデータをもとに，父親・母親における長子との関係の質の決定要因について検討しており，夕食を共にする・宿題を手伝う頻度，総収入，健康状態，ディストレス，結婚満足感，13歳以上かどうかが関係の質に影響を及ぼしており，関係の質には，親子双方の変数が影響を及ぼしあっていることが明らかにされた。

　このように，育児量を促すような要因を明らかにする研究では，全国調査によるデータを用いることで，ほぼ一致した結果が得られている。従来父親の時間的制約要因，夫婦間の相対的資源差要因（夫・妻のうち，収入が少ない，教育歴が短いなど，資源が少ない方が育児量が多くなる），夫婦間の性別役割分業意識（ジェンダーイデオロギー）要因，育児ニーズ要因が取り上げられており，以下に各要因について述べる。

4-1. 時間的制約要因

　Pleck（1985）は，父親が役割に対して時間があまりかけられないと，個人的には重要と感じていたとしても，その役割に参加していないので，重要性が薄まってくるとしている。つまり，役割に参加できる時間があることが必要であるとする。加藤・石井クンツ・牧野・土谷（1998）の研究では，日本

の父親の育児参加は，時間的制約，育児ニーズ要因によって規定されるとしている。永井（2001），石井クンツ（2004）では，時間的制約要因，育児ニーズ要因の有意な影響が確認されている。西岡（2004）は，父親の帰宅時刻が早いほど，育児参加の頻度が高いことを示している。

4-2. 夫婦間の相対的資源差要因

　社会経済的要因，つまり具体的には収入，教育歴，職業の有無など，個人がもてる資源に関して，夫婦間の相対的な違いが，夫婦間の権力関係に反映されると考える。父親の育児参加は妻の就業の有無によって影響を受けるという研究は多い（数井・無藤・園田，1996）。Rallings & Nye（1979）のレビューによると，妻が就業に費やす時間の長さが，伝統的な女性の役割を夫が担うことに正の影響を与え，夫の方が権力をもつことには負の影響を与えることが明らかになっている。つまり，夫婦の社会経済的資源（収入や教育，職業など）差が大きいほど，育児には不平等が生じるので，専業主婦家庭では夫の育児参加が少なくなるとする。一方で，Ishii-Kuntz, Makino, Kato, & Tsuchiya（2004）は，育児参加を規定する要因について検討しているが，父親の就業時間の短さ，母親の就業，育児ニーズの高さが，父親の育児参加を高める要因であることは明らかにされたが，ジェンダーイデオロギーと相対的資源差については，規定要因として認められなかったとしている。

4-3. 夫婦間の性別役割分業

　日本においては，性別役割分業が強いため，なかなか父親の育児参加が増加しないとされているが，多賀（2006）の指摘によれば，父親は仕事と育児のはざまで，夫婦間の性別役割分業の揺らぎと葛藤を抱えており，現状はかなり複雑化しているとしている。たとえば専業主婦家庭の場合，母親が専業主婦であるために，収入面では夫婦間の相対的資源差は大きいと捉えられるが，実際には個々のケースにおいて，父親の育児参加は多様である。従来の

夫婦間の性別役割分業を問い直し，母親の変数と父親の育児参加の共変関係に注目する必要が生じている。

目黒（1987）は，家族の個人化という概念を用いて，両親の従来の役割分担に変化が生じているとし，現代の家族の揺らぎを指摘している。結婚も子育ても個人のライフコースの選択のひとつとする考え方や，夫婦間の性別役割に対して，意識の上では平等化がすすんでいると考えられるのである。国立社会保障・人口問題研究所（2000）による「全国家庭動向調査」は，家族生活の変化を5年ごとに全国規模で把握し，時代の変化を捉えている。たとえば1993年には「夫も家事，育児を平等にすべきだ」と考える妻は74％であったが2003年には82.8％に増えている。

反面「夫の家事や育児への参加について期待する」とする妻は1993年には妻の50.8％であったが，2003年には41.2％に低下している。つまり，意識上では父親の家事，育児の遂行をあたりまえのことと考えるように変化したが，夫婦の相互作用を通して，妻は夫の行動的変化に期待しにくい状況がある。

従来，Ross（1987）が指摘するように，家庭における労働配分は夫婦間の相対的資源差（夫と妻の教育歴，収入，年齢など相対的資源の差）に逆比例するため，妻が就業している場合には，夫の家事労働が増加し，権力差が少ないほど，夫の家事参加が進むとされてきた。しかし，Cowan & Cowan（2000）は，男性および女性が，家庭で準備しなければならない育児の内容を考える際には，子どもが何を必要としているかに関する新しいイデオロギーと衝突せざるを得ないとしている。また，業績によって給与が決められる社会では，専業主婦のように家庭のアンペイド・ワークに従事する母親が子どもの要求を満たすこと，家族のニーズを満たすことに価値を置いているとする。その背景には，乳児が母親に世話される時にのみ安全を感じるとする考え方があり，誰が子どもを世話すべきかを決定する際の中心的な根拠とされるのである。しかしParke & Buriel（1998）は，確かに父親は母親ほど子どもに関わらないが，歩行開始期以降は父親の育児参加が増加していることを明らかに

している。

　Coltrane & Ishii-Kuntz (1992) は，ジェンダーイデオロギー，相対的資源（収入）差，時間的制約の3変数によって，親になるタイミングと夫の家事参加量との関連を検討した結果，親になる時期が遅くても早くても，夫の就業時間が短いことと妻が平等なジェンダーイデオロギーをもっていることが，夫の家事参加を高めることを明らかにした。さらに，親になるタイミングが遅いほど，妻のジェンダーイデオロギーの影響が大きいことを明らかにしている。

　たとえば，専業主婦家庭を取り上げてみると，夫は，仕事に従事して家計を助ける人という点では，通勤時間と就業時間による時間的制約があるため，育児のさまざまな側面に対して子どもにかかわることが難しい存在と捉えられている。「帰宅して，さらに育児は大変…」「家庭は疲れをとる場所…」として，主体的な育児参加をしないことになる。家庭へ力を入れるためには，妻も日中は家事・育児に従事していたため，夫の帰宅後は夫婦平等に育児参加する―という意識や，父親が革新的なジェンダーイデオロギーを持つことが必要とされる。

　さらに父親の教育歴の高さがリベラルな考え方につながり，職場に対して上司の理解，勤務体制の見直しを要請するように働きかけ，育児・家事分担につながる可能性もある。したがって専業主婦家庭であっても，現実はかなり多様なのである。夫自身の仕事と家庭のバランスはどうなのか，何を重要視しているのかによっても，夫婦間の性別役割分業は異なってくる。

　Bird (1997) は，子どもをもつことは，経済的負担が増加する上に，就業中に親に代わって保育する人を確保する必要が生じたり，育児に対する責任など，新しいストレッサーを生み出すと指摘しているが，それは男性と女性によって異なるとする。したがって，不平等，不利益，ストレスおよび困難はその人がはめ込まれている社会的状況で生じ，それによって多様なディストレスのきっかけになることが明らかになっている (Pearlin, 1989; Aneshensel, Rutter & Lachenbruch, 1991）。

　Ross & Willigen（1996）は，家族の夫婦間の不平等が，怒りにどのように影響するかについて検討したが，経済的困窮，育児の責任，および育児の準備や難しさが増すほど，母親の怒りが有意に高まることを明らかにしている。すなわち，母親にとってのストレッサーは，経済的苦難と時間的制約，育児の責任であり，それによってディストレスを生じるために怒りを表出すると考えられる。したがって，ストレッサーを解消するためには，夫婦による育児の責任の平等化，育児の時間的拘束感の低減を図り，母親の不満，ディストレス，怒りなどを解消するための対策を講じるべきであろう。

4-4. 育児ニーズ要因

　育児の必要度は，きょうだい数が多く，子どもがより年少であるほど，母親以外の大人の手助けがないほど高くなる。父親の育児量は，育児ニーズが高くなるほど，多くなることが示されている。西岡（2004）は，日本の父親について，父親にとっての親（あるいは義父母）が同居しているほど，父親よりも他のサポート源を活用することが可能になるので，父親の育児参加が低減するという結果を示している。父親は，他のサポート源があるほど子どもと関わらないという結果が示されている。

　たとえば保育所など社会的育児は，父親の育児量を増やすという観点からは阻害要因となる可能性も示唆される。したがって，今後，社会的育児など，家庭外の育児分担割合が増えるにつれて，父親の育児分担は減るのであろうか。現代のペアレンティングの意味について検討する必要があろう。

第4節 先行研究のまとめ

1. 先行研究から導かれた本研究の課題

　これまで検討した Belsky のプロセスモデルにおいては，コペアレント（Coparent）という観点が示されていないことを述べた。

　従来の社会構造的要因を重視した立場では，父親の育児量は，教育歴，夫婦間の相対的資源差，夫婦間の性別役割分業の程度，育児ニーズ（子どもの数）要因によって規定されるとする（永井，2004; 石井クンツ，2004）。しかしながら，社会構造的要因として用いられてきた変数は限定されており，さらに父親の育児量が，子どもに及ぼす影響についての研究はあまりとりくまれてこなかった。両親のペアレンティングの構造と子どもの社会的行動との関連を検討することは，先行研究の流れからも，充分な意義があると考える。先行研究から導かれた本研究において第一の課題は，ペアレンティングが子どもにどのように影響するかを説明するため，まずペアレンティングを構造化することである。ペアレンティングを構成する要因間の関連を明確化する必要があろう。

　さらに Demo & Cox（2000）は，ペアレンティングが子どもに及ぼす影響について検討する研究が増えないのは，従属変数として子どもの変数が少ないことを指摘していることから，本研究においては，未就園児の社会的行動を従属変数とすることで，関連性について考察したいと考えている。本研究の目的に基づき，集団における社会的行動については，実際の遊び場面の行動観察によって，他児とのかかわりとイメージの共有などが両親のペレンティングとどのように関連しているのかを明らかにすることには意義があろう。

　しかしその一方で，母親のペアレンティングには，育児に関連するストレスと同時に，子どもの難しさに関するストレスが存在すると指摘されており

（菅原，2005），子どもの行動傾向には個人差が生じる可能性もある。したがって，本研究の第二の課題は，父親と母親によるペアレンティングが子どもの社会的行動にどのように関連するのかについてたとえば Belsky（1984）のようなプロセスモデルに準拠して，遺伝的な気質など子どもの特徴の存在も無視できないほど大きいと考えられる。さらに，Sameroff（1975）の相乗的相互作用論に基づけば，現在の子どもの社会的行動は，過去から積み重ねられてきた父親の育児かかわり，母親のかかわりと子どもの特徴との相互関係によって，双方向的に規定しあい，時間的経過の中で形成されると考えられる。したがって，本研究では，先行研究に基づき，プロセスを仮定し，子どもの社会的行動への影響を検討することを課題とする。

2．両親のペアレンティングにはどのような要因が影響を与えるか

　両親のペアレンティングについて構造化する際に，先行研究を参考にして，包括的理論枠組みを構築する必要について述べた。

　Belsky（1984）のプロセスモデル図 6（p. 35）においては，仕事要因がペアレンティングを規定することから，就業時間などの仕事に関わる要因がペアレンティングを制約するかどうかについて検討すること，さらに，夫婦関係では，夫婦間の性別役割分業の要因や夫婦間の相対的資源差の要因を検討することには意味があると考えられる。すなわち，夫婦間の役割について，「男性は仕事，女性は家事・育児」役割を担うとする意識が，父親の育児量を低めると捉えられ，日本はその傾向が顕著である。また，社会的ネットワーク要因が規定するとされることから，母親が利用する育児支援の数を母親の社会的ネットワークと見なして，それがペアレンティングに影響すると予想される。さらに子どもの特徴に関する要因は，子どもの社会的行動の程度に影響を及ぼすと考えられ，さらに両親のペアレンティングにも影響を及ぼしうる。

　以上述べたように，図 6 のモデル（p. 35）におけるペアレンティングを規

定する要因として，時間的制約要因，夫婦間の性別役割分業や相対的資源差
要因，社会的ネットワーク要因，子どもの特徴をとり上げることは妥当であ
る。

3．本研究で用いる子どもの社会的行動

先行研究によると，子どもの発達時期により，ペアレンティングの機能が
異なることが示されている。本研究では，未就園児に限定してペアレンティ
ングの構造を明確化することによって，この時期の社会的行動をどのように
説明することができるかについて検討することとする。

DeHart, Sroufe & Cooper（2003）によれば，コミュニケーション能力，他
者の理解も高まり，自己主張も発達する2歳児は，「遊び」の世界を親や他
児との間で共有することができる時期にあたると考えられる。シンボリック
相互作用論の立場から，未就園時期には親子関係による相互交渉によって，
イメージ共有が進み，ふり遊びや役割を用いたごっこ遊びに発展することを
示した研究もある（加藤，2008a）。したがって未就園児にとっては，父親と
母親のペレンティングが子どもの仲間関係への橋渡しとなって，集団場面に
おける子どもの社会的行動を活性化すると考えられる。

したがって，両親のペアレンティングは，他児や保育者との社会的行動に，
ある程度の影響力をもつことが推測される。

Sroufe（1996）は，幼児期の課題として，感情を表出すること，必要なと
きに自分でコントロールし調整することをあげ，親の助けが必要となると述
べていることから，両親のペアレンティングがどのようなプロセスで社会的
行動に影響を及ぼすのかを仮定することが可能であろう。コペアレントの視
点をとって，母親だけでなく，父親に関しても，子どもの情動に敏感で適切
な介入ができれば，子どもの自己主張や自己調整の発達が促進されると考え
られよう。さらにこのような子どもの発達状況は対人関係や集団場面におけ
る社会的行動にもつながることが示唆される。前述したような Involvement

理論の枠組みが，ペアレンティングの構造化に適用できるかどうかについて，実証的検討を行う。

4．本研究で用いる概念モデル

第2章において提示した概念図（図8 p.72と図9 p.74）では，従来の理論を用いて，ペアレンティングの構造化を介して，子どもの発達に関連することを包括的に説明した。先行研究に基づいて整理して，理論的枠組みを組み合わせて，図10に研究1の概念モデルを提示した。

時間的制約が少ないほど，夫婦間の性別役割分業の程度が低いほど，夫婦間の相対的資源差が小さいほど，育児ニーズが高いほど（社会構造的要因），父親役割の顕現性が高いほど，育児参加（量）は促進される（アイデンティティ理論）。次に，父親の育児参加が多いほど，父親の子どもとの関係関与性を高める（Rusbultの投資理論）と予想されるのである。

母親については，利用する育児支援の数が多いほど，さらに父親の育児参加が多いほど，育児不安は低減し，子どもへの適切なかかわりが増えると推測される（育児不安の研究から導かれる仮説）。先述した愛着理論においては，

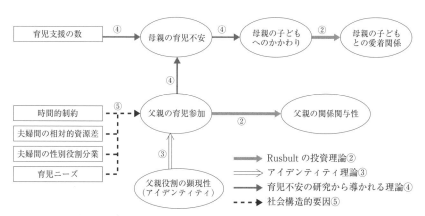

図10　概念モデル　父親・母親の要因が子どもとの関係性に及ぼす影響

子どもへの適切な働きかけという資源を投入すればするほど，愛着関係が安定すると仮定されていることから，Rusbult の投資理論の枠組みを適用することができると考えられ，母親の子どもとの愛着関係が高まる（Rusbult の投資理論）と考えられるのである。さらに，図10のプロセスを踏まえた上で，父母のコペアレントによって，子どもに影響すると予想できる。さらに父親の関係関与性と母親の子どもとの関係性の交差項が，子どもに影響することも考えられる。したがって，そのようなペアレンティングの構造が，子どもの発達に対しては正の関連をもつと考えられる（Involvement 理論）ことから，父親と母親が子どもの社会的行動に及ぼす影響については，図11の概念モデルとして提示することができる。

5．概念モデルにおける仮説の設定

次にこれまでの日本，諸外国の先行研究で得られている知見に基づいて，図11の概念モデルにおける仮説を提示する。

仮説1．父親の就業時間が長い，帰宅時刻が遅い，通勤時間が長い，出張が多いなど，子どもと顔をあわせる時間が短くなると，それに応じて育児参加の時間が短くなると予測できることから，時間的制約が大きくなると，それだけ育児参加を阻害すると考えられるため，父親の育児参加を低減させる。

仮説2．教育歴，収入，年齢など，夫婦それぞれが持っている資源について，父親の方が母親よりも相対的に大きくなり，夫婦間の差が広がると，それに応じて権力の差が大きくなるので，父親が担う育児参加量が減少し，母親が担う育児参加量が増加すると予測される。たとえば，教育歴という資源の相対的な差において，父親の方が母親よりも教育歴が長ければ差が生じることから，父親の育児参加を低減させる。

仮説3．父親（男性）が賃金労働によって稼ぐ役割を担い，母親（女性）

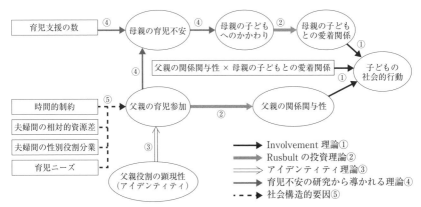

図11 概念モデル　父親と母親のペアレンティングが子どもの社会的行動に及ぼす影響

が無業で育児・家事を担っているような場合は，夫婦間における性別役割分業が明確であり，父親の育児参加が少なくなると予測されるため，性別役割分業は育児参加を低減させる。

仮説4．子どもの年齢が小さく，子どもの数が多いほど，家庭内における育児の担い手が必要となるために，育児ニーズが高まると考えられるため，父親の育児参加が増加すると予測される。つまり育児ニーズが高いほど，父親の育児参加を促進する。

仮説5．父親が父親役割を重視しているほど育児参加を促進する（アイデンティティ理論）。

仮説6．母親が利用している育児支援の数が多いほど，母親の育児不安は低減する（育児不安の研究から導かれる仮説）。

仮説7．母親の育児不安が低いほど，母親の子どもへの適切でないかかわりが少なくなる（育児不安の研究から導かれる仮説）。

仮説8．父親の育児参加が多いほど，母親の育児不安は低減する（育児不安の研究から導かれる仮説）。

仮説9．父親の育児参加が多いほど，子どもとの関係関与性は高まる

（Rusbult の投資理論）。

仮説10. 母親の子どもへの適切でないかかわりが少ないほど，母親の子どもとの愛着関係は高まる（Rusbult の投資理論）。

仮説11. 父親と母親とで，ペアレンティングを協力して行い，相互作用が高くなるほど，父親の関係関与性が高まり，母親と子どもとの愛着関係が安定することから，子どもの社会的行動に正の影響を与える（Involvement 理論）。

　この概念モデルにおいては，（　）内に示したように，先行研究において個別に検討されてきた理論枠組みを，本研究において組み合わせることによって，次のような新たな包括的理論枠組みとして提示するのである。

　つまり，就業時間，夫婦間の相対的な資源差の大きさ，夫婦間の性別役割分業の著しさ，子どもの数などの要因は，父親の育児参加と関連し（社会構造的要因），父親がペアレンティングを重視しているかどうかが育児参加の量と関連する（アイデンティティ理論）。さらに，育児参加が多いほど，子どもとの関係関与性が高まり（Rusbult の投資理論），それが子どもの社会的行動を促進すると考えることができる（Involvement 理論）。

　また，母親への育児支援の数と父親の育児参加が母親の育児不安と関連し，育児不安が低くなるほど，母親の子どもへの適切な養育行動が多くなるか，または，母親の子どもへの不適切な養育行動が少なくなる（育児不安の研究から導かれる仮説）。母親の子どもへの不適切な養育行動が少ないほど，母親の子どもとの愛着関係が高まり（Rusbult の投資理論），愛着関係が高まるほど子どもの社会的行動を促進すると考える（Involvement 理論）。

第4章　方　　法

第1節　研究の分析枠組み

　まず研究1の目的は，父親の育児量と母親の子どもへのかかわりが，子どもとの関係性と関連をもつという変数間のダイナミクスについて，コペアレントの視点から，ペアレンティングの構造を仮説的に設定して，従来のRusbultの投資理論を中心に，親子関係がどのように高められるのかについて検討することである。その際，社会構造的要因の影響，育児不安の研究，投資理論，アイデンティティ理論を考慮した上で，図10（p. 109）に包括的理論枠組を提示したが，さらに使用した項目を示した分析モデル1　図12（p. 115）として掲げている。このモデルに実際のデータをあてはめて，その妥当性を検討する。

　研究2の目的は，ペアレンティングの構造が子どもの社会的行動をどのように支えているのかについて明らかにすることである。Belskyのプロセスモデルに準拠し，両親の養育が関係性を媒介して，未就園児の集団場面における社会的行動に関連するという図11の概念図（p. 111）をもとに分析モデル2として図13（p. 117）に提示し，実際のデータをあてはめて，その妥当性について検討する。

　研究1ではRusbultの投資理論によって，父親の育児量・母親のかかわりが関係性（父親の関係関与性・母親の子どもとの愛着関係）を規定することを説明するが，分析モデル1では，時間的制約，夫婦間の相対的資源差，夫婦間の性別役割分業，育児ニーズが育児量を規定するとし，アイデンティティ理論によって父親役割の顕現性も育児参加の規定因としている。日本の育児不

安の研究による仮説を踏まえて，利用する育児支援の数と父親の育児量が育児不安を規定し，母親の育児不安が干渉的養育行動を規定し，Rusbult の投資理論によってそれが関係性を規定するというペアレンティングの構造を仮定している。

さらに研究2では，そのようなペアレンティングの構造化によって規定される父親の関係関与性と母親の子どもとの愛着関係が，子どもの社会的行動に関連していることを Involvement 理論によって説明するが，分析モデル2.には父母の交差項についても仮定している。

1．分析モデル

分析モデル1の留意点として，本研究では未就園児を持つ家庭に限定したペアレンティングの構造化を検討するため，母親が無業で両親の揃った家族を対象としている。したがって，未就園児を持つ専業主婦家庭を想定したモデルを作成している。

本研究が準拠している Belsky のプロセスモデル（図6 p.35）では，「子どもの特徴」の影響が検討されていた。本研究では先行研究で取り上げられていた変数を「子どもの特徴」の変数として考えることにした。すなわち，子どもの気質（初めての場所や人への抑制傾向），性別，通った年度（2003～2008年の各年）を取りあげることにして，以上の31変数を用いた分析モデル1を提示し図12に示した。図中，○で囲まれている概念は，図8（p.72）の概念モデルと同様の構成概念で，父親の子どもとの関係関与性，母親の子どもとの愛着関係，父親の育児参加（育児量，以下育児参加とする），母親の干渉的養育行動，父親役割の顕現性という6つの概念である。□で囲まれている文字は観測変数である。

社会構造的要因と父親のアイデンティティが育児参加に関連し，さらにそれが父親の関係関与性に影響を及ぼすことを示している。また利用している育児支援の数と父親の育児参加が母親の育児不安に関連し，それが母親の干

第4章 方　法　115

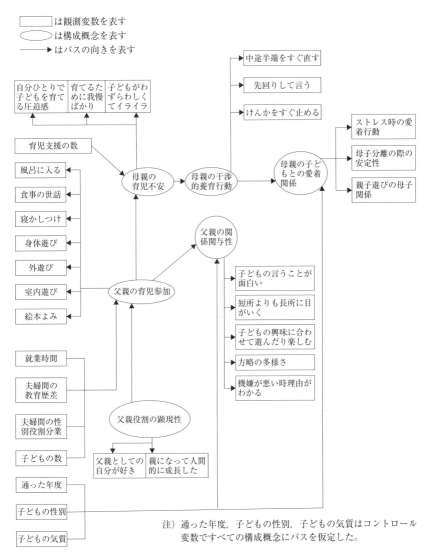

図12　研究1　分析モデル1　父親の関係関与性と母親の子どもとの愛着関係を規定する要因

渉的養育行動に影響を与え，さらに母親の子どもとの愛着関係に関連することを示している。

　構成概念は内生変数によって構成されるが，父親の関係関与性は，①子どもの言うことが面白い，②子どもの短所より長所に目がいく，③子どもの興味に合わせて遊んだり楽しむ，④方略の多様さ，⑤機嫌が悪い時その理由がわかる，という5項目によって構成されるとした。母親の子どもとの愛着関係は，①子どもがストレスを抱えた時に示す愛着関係，②母親と子どもが分離して活動する際の探索行動の安定性，③親子遊びにおける母子関係のスムーズさ，という3項目によって構成されるとした。また父親の育児参加は，遊び，世話領域を含む7項目で構成されると考え，その頻度で捉えられるとした。次に母親の育児不安は，①自分ひとりで子どもを育てる圧迫感を感じる，②子どもを育てるために我慢ばかりしている，③子どものことがわずらわしくてイライラする，という項目，母親一人だけが葛藤を抱えることによって，精神的健康が阻害されることが捉えられるような項目を選択した。母親の子どもへのかかわりは，2歳児の発達状況（移動能力，コミュニケーション能力，他者の理解も高まり，自己主張も発達する一方で，良好な親子関係にあったとしても，時に親のいうことを聞かず，親の要請とは逆のことをしたがり，自分の思いを主張するという特性）を考慮し，干渉的養育行動の頻度とした。母親が子どもの自己主張場面でどのように関わることが多いかについて，①子どもの作った物が中途半端である時には直す，②子どもが言うことすることに先回りする，③子ども同士のけんかが始まるとすぐに止める，の3項目で頻度で捉えた。父親役割の顕現性は，①父親としての自分が好き，②親になって人間的に成長したという2項目で構成されるとした。さらに母親の利用する育児支援は，子どもを預けられる人，相談する人に関する母親の回答で延べ人数である。つまり，母親の要請に合わせたタイムリーな育児支援の数と見みなせる。父親回答による「父親の育児参加」は，父親が育児参加していると捉えている頻度であり，母親の要請とは必ずしも一致するわけではない。つ

第4章 方法 117

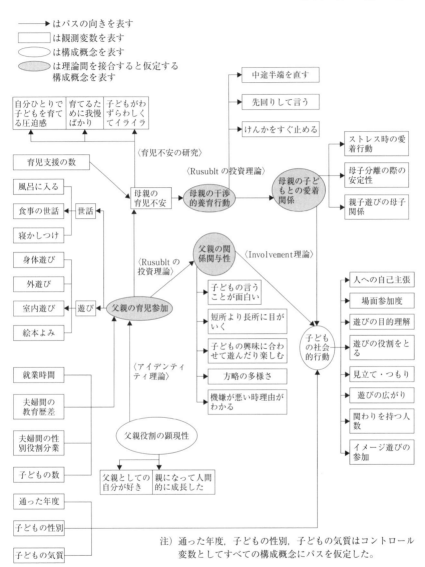

図13 研究2 分析モデル2 父親と母親のペアレンティングが子どもの社会的行動を規定する要因

まり妻の要請とタイミングが合わない可能性もあると考えられる。さらに独立変数として，父親の就業時間，夫婦間の教育歴差，夫婦間の性別役割分業の程度，子どもの数（きょうだい数）が育児量に影響を与えるとする。

次に分析モデル2では，子どもの集団場面における社会的行動8項目を従属変数として取り入れ，以上の39変数を用いて作成し，図13に示した。育児参加については世話・遊びで尺度化した。

2．研究1と研究2における作業仮説

2-1．研究1における作業仮説

父親の育児参加と母親の子どもへのかかわりが，子どもとの関係性と関連をもつという従来の理論仮説を中心に，そのペアレンティング構造を明らかにするために変数間のダイナミクスに関する仮説を設定した。

仮説1．就業時間が長いほど父親の育児参加に負の影響をもたらす（時間的制約要因）。

仮説2．夫婦間の教育歴の差は，父親の方が母親より教育歴が長いほど，父親の育児参加に負の影響をもたらす（夫婦間の相対的資源差要因）。

仮説3．「父親は仕事，母親は家庭（育児・家事）」とする程度が高いほど，父親の育児参加に負の影響をもたらす（夫婦間の性別役割分業要因）。

仮説4．子どもの数が少ないほど，父親の育児参加に負の影響をもたらす（育児ニーズ要因）。

仮説5．母親が利用する育児支援の数が多いほど，母親の育児不安は低まる（育児不安の研究から導かれる仮説）。

仮説6．父親の育児参加が多いほど，母親の育児不安は低まる（育児不安の研究から導かれる仮説）。

仮説7．母親の育児不安が低いほど，母親の干渉的養育行動が少なくなる（育児不安の研究から導かれる仮説）。

仮説8．父親が子どもと一緒に風呂に入る，子どもの食事の世話をする，

ねかしつける，子どもと身体を使った遊びをする，外遊び，室内遊びをする，お話をしたり絵本の読み聞かせをする頻度が高いほど，育児参加は多くなる。

仮説 9. 自分ひとりで子どもを育てる圧迫感がある，子どもを育てるために我慢ばかりしている，子どもがわずらわしくてイライラすることが多いほど，育児不安が高い。

仮説10. 子どもの作ったものを直したり，子どもに先回りして言ったり，子ども同士の喧嘩をすぐ止めるようなかかわりが多いほど，母親の干渉的養育行動が多くなる。

仮説11. 父親が「父親としての自分が好き」であると思っているほど，「親になって人間的に成長した」と捉えているほど，父親役割の顕現性が高くなる。

仮説12. 父親役割の顕現性が高くなるほど，父親の育児参加は多くなる（アイデンティティ理論）。

仮説13. 父親が子どもの言うことが面白いと感じ，短所より長所に目がいくほど，さらに子どもの面白がることに合わせて，一緒に遊んだり楽しむことができる，子どもがぐずったりしたとき，いろいろな方法を工夫して，子どもの気持ちをきりかえることができる，子どもの機嫌が悪い時その理由がおおよそわかるとしているほど，父親の子どもとの関係関与性は高くなる。

仮説14. 母親が子どものストレスに対して有効に機能しているほど，母子分離の際に安定して参加できるよう働きかけているほど，親子遊びなどの時に母子関係が安定しているほど，母親の子どもとの愛着関係は高くなる。

仮説15. 父親の育児参加が多いほど，父親の子どもとの関係関与性は高くなる（Rusbult の投資理論）。

仮説16. 母親の干渉的養育行動が少ないほど，母親の子どもとの愛着関係

は高くなる（Rusbult の投資理論）。

2-2. 研究 2 における作業仮説

　研究 1 において提示したペアレンティングの構造化が，子どもの社会的行動をどのように支えているのかについて明らかにするために，包括的理論枠組みに基づき，父親の育児参加・母親の干渉的養育行動を関係性の要因が媒介して，子どもの集団場面における社会的行動に関連するという要因間のプロセスに関する仮説を設定した。

　　仮説17.　子どもが36ヶ月になった時に集団場面で，人への自己主張，場面への参加が自発的で，遊びの目的の理解ができ，目的にあわせた行動・言動が見られ，やりとりのある相互的役割をとって遊び，つもり・みたてを遊びにとりいれて遊んでいるほど，感覚を使った遊びやごっこ遊びなど遊びが広がり，安定して遊んでいる集団の人数が多く，ごっこ遊びなど保育者や他児とイメージを共有する遊びに参加するほど，子どもの集団場面での社会的行動の程度は高い。

　　仮説18.　父親の関係関与性が高いほど，子どもの集団場面における社会的行動の程度は高くなる（Involvement 理論）。

　　仮説19.　母親の子どもとの愛着関係が高いほど，子どもの集団場面における社会的行動の程度は高くなる（Involvement 理論）。

　　仮説20.　父親の子どもとの関係関与性と母親の子どもとの愛着関係の交差項の値が大きいほど，子どもの集団場面における社会的行動の程度は高くなる（Involvement 理論）。

第4章　方　法　121

第2節　手続き

1．調査協力者

対象：横浜市にある2歳児とその親のペアで通う親子教室[3]に在籍した448組の親子（2003～2008年4月から各1年間通った2歳児とその両親）。子どもの教室開始時平均月齢は30.48ヶ月（幅24～36ヶ月）。男児220名（49.1%）教室開始時平均月齢は30.62ヶ月，女児228名（50.9%）教室開始時平均月齢は30.35ヶ月である。父親の就業はほとんどが勤め人，母親はすべて専業主婦である。父親の学歴は大学・大学院卒業が78.9%，母親の学歴は，大学・大学院卒業が36.3%であった。日本統計年鑑（総務庁統計局，1999）の大規模調査と比較すると，対象となった父母ともに教育歴は高い。子ども同士のつながりは，前回の遊び内容が次の回に反映されるなど変化や発達の様相が観察され，さらに集団場面での行動を評価できるという特徴がある。

この親子教室は，昭和53年から平成27年3月まで37年間にわたり，各1年間（週1回×4クラス）で開催されてきた。毎年ほぼ100組の未就園児とその親が通った。この教室の特徴は，入所を募集し，参加する意思をもって応募された親子をメンバーとしたクローズドグループである点，満2歳～3歳の2歳児とその母親が1年間週1度通ってくること，親子一緒ですごす親子遊びの時間，親子が離れて過ごす時間（自由遊びと親教室）を設けていること，遊びを通した親子関係の円滑化，親同士の関係づくり，子どもの特徴に対応した自由遊びを融合させたプログラムを提供していることにある。調査への協力については，教室開始時に施設の特徴を含めて説明し，協力の意思を確認して，個人が特定されないよう配慮した上で研究に使用する旨を説明して

---

3 各クラスは週1回（午前10時～午後1時）1年間開設され，平常は母子が通い，親子遊び，親のための懇談会やテーマに基づいた学習（父親対象の懇談会を含む），子どもの自由遊びを行う。

いる[4]。

　未就園児たちの遊び場面は，複数の保育士が援助している。集団にだんだんに慣れて子どもの居場所が定まるにしたがって，視野が広がり，自分で移動したり，初めての遊びにも取り組もうとする様子が見られ，探索行動が広がっていく様子が見られる。また言語的なコミュニケーションが円滑化するにしたがって，他児におもちゃを譲ったり，やりとりするなど，交渉が見られ，「○○して遊びたい」，と遊びを提案するなど子ども同士の交流もふえていくのである。このような集団場面の遊びの様子から，2歳児の社会的行動について観察することが可能である。

　また，2歳児は，自己意識が発達し，自他の区別が明確化するために自己主張する時期にある。子どもの身体的成長に伴ってエネルギーが高まることから，抑えつけようとすると，かえって親子関係が悪化することにもなる。子どもの感情にはムラや波がみられ，不安定になるために，親には，子どもの特徴や場面にきめ細かくあわせた柔軟な関わりが求められる時期にあたる。子どものエネルギーを外にどのように向けていくか，たとえば遊びや身体を動かす，外遊びの工夫，仲間と遊ぶ機会を作るなど，親は子どものエネルギーが発散できるよう，生活を整えることも必要になってくる。このように子どもの社会的行動に関しては，親の援助が必要な時期である。対応に手こずるこの時期にこそ，子育て支援，ペアレンティング教育が求められ，ペアレンティングを支援することによって，親子関係から仲間関係へとスムーズにつなげる機会になっていると考えられる。

2．調査協力者の属性と調査の時期

　本研究の調査協力者の基本属性を表3〜表9に示した。父親・母親を対象とした質問紙調査は，母親調査については教室開始1ヶ月後，父親調査につ

---

4 親を対象とした年間カリキュラムのテーマに基づいて調査結果や観察のためのデータについて報告し，また研究所内外のシンポジウムなどでは研究結果について公表してきた。

いては開始5ヶ月後に実施した。それぞれの回収率は母親88.7%，父親78.5%であった。

両親の平均年齢は，父親36.94歳（標準偏差4.25），母親34.74歳（標準偏差3.52）であった（表3）。父親は25歳〜52歳の幅で，母親は25歳〜47歳の幅で分布していた。いずれも35歳〜40歳未満の占める割合が大きい。次に両親の教育歴の分布を示した（表4）。大学卒業以上（4年制大学と大学院卒業を合わせた）の父親の割合は78.9%を占めており，母親は大学卒業以上が36.3%，短大・高専卒業は51.2%を占めており，日本統計年鑑（総務庁統計局，1999）や国立女性教育会館による調査（2006）による全国調査と比較すると相対的に高学歴の対象である。

調査協力者の通った年度別に子どもの性別の人数構成を表示した（表5）。男児は220名（49.1%），女児は228名（50.9%），ほぼ同数で，2003年度はやや少ないが，どの年度もだいたい70〜80名の協力を得た。

教室開始時点（4月）の子どもの月齢の分布を示した（表6）。早生まれの

表3　対象者（448組）の年齢の度数分布

(%)

	平均年齢	30歳未満	30〜35歳未満	35〜40歳未満	40〜45歳未満	45〜50歳未満	50〜55歳未満
父親	36.94(4.25)歳	2.0	29.8	41.8	20.7	5.3	0.4
母親	34.74(3.52)歳	6.1	39.4	44.6	8.9	1.0	0.0

表4　父親・母親の教育歴

教育歴	父親（%）	母親（%）
中学卒業	0.0	0.3
高校卒業	11.6	12.2
短大・高専卒業	9.5	51.2
大学卒業	68.5	34.8
大学院修了	10.4	1.5

表5　調査対象の通った年度と性別の構成

(人数)

通った年度（年）		2003	2004	2005	2006	2007	2008	
子どもの性別	男児	28	34	39	34	41	44	220
	女児	33	40	41	36	39	39	228
合計		61	74	80	70	80	83	448

表6　子どもの年齢分布

子どもの年齢	(%)
2歳	3.1
2歳1ヶ月	4.7
2歳2ヶ月	8.0
2歳3ヶ月	5.8
2歳4ヶ月	9.2
2歳5ヶ月	7.6
2歳6ヶ月	9.8
2歳7ヶ月	9.2
2歳8ヶ月	10.0
2歳9ヶ月	8.0
2歳10ヶ月	11.6
2歳11ヶ月	11.6
3歳	1.3

2歳～2歳2ヶ月は全体の15.8％を占めており，2歳半以降は61.8％であった。次にきょうだい構成（表7）は，一人っ子47.8％，二人きょうだいが46.7％（13.4％第1子，33.3％第2子），三人きょうだいは5.1％であり，四人きょうだいは，0.4％であった。第1子が61.2％を占めていた。初めての育児に戸惑いを感じている親が多いものと考えられる。そのうち13.4％の家庭は，2歳児が第1子で，下に乳児を抱えながら教室に通っており，子どもの世話及び第1子の赤ちゃん返りなど母親の育児負担が過重になっている可能性がある。

表8は父親の帰宅時刻の分布を示した。20時前に帰宅にする家庭は，13.6％にしか過ぎず，全国家庭動向調査（2000，2007）と比較しても，かなり低い割合になっている。21時前が27.9％，22時前が25.2％を占めており，帰宅時刻が21時を過ぎる父親の占める割合は，72.1％で，かなり遅い帰宅が特徴である。次に父親が子どもと一緒に食べる朝食，夕食の頻度について尋ねて，表9に分布を示した。朝食は20.9％の父親がほとんど毎日子どもと一緒に食べていると答えている。朝食も夕食も，週2～3回一緒に食べると回答した父親が多い。一方で，朝食が週一回以下とした父親も23.0％を占めており，父親が共に食事をするかどうかには家庭によっ

第4章 方 法 125

表7 対象者（448家庭）の子どものきょうだい順位

（%）

きょうだい順位	一人っ子	二人きょうだいの第1子	二人きょうだいの第2子	三人きょうだいの第2子	三人きょうだいの末子	四人きょうだいの第3子か第4子
	47.8	13.4	33.3	0.9	4.2	0.4

表8 父親の帰宅時刻の分布

帰宅時刻	%
19時前	1.2
19時～20時前	12.4
20時～21時前	14.3
21時～22時前	25.2
22時～23時前	20.2
23時～24時前	16.5
24時～	10.2

表9 父親が子どもと一緒に食べる食事の頻度

（%）

	週1回以下	週2～3回	週4～5回	週6～7回
朝食	23.0	45.3	10.7	20.9
夕食	9.6	71.7	10.9	7.8

てさまざまで出勤や帰宅時刻とが影響すると考えられる。

3．焦点化した集団場面における社会的行動の観察場面の構造

　親子教室では，1クラスあたり2歳児約20名（男女児はほぼ同数）と保育者との遊び場面における行動観察を行動評定尺度（中野・久慈・岸・舟橋，1986）を用いて，3歳になる時点で実施した。

3-1. 施設の特徴

　親子教室は横浜市にあり，1クラス約20組の親子から構成され，4月から翌年3月までの1年間，特定の親子が毎週決まった曜日の午前中2時間を過ごす。教室の活動は，10時から11時前後までは親子一緒の活動（親子で一緒に行う遊びやおやつ作りなど）を行い，11時から親子分かれての活動（子どもの集団場面における自由遊びと母親教室）というようにだいたいのタイムスケジュールに沿っている。

　親子教室における集団場面の構造の特徴は，2歳児約20名に対して，保育者6名と心理スタッフ1名が共同して遊びをサポートする点にあり，各保育者は主に遊びのセッティングと子どもが母親と離れて，思い思いの自由遊びを楽しめるように，その中で仲間との関係を形成していけるように援助する。クラスの担任（1名）は進行役を兼ねながら保育にあたる。園庭で1時間ほど約20名の2歳児が思い思いの遊びを展開する。子ども約20名に対して保育者は6名であることから，保育者一人あたりの2歳児の比率は3名〜4名と考えられる。担当の保育者はいずれも保育士・幼稚園教諭の免許を有し，幼児教育の専攻課程のある4年制大学を修了している女性である。20歳代3名，30歳代2名，40歳代1名である。心理スタッフは臨床心理士あるいは臨床発達心理士の資格を持っており，大学院を修了している女性で40歳代2名，50歳代1名である。主に発達面や心理面において配慮を要する子どもや母親から離れて遊ぶことが難しい子どもについて，集団場面での自由遊びを楽しめるように，また仲間との関係を形成していけるように援助する。

　親子教室の運営に関しては，心理スタッフと保育者が協働して実践活動にあたっており，心理スタッフは育児をテーマとする親同士の懇談会，親への講義を担当し母親（父親）教室を運営する役割，子どもの発達についての評価や相談に応じる役割を担っており，保育者は，自由遊びを通して個性を尊重しながら，子ども同士をつなげる役割，各親子が円滑な関係を築けるように，子どもの視点に立って援助する役割を担っている。集団場面では，子ど

もの自発性を尊重して，主に外遊びを中心に子どもの気に入った場所で，他児とかかわりながら遊びが展開するように工夫されている。

3-2. 集団場面における社会的行動の観察

2歳児の4月時点での月齢は24ヶ月〜36ヶ月である。それぞれが36ヶ月を迎えた時点（〜37ヶ月まで）に，教室で母親から離れて集団場面に参加した行動[5]について観察する。母親は，園庭からガラス戸越しにすぐに確認できるような位置にいる。集団場面から母親の元に戻ることは自由にできるようになっている。園庭の遊びでは，各2歳児が思い思いの場所で自由に遊び，興味に合わせて移動できるような遊びコーナーが配置してある。砂場，水道，ままごととテーブル，絵の具・筆・ボードを用意したコーナー，大きなブロックの家または車，水を運ぶためのバケツ，一輪車，倉庫などの環境設定がなされている。また室内遊びでは，ままごとコーナー，粘土遊び，お店屋さんごっこのコーナー，箱電車，新聞紙ごっこ，ジャンプ台，絵本コーナーなどが設定されている。

集団場面における社会的行動の評定方法は，母親教室担当の心理スタッフ1名が加わり，8名の合議による。保育者と心理スタッフとの評定の一致度は$\alpha = .86$であることが確かめられており（加藤ら，2002; 加藤ら，2007），資料1に示した①〜⑧の項目について観察評定を実施する。具体的には，自発性（①人に対する自己主張，②遊び場面への参加）の程度，遊びの内容（③遊びの理解，④役割をもった遊びに参加しているか，⑤みたて・つもりを使った遊びをどの程度しているか），⑥遊びの広がり，⑦関わりをもつ人数（保育者と1対1で遊ぶか，2〜3人の子どもと一緒に遊ぶか，4〜5人で遊ぶか），⑧イメージを共有した遊びに参加する程度である。

行動観察の評定値は，項目ごとに5，3，1点と評定する行動パターンが

---

[5] 該当する未就園児の行動について，2歳児約20人と保育者の6名の1時間の自由遊び場面（約1時間）において，観察評定に基づき，参与観察を行った。

資料1 子どもの集団場面での社会的行動の観察評定（5段階評定）

項目	評価値	行動パターン
① **人に対する自己主張の程度** 自分の意思や思いを人に対して表現しようとする程度	5点	保育者や他児に要求や意思をことばで文章にして説明する
	3点	保育者や他児に「…したい」など自己主張をする
	1点	「したくない（イヤ）」「したい」など母親以外への意思表示がない
② **場面への参加度** 集団場面に自分から参加してきて遊びが持続している程度	5点	新しい遊びや場面に自分から参加し，遊びが持続する
	3点	保育者や他児に誘われると参加してくる
	1点	新しい遊びや場面に関心を示さず，参加しない
③ **遊びの構造・目的が理解できる** 集団場面で保育者や他児がごっこ遊びなどのイメージやストーリー，目的を提示すると，それにあわせた言動やふり，つもりなどの行動が見られる程度	5点	集団場面でのごっこ遊びなどでは，イメージやストーリーを理解し，目的に合わせた行動，言動が見られ，保育者や他児と共有できる
	3点	保育者や他児が遊びのイメージやストーリー，目的を設定すると，それにあわせた行動，言動がみられる
	1点	ストーリーや目的，イメージを示しても，保持しにくく，行動や言動を伴わない
④ **役割をもった遊びへの参加** 集団場面での遊びにおいて，やりとりのある相互的役割について，保育者や他児とその役割をとって遊ぶことができる程度	5点	やりとりのある相互的役割を，どちらもとることができ，役割交代もできる
	3点	やりとりのある相互的役割を，一方だけならとることができる
	1点	相互的役割に関心がなく，あるいは関心があってもポーズにとどまっている
⑤ **みたて・つもり遊び** イメージを用いてモノを操作したり，使ったりする程度	5点	みたて・つもりが明確で，保育者や他児と共有でき，ストーリーのあるごっこ遊びで発揮している
	3点	みたて・つもりはあるが，保育者が促した場合に示す程度で，自分なりに発展させたり広げたりはみられない
	1点	みたて・つもりなどイメージを用いた遊びは見られず，目前にあるモノを操作する
⑥ **集団場面での遊びの広がり** 感覚を使った遊びやごっ	5点	ほとんどすべての遊びに自分から進んで参加してくる
	3点	保育者や他児が誘うとだいたいの遊びに参加してくるが，避けていて遊ぼうとしない遊びもある

	こ遊びなど，保育者や他児とかかわりを持ちながら遊ぶ内容	1点	保育者や他児が遊んでいるのを見ても，型にはまった遊びか，あるいは常同的な行動が多い
⑦	関与する集団の人数 安定して遊んでいる集団における人数	5点	10人を超える集団でも，自分から関わってきて安定して遊んでいる
		3点	4～5人のグループでは，安定して遊んでいる
		1点	保育者と1対1で遊ぶか，母親のすぐそば，あるいは母親が見ていなければ活動しようとしない
⑧	イメージを共有した遊びへの参加 共通のイメージやストーリーをもった集団場面でのごっこ遊びにおいて，保育者や他児とかかわりを持ちながら参加する程度	5点	イメージを共有した遊びやごっこ遊びに，部分的に保育者に助けてもらいながら，参加している
		3点	ごっこ遊びに関心を示し傍観だけでなく，保育者に促されてあるいは真似をして，ごっこ遊びに参加する
		1点	イメージを使った遊びやストーリー，ごっこ遊びの相互的役割に関心を示さない

示されている（資料1参照）。この値が高いほど，集団場面における社会的行動が高評定であると見なした。また，各行動パターンの中間に該当する場合は，4点，2点として評定することとした。

4．分析に用いた変数

本研究で用いた変数は以下のとおりである。

4-1．就業時間 （父親の時間的制約要因）

日本の父親は長時間労働によって，育児量がなかなか増えないとされてきた。したがって父親の育児量を時間的に制約する仕事要因として分析に用いる。父親には，平日1日あたりの平均就業時間について尋ね，父親自身が時間を記入した。

4-2．夫婦間の教育歴差 （相対的資源差要因）

父親と母親の教育歴を，1．中学卒業，2．高校卒業，3．専門学校・高

専・短大卒業，4．4年制大学卒業，5．大学院卒業に分類し，相対的資源
差によって勢力関係が影響を受けるものと仮定して，差（父親の教育歴が母親
の教育歴と比べてどの程度高いか）を求めた。実際には－2～＋3まで分布し
ており，母親の方が相対的に教育歴の高い家庭（－2と－1の値を示す）は，
全体の10％，夫婦で教育歴に差が見られない家庭（0の値を示す）は，全体
の36.6％，残りの53.4％は父親の教育歴の方が母親のそれよりも高い家庭
（＋1～＋3を示す）であった[6]。

4-3. 夫婦間の性別役割分業意識

　日本の専業主婦家庭においては，夫は仕事，妻は家事・育児という夫婦間
の性別役割分業が特徴であるとされる。しかし，未就園児をもつ専業主婦家
庭の母親に尋ねてみると，多様な夫婦間の役割の割振りが存在することがわ
かる。したがって，本研究では，「わが家は『夫は仕事，妻は子育て』とい
う意識が強いと思う」という問に対する4段階評定（そう思う，どちらかとい
えばそう思う，どちらかというとそう思わない，そう思わないのうち該当するものを
選択する）による回答（母親）を用いて検討することにした。

4-4. 父親役割の顕現性 (アイデンティティ)

　父親役割に関して，個人の主観的な感覚として意味づけられたものとして，
父親役割の顕現性としてのアイデンティティに関し，父親に尋ねて次の項目
で捉えることとした。①父親としての自分が好き，②親になって，人間的に
成長したと思う，の2項目である。両項目とも「あてはまる」，「ややあては
まる」，「ややあてはまらない」，「あてはまらない」の4段階評定で尋ねてい
る。

---

6 共分散構造分析を行う場合には，マイナス値は用いることができないので，便宜的に"3"を加
算し，1～6の正の値に変換して，分析を行った。

第4章　方　法　131

4-5. 父親の育児参加（育児量）

　育児量について，以下の育児行動の頻度を尋ねた。①風呂に入れる，②食事の世話，③寝かしつける，④身体を使って遊ぶ，⑤子どもと散歩したり公園へ行くなど，外で遊ぶ，⑥室内で子どもとおもちゃやゲームで遊ぶ，⑦子どもに絵本を読んでやったりお話を聞かせる，の7項目の育児参加（量）である。「毎日する」，「週3，4回する」，「週1，2回する」，「月に1，2回する」，「まったくしない」という5段階評定で父親回答による。父親の育児量が多いことは，子どもに資源を投入することと見なしている。

4-6. 父親の子どもとの関係関与性

　本研究では，加藤（2007b）の定義に基づき，「子どもとの関係関与性は，関係を維持するような行動的働きかけと心理的愛着の程度」として，未就園児の感情発達に対するきめ細やかな対応を項目として用いることにした。すなわち，先述した Brotherson & Dollahite（1997）の父親へのインタビュー調査の結果を参考にし，①子どもの言うこと，することが面白い，②子どもの短所よりも長所に目が行く，③子どもの面白がることに合わせて，一緒に遊んだり楽しむことができる，④子どもがぐずったりしたとき，いろいろな方法を工夫して，子どもの気持ちをきりかえることができる，⑤子どもの機嫌が悪い時，その理由がおおよそわかる，の5項目を用いて，父親の子どもとの関係関与性を捉えられるとした。各項目は「あてはまる」，「ややあてはまる」，「ややあてはまらない」，「あてはまらない」の4段階評定で父親自身に尋ねている。

4-7. 母親が利用している育児支援の数

　母親を助けてくれる人について，いくつかの場面を挙げて尋ねた。「用事があって出かけなければならない時に子どもの世話を頼む」，「気分転換や自分の時間がほしい時に，子どもの世話を頼む」，「育児で悩んだ時，迷った時

に相談する」,「育児以外のことで相談する」の各項目に関して,夫,自分の親,夫の親,その他の親族,友人,シッターなど,のうち助けてくれる人に〇印をつけて選択してもらい,その人数を求めた。母親の要請に応じて,子どもを預けたり,相談できる人を尋ね,タイムリーな支援をしてもらう人を尋ねている。4項目の選択数を加算して変数化した。

4-8. 母親の育児不安

牧野(1982)を参考に,①自分ひとりで子どもを育てる圧迫感を感じる,②子どもを育てるために我慢ばかりしている,③子どものことがわずらわしくてイライラする,の3項目を選択し,「よくある」,「時々ある」,「たまにある」,「まったくない」の4段階評定で尋ねている。

4-9. 母親の干渉的養育行動（頻度）

未就園児に対する干渉的養育行動として,加藤(2007a)を参考にして,①子どもの作った物が中途半端であると,直したり手を加える,②子どもが一つのことをしていると,「次はこうするのよ」と次々と先回りして言ったり手を出す,③子どものけんかが始まると,すぐに止めにはいる,の3項目の頻度について,「いつもそうだ」,「ときどきそうだ」,「たまにそうだ」,「ほとんどない」の4段階評定で母親に尋ねた。

4-10. 母親の子どもとの愛着関係（母親の子どもとの関係関与性）の観察評定

先行研究により,母親の子どもとの愛着関係の安定性は,子どもの社会的行動に影響を及ぼすことが予測される。母子の愛着関係を観察によって捉えることにした。その際,Pederson & Moran(1995)を参考にして,愛着関係の特徴(加藤,2007b)を指標として,調査協力児が36ヶ月(+1ヶ月)の時に,教室における母子の関係性[7]について,平常の親子遊びにおける母親と子どもの関係のもち方を,安定(3点),葛藤的(2点),相互作用が少ない

（1点）の3タイプで捉えた。さらに，親子遊びの時間が終了し，母親から離れて（母子分離）後，集団場面に参加する際に，スムーズな移行について，安定（3点），葛藤的（2点），相互作用が少ない（1点）の観察評定を実施し，母子分離の安定性を3タイプに分類した。さらに教室の活動において，子どもがなんらかのストレスを抱えた時に，母子の愛着関係で安心できる度合いについて，母親に頼れるかどうか，また頼った時には安心を得られるかについて，安定（3点），葛藤的（2点），相互作用が少ない（1点）の3タイプで捉えた。このように，母子の関係性について，①ストレス時の子どもの愛着行動について，②母子分離の際に探索にむけてスムーズに離れられるか，③母子一緒の親子遊びの際に楽しそうか3タイプを3段階評定として尋ねている（資料2参照）。

4-11. 父親の子どもとの関係関与性×母親の子どもとの愛着関係（交差項）

父親の関係関与性と母親の子どもとの愛着関係を尺度化して，平均値を求め，交差項を求めて合成得点を作成した。

4-12. 子どもの集団場面における社会的行動の観察評定

2歳児は，自我が育ち，他児の存在を意識すると同時に，自分のやりたいこと，やりたくないことを強く表現する時期であると考えられるため，集団場面では子ども相互で衝突が生じることもあり，未就園児は子ども同士が意図や気持ちを言葉で伝え合って，交渉したり，つもりやイメージを共有して遊びを協同させることが難しい。したがって，保育者などが子ども達の間に入って，子ども同士の関わりを支えたり，子ども同士が楽しさを共有できる場面を設定したりする必要があるといえる。集団場面における遊びを通して他者とのかかわりを丹念に参与観察することで，子どもの社会的行動を捉え

---

7 親子教室ではまず親子一緒に参加する親子遊びの時間を設けており，母子関係について，保育者6名と心理スタッフ2名による参与観察によって捉え，合議して評定した。

資料2　母親の子どもとの愛着関係の観察評定

親子関係場面での行動観察：母親の子どもとの愛着関係

①ストレス時の愛着行動

3点…母親に戻り，すぐ立ち直り，安定している

2点…母親に戻るが立ち直りにくく，母親を叩いたりぐずったりする

1点…母親に戻らないで，気紛らわし行動が見られる

②母子分離の際の安定性

3点…母親から離れて，探索行動が見られ安定している

2点…母親からなかなか離れずに探索が弱く，母親の近くでぐずったりする

1点…母親から離れて探索しているように見えるがフラフラしており安定しない

③親子遊びにおける母子関係

3点…母親と子どもが楽しそうに参加し，安定している

2点…些細なことで，母親を叩いたりぐずったりして関係が安定しない

1点…なかなか母子相互の活動がすすまず，単独行動が見られる

ることができると考えられる。

　そこで，調査協力児が月齢36ヶ月（〜37ヶ月）になる時点で，行動観察を行い，社会的行動を示す8項目に対して，5段階の行動評定を行った（資料1参照）。

　以上，分析に用いた変数の平均値と標準偏差については，表10に示した。

第3節　分析方法

　本研究で用いた分析方法は，まず，第一は①用いた変数の基本統計，②用いた変数間の単純相関である。第二は，研究1では分析モデル1図12（p.115）に基づき，③父親，母親の子どもとの関係関与性を規定する仮説的

第4章　方　　法　　135

表10　分析で用いた変数一覧（平均値と標準偏差）

(N=448)

	範囲	平均値	標準偏差
就業時間（時間）	7時間～18時間	10.875	1.628
夫婦間の教育歴差（値に3を加えて調整）	− 2（妻が高い）～3（夫が高い）	3.520	0.719
夫婦間性別役割分業	1～4	2.263	0.908
子ども数（人）	1人～4人	1.580	0.612
通った年度	2003（26）～2008（31）年度	28.630	1.690
子どもの性別	男・女	1.510	0.500
子どもの気質	3～12	7.694	1.980
〈父親の育児参加〉			
風呂に入れる	(1)全くしない～(5)毎日する	3.194	0.724
食事の世話	(1)全くしない～(5)毎日する	2.679	0.869
寝かしつけ	(1)全くしない～(5)毎日する	2.387	1.035
体遊び	(1)全くしない～(5)毎日する	3.167	0.689
外遊び	(1)全くしない～(5)毎日する	2.715	0.531
室内遊び	(1)全くしない～(5)毎日する	3.119	0.693
絵本や読み聞かせ	(1)全くしない～(5)毎日する	2.692	0.793
〈父親役割の顕現性〉			
父親としての自分が好き	(1)全くちがう～(4)あてはまる	3.082	0.726
親になって人間的に成長した	(1)全くちがう～(4)あてはまる	3.046	0.735
育児支援の数	該当する支援者の選択数 0～18	7.861	2.643
〈母親の育児不安〉			
ひとりで育てる圧迫感	(1)全くない～(4)よくある	1.900	0.857
我慢ばかりしている	(1)全くない～(4)よくある	2.131	0.709
子どもがわずらわしい	(1)全くない～(4)よくある	2.000	0.752
〈母親の干渉的養育行動〉			
中途半端を直す	(1)全くちがう～(4)いつもそうだ	2.400	0.703
先回りして言う	(1)全くちがう～(4)いつもそうだ	2.104	0.649
けんかをすぐ止める	(1)全くちがう～(4)いつもそうだ	2.592	0.813
〈母親の子どもとの愛着関係〉			
母親：ストレス時の愛着行動	(1)相互作用が少ない，(2)葛藤的，(3)安定	2.106	0.692
母親：母子分離の際の安定性	(1)相互作用が少ない，(2)葛藤的，(3)安定	2.088	0.704
母親：親子遊びにおける母子関係	(1)相互作用が少ない，(2)葛藤的，(3)安定	2.103	0.785

〈父親の関係関与性〉

父親：子どもの言う事が面白い	(1)全くちがう～(4)あてはまる	3.776	0.392
父親：短所より長所に目がいく	(1)全くちがう～(4)あてはまる	2.829	0.631
父親：子どもの興味に合わせる	(1)全くちがう～(4)あてはまる	3.308	0.586
父親：方略の多様さ	(1)全くちがう～(4)あてはまる	2.688	0.651
父親：機嫌がわかる	(1)全くちがう～(4)あてはまる	2.806	0.629
父親の関係関与性×母親の愛着関係	1～12	6.462	2.076

〈子どもの36ヶ月時の集団場面での社会的行動の観察評定〉

人への自己主張	1～5段階行動観察評定	2.346	0.538
場面参加度	1～5段階行動観察評定	2.181	0.434
遊びの目的理解	1～5段階行動観察評定	2.252	0.536
遊びの役割をとる	1～5段階行動観察評定	2.152	0.551
見立て・つもり遊び	1～5段階行動観察評定	2.442	0.573
遊びの広がり	1～5段階行動観察評定	2.154	0.440
かかわりを持つ人数	1～5段階行動観察評定	2.078	0.474
イメージ遊びの参加	1～5段階行動観察評定	2.136	0.455

なペアレンティングの構造について，共分散構造分析（Covariance Structure Analysis，または構造方程式モデリング Structural Equation Modeling とも呼ばれている）でその妥当性を検討することにする。

　第三は研究2において，研究1で用いた構成概念を尺度化した上で，④子どもの社会的行動の合計値を従属変数とする重回帰分析を行う。父親変数の説明力と母親変数の説明力について階層的重回帰分析を実施し，包括的理論の総合的な説明力について検討する。最後にこうして提示された包括的理論に基づく分析モデル2図13（p. 117）について，実際のデータをあてはめて，⑤共分散構造分析でその妥当性を検討することにする[8]。

　共分散構造分析を利用した理由は次のとおりである。

　第1に，本研究の分析モデルは，先行研究をもとに複数の理論に基づいて

---

[8] 分析モデル1，2にはすべての変数に影響を及ぼすと考えられる子どもの性別・気質・通った年度の変数を投入して統制する（コントロール変数）。

著者が組み立てた仮説的モデルである。共分散構造分析は，従来の多変量解析と比べると，格段に分析の能力が拡大しており，構造自体を検証することができるというメリットをもっている。第2に，観測変数[9]の背後に因子があっても，ひとつの分析モデルの中で，同時に扱うことができる。さらに，複数の観測変数を構成概念[10]という形で集約できるため，複雑なモデルであっても，単純化することができ，視覚的に複数の構成概念間の関連を捉えることができると同時に，検証することができる。第3に，共分散構造分析では，因果関係や分散などを固定することにより，既に得られている知見をモデルの中に反映して分析できるため，既存の知見と矛盾することがない（山本・小野寺，1999）。第4に，重回帰分析，因子分析など既存の分析手法を下位モデルとして含むために，汎用性が高く，因子分析と重回帰分析を組み合わせた分析ができる。

　すなわち，共分散構造分析は仮説検証的な分析手法であるため，本研究の目的に合致した効果的なツールといえる。その検証はあくまで予め仮定したモデルの範囲内で行われる。ただし注意点として，分析結果はそのモデルが現実（実測値，データ）に合致しているかどうかを示すもので，他にもっとよいモデルが存在する可能性は否定できない。

　共分散構造分析の手順は，研究者が検証したいと考えている分析モデルをもとに，実測値を投入して，モデルの適合度と因果関係の有意性を示す因果係数（Causal Coefficient），パス係数（Path Coefficient）や変数の分散が求められ，因果係数の大きさやプラス・マイナスの方向性でモデルの解釈が可能になる。モデルの適合度の指標には，χ^2検定，GFI（Goodness-of-Fit-Index）指標，これを変数の自由度で調整したAGFI（Adjusted-Goodness-of-Fit-Index）の指標，はずれの度合いを示すRMSEA（Root Mean Square Error of Approxi-

---

9 分析モデルの中では，□で囲まれている変数のことを指す。調査項目のことである。
10 分析モデルの中では，だ円で囲まれている概念のことを指す。観測変数群から想定される概念のこと。

mation）指標を用いる。解を求める方法としては，最小2乗法（Least Squares estimation），最尤推定法（Maximum Likelihood）などがあるが，本研究では後者を用いて解を求めた。

　共分散構造分析では，必ず解が求まるわけではなく，解がひとつも存しないこと（不能）や無限に存在すること（不定）により，モデルが識別されない（Unidentification）こともありうる。解に導くためには，データ数が充分多くなければならない。共分散構造分析が実行できない危険性をさけるため，本研究では，2003年〜2008年の5年間にわたって父親・母親・2歳児の協力を得てデータとして用いている。あらかじめ，分析に用いたデータと「年度」との関連が無相関であることを確認した上で使用している。

第5章　研究1　ペアレンティングの構造の実証的検討

本章では，未就園の2歳児をもつ専業主婦家庭において，父親の育児参加と母親の子どもとのかかわりが，どのように関係関与性に関連するのかについて，仮定した包括的理論に基づき，図12の分析モデル1（p.115）に実際のデータをあてはめて，その妥当性について検討する。

具体的な分析内容は，次の2点である。まず，用いた変数の基本統計，相関分析の結果を述べる。次に研究1の従属変数である子どもとの関係関与性，母親の子どもとの愛着関係に対する分析モデル1の妥当性を確認する。その後仮説1～仮説16について仮説を検証する。

第1節　変数の基本統計

本章で使用したデータは表11（p.144）の変数一覧のうち，子どもの社会的行動の変数を除く，31項目である。

1．用いた変数の度数分布

分析に用いた変数の度数分布を示した。

1-1．就業時間（父親の時間的制約要因）

日本では長時間労働の問題がクローズアップされてきており，父親の育児参加にとっては時間的制約要因として捉えられる。調査協力者の集計を行ったところ，平均就業時間は10.87時間で10時間を超過していることがわかった。

就業時間が10時間以上の父親は，全体の78.4%を占め，長時間労働の父親

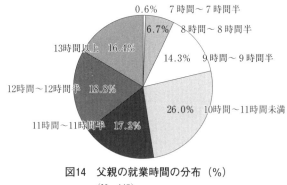

図14 父親の就業時間の分布（%）
(N=448)

が大半であることがわかる。12時間以上の父親に関しては、全体の35.2%を占めている。時間的制約が存在することが示されているが、その一方で、10時間未満の父親も21.6%おり、専業主婦家庭においても、多様な父親が存在することが示されている（図14）。

1-2. 夫婦間の教育歴差

父親と母親の教育歴について第4章第2節で父親は大学・大学院卒の計が78.9%で、母親は短大・専門学校卒の割合が51.2%、大学・大学院卒の計が36.3%を占めていることを示した。教育歴の相対的な違い（相対的資源差）によって夫婦間の勢力関係が影響を受けるものと仮定して、相対差を求めた。－2～＋3まで分布し、母親の方が父親よりも相対的に教育歴の高い家庭は、全体の10%、夫婦で教育歴に差が見られない家庭は、全体の36.6%、残りの53.4%は父親の教育歴の方が母親のそれよりも高い家庭であった。

共分散構造分析を行う場合には、0以下の値は用いることができないので、便宜的に"3"を加算し、数量的に1～6の値に変換して、分析を行った。

1-3. 夫婦間の性別役割分業（母親回答による）

　日本の専業主婦家庭においては，夫は稼ぎ手，妻は育児・家事という夫婦間の性別役割分業が特徴であるとされる。しかし，未就園児をもつ専業主婦家庭の母親に尋ねてみると，多様な夫婦間の役割の割振りが存在することがわかる。したがって，本研究では，「わが家は『夫は仕事，妻は子育て』という意識が強いと思う」という問に対する4段階評定（そう思う，どちらかといえばそう思う，どちらかというとそう思わない，そう思わないのうち該当するものを選択する）による回答（母親）を用いて検討することにした。今回の調査協力者では，「全く違う」と回答した母親は26.3%を占め，「ややあてはまらない」とした母親も32.7%，「ややあてはまる」とした母親は29.4%，「あてはまる」とした母親は11.6%を占めている。夫婦間の性別役割分業の程度に関しては，わが家はそうではない—と回答した母親の方が相対的に多かったが，「ややあてはまる」とした母親も3割を占めており，さまざまな家庭が存在していることが推測された。

1-4. 母親が利用している育児支援の数

　母親に4場面，「用事があって出かけなければならない時に子どもの世話を頼む」，「気分転換や自分の時間がほしい時に，子どもの世話を頼む」，「育児で悩んだ時，迷った時に相談する」，「育児以外のことで相談する」の各々について，夫，自分の親，夫の親，その他の親族，友人，シッターなど，のうち助けてくれる項目への選択数を合計し分布を図示した。448名の母親の4場面の選択の述べ数に関して，平均値は7.861，標準偏差は2.643で母親には4場面を合わせると助けてくれる支援者を持っていたが，分布によると選択数の少ない母親も存在することがわかる。全く選択しないという母親はいなかったが，選択数が2〜3の母親は1.3%で，選択数が4は14.7%を占め，育児に追われながら，孤軍奮闘している母親も存在することがわかる。

　育児支援の中で，夫を選択した割合については，「用事があって出かけな

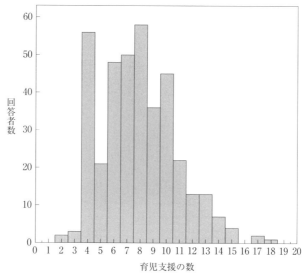

図15　母親の利用する育児支援の数
(N = 448)

ければならない時に子どもの世話を頼む」は82.0%,「気分転換や自分の時間がほしい時に,子どもの世話を頼む」85.6%,「育児で悩んだ時,迷った時に相談する」77.7%,「育児以外のことで相談する」75.2%でほとんどの母親は,夫の支援を利用していることがわかる。

　用事があって出かける時,または気分転換や自分の時間がほしい時に,母親の要請に合わせて子どもを預けられることや,育児に関する相談や育児以外の相談ができることは,発達的に対応が難しい2歳児である時こそ,必要な支援であると考えられるが,利用に関する分布は幅広く,さまざまな母親が存在することも忘れてはならない(図15)。

2．基本統計量

2-1. 平均値と標準偏差

表11[11] は研究1で用いた変数の平均値と標準偏差である。本研究の調査協力者の父親の平均就業時間は，ほぼ11時間である。長時間労働で，父親は育児参加が少なくならざるを得ず，時間的制約はあると考えられる。

母親の育児不安は，自分ひとりで育てている圧迫感を感じる，育てるために我慢ばかりしている，子どもがわずらわしくてイライラするの各項目の平均値は1.9〜2.1であり，評定値では「たまにある」の回答が平均値となっている。母親の干渉的養育行動は，「子どものけんかが始まるとすぐ止める」，「子どもの作ったものに手を加える」は，評定値では「ときどきそうだ」〜「たまにそうだ」の回答が平均値となっていた。

2-2. 父親の子どもとの関係関与性

父親の子どもとの関係関与性は，5項目を用いて捉えたが，回答分布をみると，楽しさを共有するという項目には，あてはまる，ややあてはまるの回答率が高いが，さまざまな方略によって子どもの気持ちを切りかえること，機嫌が悪くなったときに理由がわかるという回答の分布は，多様である。子どもと快感情は共有できるが，不快感情には対応しにくい父親が存在することを示している（図16）。子どもと日常生活の中で関係性を築くためには，子どもの不快感情にも向き合わなければならないこともあると考えられる。その結果5項目のクロンバックの内的整合性指数 α = .651で中程度の値であったが，いずれも父親と子どもとの関係関与性として重要な項目と捉えて使用した。

---

11 表10とほとんど同じ表である。子どもの社会的行動の評定値を除いて作成してある。

表11 研究1で用いた変数の回答の範囲と平均値・標準偏差

	範囲	平均値	標準偏差
就業時間（時間）	7時間～18時間	10.875	1.628
夫婦間の教育歴差（値に3を加えて調整）	−2（妻が高い）～3（夫が高い）	3.519	0.719
夫婦間性別役割分業	1～4	2.263	0.908
子ども数（人）	1人～4人	1.580	0.612
通った年度	2003（26）～2008（31）年度	28.630	1.690
子どもの性別	男・女	1.510	0.500
子どもの気質（3項目）	3～12	7.694	1.980
〈父親の育児参加〉			
風呂に入れる頻度	(1)全くしない～(5)毎日する	3.194	0.724
食事の世話頻度	(1)全くしない～(5)毎日する	2.679	0.869
寝かしつけ頻度	(1)全くしない～(5)毎日する	2.387	1.035
身体遊び頻度	(1)全くしない～(5)毎日する	3.167	0.689
外遊び頻度	(1)全くしない～(5)毎日する	2.715	0.531
室内遊び頻度	(1)全くしない～(5)毎日する	3.119	0.693
絵本読み頻度	(1)全くしない～(5)毎日する	2.692	0.793
〈父親役割の顕現性〉			
父親であることが好き	(1)全くちがう～(4)あてはまる	3.082	0.726
親になって人間的に成長した	(1)全くちがう～(4)あてはまる	3.046	0.735
育児支援の数	該当する支援者の選択数0～18	7.861	2.643
〈母親の育児不安〉			
ひとりで育てる圧迫感	(1)全くない～(4)よくある	1.900	0.857
育てるため我慢ばかり	(1)全くない～(4)よくある	2.131	0.709
わずらわしくてイライラ	(1)全くない～(4)よくある	2.000	0.752
〈母親の干渉的養育行動〉			
中途半端を直す	(1)全くちがう～(4)いつもそうだ	2.400	0.703
先回りして言う	(1)全くちがう～(4)いつもそうだ	2.104	0.649
けんかをすぐ止める	(1)全くちがう～(4)いつもそうだ	2.592	0.813
〈母親の子どもとの愛着関係〉			
母親：ストレス時の愛着行動	(1)相互作用が少ない，(2)葛藤的，(3)安定	2.106	0.692
母親：母子分離の際の安定性	(1)相互作用が少ない，(2)葛藤的，(3)安定	2.088	0.704
母親：親子遊びにおける母子関係	(1)相互作用が少ない，(2)葛藤的，(3)安定	2.103	0.785

〈父親の関係関与性〉

父親：子どもの言う事が面白い	(1)全くちがう〜(4)あてはまる	3.776	0.392
父親：短所より長所に目がいく	(1)全くちがう〜(4)あてはまる	2.829	0.631
父親：子どもに合わせる	(1)全くちがう〜(4)あてはまる	3.308	0.586
父親：気持ち切り替える	(1)全くちがう〜(4)あてはまる	2.688	0.651
父親：機嫌の理解	(1)全くちがう〜(4)あてはまる	2.806	0.629

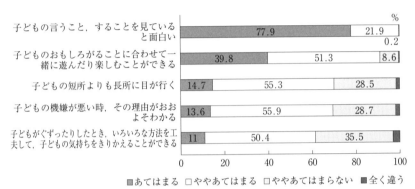

図16　父親の子どもとの関係関与性の回答の分布
（N＝448）

2-3. 父親の育児参加

　調査協力者の育児行動別週あたりの頻度を示した（図17）。専業主婦家庭の父親にとっては、「週1，2回する」の回答率が高いことがわかる。一方風呂，身体を使った遊び，室内遊びの占める割合が6割以上で，毎日する，週3，4回するという回答を含めると9割以上の父親がこの3つの育児行動を行っている。「寝かしつけ」の頻度は5割をきっており，相対的に育児量が少ないが，帰宅時刻が遅いことや子どもが父親の寝かしつけを嫌がるということが予想できる。全体的分布からは，父親が時間的制約の少ない休日には，育児参加することが示唆される。

　この7項目のクロンバックの内的整合性指数α＝.730であり，いずれも父親の育児量を示すものと捉えることができる。このうち風呂に入る，食事の

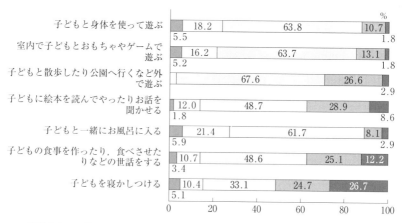

図17 父親の育児量（育児参加）の回答の分布
(N = 448)

世話，ねかしつけの「世話」3項目のクロンバックの内的整合性指数 α = .516，それ以外「遊び」4項目のクロンバックの内的整合性指数 α = .707 であり，世話の内的整合性指数は中程度であった。

2-4. 父親役割の顕現性としてのアイデンティティ

父親役割の顕現性としてのアイデンティティは，次の2項目で捉え，①父親としての自分が好き，②親になって，人間的に成長したと思う．この2項

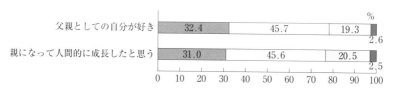

図18 父親役割の顕現性の回答の分布
(N = 448)

目の回答の分布を示した（図18）。両項目とも「あてはまる」と回答した人数が3割を超えており，「ややあてはまる」と回答した父親も45％を超えて，父親は親役割を肯定的に捉えていることがわかる。日本の父親は意識の上では，親であることを重要な役割と評価している。

2-5. 母親の育児不安

子どもを育てるために我慢ばかりしている，子どもがわずらわしくてイライラする，自分一人で育てているという圧迫感を感じる，の3項目に関する回答の分布を，図19に示した。約3割の母親が育児不安項目に関して，よくある・時々あると答えていた。この3項目のクロンバックの内的整合性指数 $\alpha = .753$ であり，いずれも母親の育児不安を示す項目と捉えられ，分析に用いることにした。

2-6. 母親の干渉的養育行動

①子どものけんかが始まると，すぐに止めにはいる，②子どもの作った物が中途半端であると，直したり手を加えたくなる，③子どもが一つの事をしていると，「次はこうするのよ」と次々と先回りして言ったり手を出す，の3項目の回答分布を図20に示す。4段階評定「いつもそうだ」，「時々そうだ」「たまにそうだ」と回答している母親は，82％〜91％で，「全くちがう」

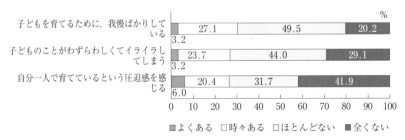

図19　母親の育児不安の回答の分布
(N＝448)

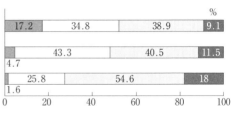

図20　母親の干渉的養育行動の回答の分布
(N = 448)

と回答している母親は2割をきっている。この3項目のクロンバックの内的整合性指数 $\alpha = .510$ で中程度であるが，分布にばらつきはあるものの，ほとんどの母親は，育児の中でこのような子どもへの干渉を自覚していると考えられることから，干渉的養育行動として，分析に用いることとした。

2-7. 母親の子どもとの愛着関係

母親の子どもとの愛着関係について，子どもがストレスを抱える（不快感情を示している）場面，子どもが集団での遊び場面に移行し，母子が分かれて活動に切り替わる場面，親子一緒に遊ぶ場面の3場面における母子の関係性のタイプについて，観察評定を用いた分布を示した（図21）。安定した愛

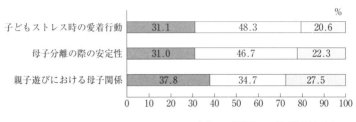

図21　母親の子どもとの愛着関係の観察評定の分布
(N = 448)

着関係は31〜38%で，葛藤的な愛着関係は34〜50%と多く，相互作用が少ない母子も20〜27%ほど見られた。専業主婦家庭ではほとんどの母親は24時間子どもと向き合っており，2歳児特有の困難さに手こずることがあってもひとりで対応せざるを得ず，葛藤的な親子関係を示す割合が高くなっている可能性もある。この観察評定3項目のクロンバックの内的整合性指数は，α = .756であり，いずれも母親と子どもとの愛着関係を示すものと捉えることができる。

2-8. コントロール変数

本研究では，2003年4月〜2008年4月開始の親子教室に参加した親子のうち調査に協力してくれた448組で，6年間に及ぶデータを用いている。前述したように他の変数への影響を考慮して，通った年度をコントロール変数として用いた。

気質については，教室開始時に，子どもの特徴を把握するために，気質に関するアンケートを実施し，母親の認知する子どもの気質について尋ねている。子どもが，初めての人や場所，状況に戸惑うかどうか等，抑制傾向について，母親の回答を求めて投入することとした。用いた項目は，①新しい友だちと初めて出会った時，恥ずかしがる，②知らない大人と一緒にいると引っ込み思案になる，③大人が来たとき知らない人でもすぐに親しみを持ち，近づいていく（逆転した後に度数分布を求めた），の3項目である。この3項目のクロンバックの内的整合性指数 α = .841であり，いずれも子どもの抑制傾向を示すものと捉えられ，尺度化して用いることとする。

度数分布（図22）を見ると，抑制傾向がよくみられると答えた母親は約45%，そのような傾向が少ないと答えた母親はほぼ半数いることがわかる。このような傾向がみられることは，子どもの特徴が母親の育児不安，子どもへのかかわり，子どもとの関係関与性に関連する可能性を否定できない。またこれは母親自身が認識する子どもの気質であるが，父親にとっても，子ど

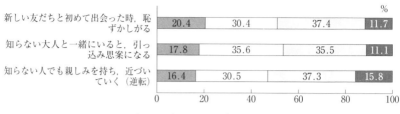

図22 母親の認知する子どもの気質（抑制的傾向）の回答の分布
(N = 448)

もがこのような気質傾向を持っている場合，育児参加，父親役割の顕現性，子どもとの関係関与性に関連する可能性も考えられる。したがって，この3項目を合計した値を「子どもの気質」要因とした。

第2節　分析に用いた変数間の相関

　表12は，分析に用いた変数間の相関係数を示したものである。
　先行研究の結果と同様に，父親の就業時間と父親の育児参加各項目との相関は，風呂に入れる（r=－.195**），子どもと身体を使って遊ぶ頻度（r=－.219**），室内遊び（r=－.208**）との間に有意な負の相関が見られ，夫婦間の教育歴差と室内遊び（r=－.099*），絵本の読み聞かせ（r=－.103*）との間に有意な負の相関が見られ，夫婦間の性別役割分業と風呂に入れる（r=－.184**），食事の世話（r=－.213**），寝かしつけ（r=－.183**），身体を使って遊ぶ（r=－.150**），外遊び（r=－.144**），室内遊び（r=－.190**），絵本の読み聞かせの頻度（r=－.147**）の項目との間には，従来確かめられていると同じ方向性で負相関がみられた。一方，子どもの数との相関で，風呂に入れる（r=.058, n.s.），寝かしつける（r=.102*）という世話行動については正相関がみられたことから先行研究の結果と同様な方向性を示したものの，あとの育児参加は負相関を示し，しかも身体を使った遊び（r

第5章　研究1　ペアレンティングの構造の実証的検討　151

= - .180**），室内遊び（r = - .253**），絵本やお話の読み聞かせ（r= - .170**）の 3 項目については有意な負相関を示していた。つまり，この 3 項目の育児参加は，子どもの数が少ないほど多くなることを示しており，きょうだいが増えることによって，きょうだい間の相互関係が活性化するためか，父親の育児参加の遊び頻度が少なくなることが示唆される結果である。

　父親役割の顕現性の項目として，父親としての自分が好きと答えているほど，身体を使って遊ぶ頻度（r = .107*），外遊びの頻度（r = .156**）などにみられるように有意な正相関を示したが，風呂に入れるに関しては，有意ではないが負の相関（r = - .021, n.s.）を示していた。親になり人間的に成長したと答えている父親ほど，子どもと身体を使った遊び（r = .106*），外で遊ぶ頻度（r = .111*）が有意に高かったが，他の育児参加の項目に対しては，正の相関は示しているものの，有意ではなかった。単純相関でみると，父親役割の顕現性は感じられていても，育児参加の頻度が高くなる項目とそのような関連が見られない項目とが存在している。

　さらに，父親の育児参加の頻度と父親の子どもとの関係関与性との間に正の相関がみられたが，育児参加のうち，室内の遊びの頻度と，関係関与性のうち「子どもが機嫌が悪い時にその理由がわかる」との間は，有意な負の相関（r = - .188**）がみられたことから，他の育児参加項目とは反対に室内遊びが多いほど，父親は子どもの機嫌悪さの理由がわからない可能性がある。

　次に母親の利用する育児支援の数は，夫婦間の性別役割分業と負の有意な相関がみられ（r = - .104*），「父親が仕事，母親は家庭」という分業が顕著であるほど，母親の利用する育児支援が少ないことが示されており，母親一人で抱え込みがちとなる。単純相関なので，育児支援の利用が夫婦間の性別役割分業に影響するのか，またはその逆なのかは不明であるが，負の相関関係を持つことが示された。すなわち，母親が育児支援を利用しているほど，夫婦間の性別役割分業という家庭内のバランスがより平等になることから，母親が育児をとおしてネットワークを広げることと，夫婦の平等化が関連し

表12　研究1で用

	1	2	3	4	5	6	7	8	9	10	11	12	13	14
1 就業時間	1.000													
2 夫婦間の教育歴差	.077	1.000												
3 夫婦間性別役割分業	.182**	-.029	1.000											
4 子ども数	-.063	.007	.073	1.000										
5 通った年度	-.068	-.045	-.092	.002	1.000									
6 子どもの性別	.071	.091	-.069	.031	-.05	1.000								
7 子どもの気質	.024	.002	-.065	-.005	.003	.100*	1.000							
8 風呂に入れる	-.195**	-.042	-.184**	.058	.054	.033	.003	1.000						
9 食事の世話	-.095*	-.028	-.213**	-.019	.070	-.038	.041	.269**	1.000					
10 寝かしつけ	-.100*	.008	-.183**	.102	.085	-.008	-.078	.262**	.277**	1.000				
11 身体を使った遊び	-.219**	-.083	-.150**	-.180**	.021	-.036	-.007	.181**	.380**	.247**	1.000			
12 外遊び	-.025	-.017	-.144**	-.011	-.008	-.056	-.020	.130*	.365**	.254**	.413**	1.000		
13 室内遊び	-.208**	-.099*	-.190**	-.253**	.043	-.102*	.073	.165**	.369**	.256**	.577**	.324**	1.000	
14 絵本読み聞かせ	-.035	-.103*	-.147**	-.170**	.053	.047	-.015	.105*	.248**	.339**	.265**	.278**	.448**	1.000
15 父親としての自分が好き	.102*	.059	-.030	-.069	-.239**	.027	-.003	-.021	.137**	.123*	.107*	.156*	.130**	.133**
16 親となって人間的に成長した	.001	-.053	-.011	.074	.172**	-.008	-.011	.082	.059	.071	.106*	.111	.039	.029
17 育児支援の数	-.034	-.056	-.104*	.015	-.008	.022	-.115*	-.034	-.058	.009	.029	-.057	.029	.013
18 ひとりで育てる圧迫感	.135**	.049	.379**	.032	-.308**	-.016	-.032	-.159**	-.072	-.099*	-.099*	-.017	-.109*	-.049
19 我慢ばかりしている	.025	-.027	.215**	.058	-.196**	-.006	.089	-.050	.036	-.031	.037	.068	-.001	-.004
20 子どもがわずらわしい	.034	.038	.109*	.066	-.275**	-.024	.017	.020	.022	-.002	.010	.040	-.041	-.002
21 中途半端を直す	.002	-.011	.082	-.125**	-.194**	.005	-.008	-.069	-.052	-.059	.068	.053	-.003	-.048
22 先回りして言う	.021	-.028	.122**	.001	-.174**	-.042	-.031	.035	-.051	.005	.013	-.037	-.018	-.043
23 けんかをすぐ止める	-.015	-.030	.031	-.295**	-.076	-.046	-.023	-.057	-.031	-.052	.068	.008	.014	-.014
24 ストレス時の愛着行動	-.007	-.049	-.004	.026	-.032	-.071	.056	.002	-.030	-.072	.072	.072	.034	.011
25 母子分離の際の安定性	.023	-.049	.014	.085	.090	-.079	-.037	-.018	.040	-.009	.035	.049	.055	.027
26 平常時の母子関係	.102*	-.031	-.033	.059	.003	.014	.117*	.010	-.012	-.107*	-.039	-.003	-.021	-.038
27 父:子どもの言う事が面白い	.134**	.069	-.068	-.153**	-.025	-.007	-.030	-.025	.055	.068	.170**	.124**	.216**	.106*
28 父:短所より長所に目がいく	.028	.105*	-.059	-.141**	-.011	.046	.007	-.013	-.005	.041	.144**	.183**	.157**	.140**
29 父:子どもの興味に合わせる	.051	.044	-.162**	-.135**	.036	-.121**	-.009	.026	.140**	.196**	.299**	.205**	.246**	.187**
30 父:方略の多様さ	-.093	.099*	-.122**	-.019	-.058	.031	-.027	.017	.202**	.248**	.280**	.271**	.206**	.147**
31 父:機嫌がわかる	-.008	-.024	-.094*	-.020	.012	.048	-.046	.066	.171**	.157**	.197**	.135**	.118*	.067

*$p<.05$, **$p<.01$, ***$p<.001$

第5章　研究1　ペアレンティングの構造の実証的検討　　153

いた変数間相関

15	16	17	18	19	20	21	22	23	24	25	26	27	28	29	30	31
1.000																
.237**	1.000															
-.007	-.008	1.000														
.053	-.087	-.184**	1.000													
.025	-.092	-.103*	.506**	1.000												
.044	-.054	-.170**	.479**	.548**	1.000											
.080	-.007	.044	.061	.173**	.198**	1.000										
.051	.026	.067	.108*	.099*	.157**	.301**	1.000									
.004	-.044	-.012	.095*	.126**	.089	.162**	.273**	1.000								
.009	.064	.003	-.028	-.037	.016	-.049	-.039	.009	1.000							
-.002	.046	.076	-.063	-.076	-.070	-.036	-.049	-.053	.439**	1.000						
-.026	.087	.045	-.052	-.127**	-.075	-.055	-.050	-.133**	.547**	.518**	1.000					
.209**	.163**	-.016	-.003	.011	.014	-.024	-.014	.008	.112*	.078	.070	1.000				
.143**	.238**	.023	-.030	.040	.054	-.056	-.018	.094*	.047	.042	.071	.228**	1.000			
.282**	.096*	.022	-.072	-.052	-.076	-.018	-.030	-.022	.072	.068	.056	.384**	.280**	1.000		
.316**	.231**	.038	-.043	.051	.011	.090	.077	-.029	.052	.014	-.035	.208**	.268**	.357**	1.000	
.157**	.122**	.024	-.114*	-.072	-.055	-.015	.052	-.058	.102*	.101*	.080	.210**	.124**	.265**	.458**	1.000

ていることが示されている。育児支援の数と，育児不安項目との間にはいずれも有意な負相関がみられた。

2003年から2008年の年度と有意な関連がみられた要因は，父親役割の顕現性と母親の育児不安で，最近になるほど，父親になって人間的に成長したとする傾向が高まっている（r = .172**）。反面，父親であることが好きとする傾向は低くなっている（r = − .239**）ことが示されている。さらに育児不安の3項目はいずれも有意な負相関を示し，最近では育児不安が低減していることが示されている。

第3節　研究1の因果モデルの検討

1．分析モデル1と実際のデータとの適合度の評価

父親の子どもの関係関与性と母親の子どもとの愛着関係を従属変数とした分析モデル1（p.115）に基づき，共分散構造分析を行った。設定した仮説について，調査対象から得られたデータに合致しているかどうかモデルの適合性とパスの有意性を求めた（図23）。

図中の数字は，標準化された解（因子負荷量はλ [12]，因果係数はγ [13]）である。この値が高いほど，因果係数が大きく，因果性が高いことを示している。

最初に分析モデルの全体的評価について言及する。分析モデルと実際のデータ（標本共分散行列）とが適合しているかどうかを示す指標として，χ^2検定を用いる。つまり差がみられない（帰無仮説が棄却されない）ほど分析モデルが適合していることを示すと考えられる。

---

12 ラムダは因子分析と同様に因子負荷量を示しており，○で囲まれた構成概念から，各項目に引かれた➡の上に添えられた数字で，有意性はアスタリスク＊で示した。
13 ガンマは重回帰分析と同様にβ係数を示しており，○で囲まれた構成概念から，他の構成概念に引かれた➡，あるいは各項目から構成概念に引かれた➡の上に添えられた数字で，有意性はアスタリスク＊で示した。

第 5 章 研究 1 ペアレンティングの構造の実証的検討　155

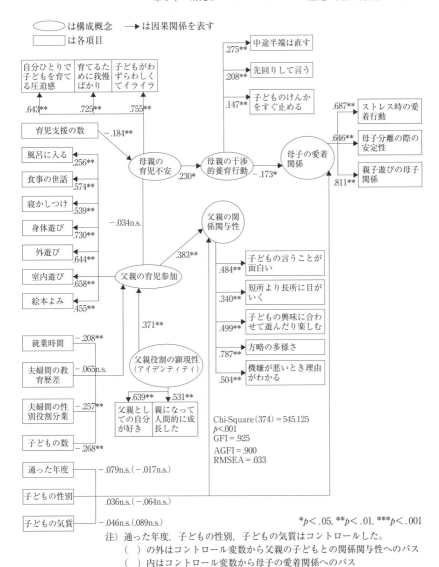

図23 研究 1．分析結果　父親の子どもとの関係関与性と母子の愛着関係を規定する要因　共分散構造分析
(N＝448)

156

本分析によると$\chi^2(374)=545.125$で有意水準 1 ％以下であり，分析モデルと実際のデータとの間に有意差があることから，帰無仮説が棄却されてしまう。しかし，標本数が多くなると必然的にχ^2値は大となるのでデータ規模に左右されない指標として，モデルの適合度が1.000に近いほど良好とされる GFI（Goodness-of-Fit-Index）指標を用いて検討する。図23のχ^2の下に値を掲載した。GFI ＝ .925であるので，.900以上の値を示しており，1.000に近いと考えられる。さらに用いた変数の自由度で調整した AGFI（Adjusted-Goodness-of-Fit-Index）の値も AGFI ＝ .900であり，また，はずれの度合いを示す RMSEA（Root Mean Square Error of Approximation）も RMSEA ＝ .033と基準値の0.050よりはるかに小さい。したがって，ここで設定した分析モデルの適合度は許容範囲であり，データの共分散行列を十分に説明しうるモデルと考えられる。

2．研究 1 の分析結果の評価

図23のペアレンティングの構造の分析結果において，まずλの検討については，父親の育児参加と対応する 7 項目はいずれも有意水準 1 ％以下の有意な値を示し，仮説 8 は支持されている。さらに育児不安と対応する 3 項目はいずれも有意水準 1 ％以下の有意な値を示し，仮説 9 は支持される。母親の干渉的養育行動と対応する 3 項目はいずれも有意水準 1 ％以下の有意な値を示し，適切に対応していると考えられ，仮説10は支持されたものと考えられる。アイデンティティと対応する 2 項目はいずれも有意水準 1 ％以下の有意な値を示し，仮説11が支持されたといえる。父親の子どもとの関係関与性の 5 項目，母親の愛着関係の 3 項目は，それぞれの標準化された解（λ）が有意水準 1 ％以下の有意な値を示し適切に対応していると考えられるため，作業仮説の仮説13（父親），仮説14（母親）は支持されたのである。

次に父親役割の顕現性（アイデンティティ），育児参加，子どもとの関係関与性，母親の育児不安，母親の干渉的養育行動，母親の子どもとの愛着関係

というペアレンティングの構造に関する構成概念間の関連について因果係数（γ）の値で解釈する。

　父親の育児参加から父親の子どもとの関係関与性への因果係数（γ = .383**）は有意であることが確認され，父親の育児量が多いほど父親の子どもとの関係関与性が促進されることが確かめられ，仮説15は支持された。社会構造的要因については，父親の就業時間が短いほど父親の育児量が多くなることが有意（γ = − .208**）で，仮説1は支持される。また夫婦間の性別役割分業の程度が低いほど，父親の育児量が多くなることが確かめられ（γ = − .257**），仮説3は支持される。子どもの数が少ないほど，父親の育児量が多くなることが確認されたが（γ = − .268**），これは，仮説4とは逆の方向であった。すなわち先行研究で，育児に手がかかり必要性が高まるという育児ニーズ要因説では，子どもが多いことで育児量が多くなると考えられてきたが，本研究においては，逆方向を示している。きょうだい間の相互的遊びが増えることで，育児参加が減少するのか，あるいは，家族内の人間関係が複雑になると，却って父親の育児参加が減少するような傾向を反映しているかもしれない。

　次に，父親役割の顕現性としてのアイデンティティが高いほど，父親の育児量が多くなることが確かめられ（γ = .371**），仮説12は支持されたといえる。父親役割の顕現性，つまり父親アイデンティティが高得点であるほど，父親の育児量が多くなること（アイデンティティ理論）が確認され，さらに父親の育児量が多いほど，子どもとの関係関与性は高められる（Rusbult の投資理論）というプロセスが支持されたのである。分析モデル1のアイデンティティ理論，投資理論を包括的な枠組みにとりいれたことが検証されたとみなすことができる。

　母親については，利用する子育て支援の数が多いことは，育児不安を低めるという因果係数（γ = − .184**）が有意であったことから，仮説5は支持されたといえる。しかし，父親の育児量が母親の育児不安を低めるというパ

ス（$\gamma = -.034$n.s.）の方向性はマイナスであるが，統計的に有意ではなかった。育児不安が低いほど母親の子どもへの干渉的養育行動が少なくなるというパスに対する因果係数は，（$\gamma = .230*$）を示し，有意になることが確認され，仮説 7 は支持された。また，母親のこうしたかかわりが少なくなるほど，愛着関係が高められことにつながっており（$\gamma = -.173*$），仮説16が支持されている。

　母親の育児不安を規定する父親の育児参加の影響は確認されなかった。これは，母親が利用する育児支援の数には，夫による支援も含まれていることから，父親が回答した育児量よりも，母親のニーズに沿った夫からの支援のパスを分離して検討すれば有効になる可能性も考えられる。すなわち，父親から母親のペアレンティングへの影響について，父親の育児量は育児不安を低めるわけではないが，母親の利用する育児支援，たとえば必要な時に子どもを預かってもらう，困った時に相談する支援者の数（$\gamma = -.173*$）の中には，父親を選択した数が含まれているため，父親の協力は支持される可能性があると考えられる。

　分析モデル 1 における仮説 1 ～仮説16の検証についてまとめてみると，父親においてはアイデンティティ理論，Rusbult の投資理論は支持され，母親では育児不安の研究から導かれる仮説の一部と Rusbult の投資理論が支持されることがわかった。また相対的資源差要因である夫婦間の教育歴差が父親の育児参加に及ぼす影響，父親の育児参加が母親の育児不安を低減するという影響は支持されなかった。

　父親の時間的制約，夫婦間の性別役割分業の程度，さらに父親役割の顕現性は，父親の育児量に関連し，それが父親の子どもとの関係関与性を規定するというプロセスは支持されたことになる。母親については，利用する育児支援の数（夫による支援も含めた）が，育児不安を低め，子どもへの干渉的養育行動を抑制し，そのことが子どもとの愛着関係を高めるというプロセスが支持された。対象を専業主婦としたところ，親子関係の悪循環を減らすよう

な援助があることによって，すなわち，「母親の利用する育児支援の数が多くなれば，育児不安が低減し，それによって干渉的養育行動が減少する」ことによって，子どもとの愛着関係が高まるという仮説が支持されたのである。

以上ペアレンティングの構造化をめざした研究1においては，仮説のうち，仮説1，仮説3，仮説5，仮説7～仮説16が支持され，仮説2，4，6は支持されなかった。すなわち相対的資源仮説と育児ニーズ仮説は支持されなかった。また，母親の育児不安を規定するとされる，育児支援の数の影響は支持されたが，父親の育児量の影響は支持されなかった。したがって，育児不安の研究から導かれる仮説のうち，「育児不安が低いほど，母親の子どもへの干渉的養育行動が減少する」という仮説は支持されているが，父親の育児量による影響性など一部が支持されなかったことになる。

さらに，仮説15と仮説16が支持されたことについて，父親においてはRusbultの投資理論の方向性がそのまま支持されたといえるが，母親においては，仮説16が「母親の負の子どもへのかかわりが少ないほど，子どもとの関係関与性が高まる」という仮説であることから，従来のRusbultの投資理論の方向性で検証されたとは言えないものの，関係の維持を妨げる子どもへのかかわり量が減少するほど，関係関与性が高まるというように，仮説を修正することによって専業主婦にも適用する可能性を広げることになったと考えられる。

161

第6章　研究2　両親のペアレンティングが
社会的行動に及ぼす影響

第1節　研究2の課題

　未就園児は家庭外の集団場面においてどのように行動するのであろうか。それは家庭における両親の養育によって説明可能なのか。研究1で検討した両親のペアレンティングの構造[14] が，どのように子どもの社会的行動に関連するのかを，包括的理論枠組み（分析モデル2　図13（p.117））に基づいて，実証的に検討する。

　研究2は，ペアレンティングの構造が子どもの社会的行動に及ぼす影響についてはInvolvement理論による仮説を応用している。具体的な分析内容は，次の3点である。まず第一に，集団場面における未就園児の社会的行動の変数に関する基本統計，相関分析の結果を述べる。第二に，従属変数である社会的行動に対するモデル全体の説明力を確認するために，まず父親の育児参加，父親の関係関与性，母親の育児不安，愛着関係を尺度化した上で，父親関係関与性と母親の愛着関係の交差項を加えて，階層的重回帰分析を実施する。それによって，仮説20の検証を行う。第三に，分析モデル2（図13 p.117）に基づき，実際のデータ39変数を投入した共分散構造分析を実施し，仮説17，仮説18，仮説19について検討し考察する。

　集団場面における社会的行動に関しては，2歳児が週1回親子教室の集団場面に参加する中で，それぞれが月齢36ヶ月〜37ヶ月の間に，保育者や他児

---

14 研究1では，31変数を用いて，共分散構造分析を行った。研究2では，未就園児の社会的行動の評定8変数を加え，39変数を用いた共分散構造分析を行った。

と関わりながら遊ぶ様子を，人に対する自己主張，場面への参加度，遊びの理解，役割のある遊びへの参加の程度，みたて・つもり遊びをする程度，集団場面での遊びの広がり，関わりをもつ人数，イメージ遊びへの参加，という8つの観点から集団場面での行動を観察した。観察評定は資料1（p.128）に詳しく示してある。平均値は2.08〜2.45の間であった。平均値に近い行動パターンを挙げてみると，他者に「イヤ」は言うが「〜したい」という要求や意志を表現することはあまりなく，保育者や他児に誘われると集団場面に参加してくる様子が観察され，目的やストーリーについて保育者や他児が示した時に，本人の気持ちが向かえば，それに合わせた行動や言動が観察される。集団場面でかかわって遊ぶ人数は2〜3人程度で，イメージを共有するごっこ遊びでは，関心があれば，部分的に保育者に助けてもらいながら，あるいは真似をして遊ぶ姿が浮かび上がる。用いた8項目の評定の度数分布を示す（図24）。

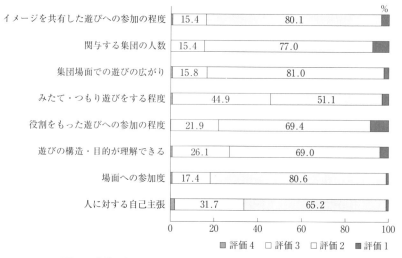

図24　未就園児36ヶ月時の社会的行動の観察評定値の分布
（N＝448）

第6章　研究2　両親のペアレンティングが社会的行動に及ぼす影響　　163

社会的行動を示す8項目の分布はいずれも，評価が2であった子どもが51％〜81％を占めているため，月齢36ヶ月において，半数以上の子どもが示す行動パターンであることが推測される。この社会的行動の評定値と同時に他の発達領域について評定した結果との相関をみると，「表情の豊かさ」とは r = .564（p < .001），「運動性」とは r = .381（p < .001），「言語の表出」，「言語の理解」とは r = .583，r = .552（いずれも p < .001）など中程度の相関を示している。したがって，用いた社会的行動の指標8項目は，他の領域の発達と関連した領域であることが確認できており，行動観察は発達の評定としてある程度の妥当性を示していると考えられる。

第2節　社会的行動に対する両親のペアレンティングの説明力

未就園児の社会的行動を従属変数として，階層的重回帰分析を実施した。まず，社会構造的要因とコントロール変数の固有の効果をみたもの（モデル1），父親の各変数の固有の効果をみたもの（モデル2），さらに母親の各変数の固有の効果を投入したもの（モデル3），父親の関係関与性と母親の愛着関係の交差項を入れて効果をみたもの（モデル4）を示した（表13）。その際，第5章第1節の2．基本統計量で述べたとおり，父親の育児参加，母親の育児不安，父親の関係関与性・母子の愛着関係については，それぞれクロンバックの内的整合性指数 α の値が高いと考えられることから，尺度化した上で，階層的重回帰分析を実施した。

まず，モデル1ではコントロール変数のうち，子どもの気質，つまり抑制傾向が高いほど社会的行動は低まり（標準偏回帰係数 β = − .141**），性別が女児であるほど社会的行動は高い値（β = .094*）を示した。父親の要因を投入したモデル2では，父親の関係関与性が高いほど，社会的行動は高くなっていた（β = .132*）が，父親役割の顕現性のうち「父親としての自分が好き」という項目は有意傾向（β = .093）を示した。次に母親の要因（子どもとの愛

表13　社会的行動を従属変数にした両親のペアレンティングの階層的重回帰分析の結果

(N = 448)

	子どもの社会的行動			
	モデル1	モデル2	モデル3	モデル4
就業時間	− 0.024	− 0.042	− 0.037	− 0.063
夫婦の教育歴差	− 0.009	− 0.025	− 0.022	0.009
夫婦間の性別役割分業	0.046	0.064	0.095⁺	0.099*
子どもの数	0.043	0.058	0.076	0.045
通った時期	− 0.014	− 0.006	− 0.025	− 0.014
子どもの性別	0.094*	0.095*	0.091⁺	0.121**
子どもの気質	− 0.141**	− 0.135**	− 0.129**	− 0.161**
父親の育児参加*		− 0.034	− 0.025	− 0.011
父親としての自分が好き		0.093⁺	0.091⁺	0.114*
人間的に成長した		0.035	0.031	0.006
父親の関係関与性*		0.132*	0.133*	− 0.112*
育児支援の数			0.000	− 0.016
母親の育児不安*			− 0.109*	− 0.084⁺
中途半端だと手を出す			0.026	0.040
先回りして口を出す			− 0.034	− 0.015
子どものけんかを止めに入る			0.026	0.043
父親の関係関与性*母子の愛着関係*				0.479**
F-Value	2.039*	2.798**	2.232**	8.151**
Adj-R²	0.016	0.042	0.042	0.214

注) +p<.10, *p<.05, **p<.01.
* 構成概念のうちクロンバックの α 係数が高いと考えられた父親の育児参加，関係関与性，母親の育児不安，母子の愛着関係は尺度化した。

着関係を除いた）を投入したモデル3では，育児不安が低いほど社会的行動は高まり（β = − .109*），子どもの気質は抑制的であるほど社会的行動は高得点を示し（β = − .129**），父親の子どもとの関係関与性が高いほど得点は高く（β = .133*），性別役割分業，子どもの性別，父親としての自分が好きは，有意傾向を示すことがわかる。

第 6 章　研究 2　両親のペアレンティングが社会的行動に及ぼす影響　　165

　さらに，父親の子どもとの関係関与性×母親の子どもとの愛着関係という交差項を投入したモデル 4 では，交差項の値が大きいほど社会的行動は高まり（$\beta = .479^{**}$），育児不安は有意傾向だが，性別役割分業（$\beta = -.109^*$），子どもの性別（$\beta = .121^{**}$），子どもの気質（$\beta = -.161^{**}$），父親としての自分が好き（$\beta = .114^*$），父親の関係関与性（$\beta = -.112^*$）が有意であることがわかった。モデル 4 で，父親の子どもとの関係関与性×母親の子どもとの愛着関係という交差項を投入したところ，標準偏回帰係数 $\beta = .479$ で，父子・母子関係の良好さの効果は有意であった。他の変数が一定であれば，子どもの集団場面の社会的行動を説明することが確認され，仮説20は支持されたといえる。

　以上の重回帰分析結果から，調整済み R^2 を検討してみると，モデル 1 では，子どもの集団場面の社会的行動の分散のほぼ 2 ％が説明され，さらにモデル 2 の父親要因は社会的行動の分散の4.2％で母親の要因を投入しても約 4 ％しか説明されない。しかし母親の子どもとの愛着関係との交差項を投入したモデル 4 では，社会的行動の分散の21.4％が説明されることが確認された。

　この交差項と父親の関係関与性，母親と子どもの愛着関係との 2 変数間の相関については，交差項が父親の関係関与性と母親の子どもとの愛着関係をかけ合わせた値であることから，相関が非常に高くなる可能性がある。独立変数として，交差項，父親の関係関与性，母子の愛着関係の 3 変数を投入して分析してしまうと，独立変数間の相関が高すぎるために，偏回帰係数の推定量が不安定になるので，多重共線性（multicollinearity）の問題が発生してしまう可能性がある。したがって，3 つの変数のうち，仮説20は支持されたことから，交差項を削除することは可能であり，共分散構造分析においては，父親の関係関与性と母子の愛着関係を用いて検討することとする。

第3節　研究2の分析に用いた変数間の相関

　表14は，分析に用いた変数間の相関係数を示したものである。

　父親の子どもとの関係関与性と子どもの社会的行動との間には正の相関がみられた。すなわち，父親が子どもの興味や面白がることに合わせて楽しむ，と自己評価している父親であるほど，子どもが36ヶ月になった時に社会的行動のうち，保育者や他児に自己主張をし（r = .121**），集団場面への参加度が高く（r = .122**），役割をとる行動が見られ（r = .122**），遊びが広がり（r = .135**），イメージを共有したごっこ遊びなど保育者や他児とかかわりをもって遊ぶ様子が見られる（r = .126**）。

　相関関係は，父親が子どもの興味やおもしろがることに合わせて対応できるほど，子どもの社会的行動が促進されるのか，または，子どもの社会的行動の評価が高いから，父親が子どものレベルに合わせられるのか—いずれの可能性も考えられる。子どもの楽しさ，うれしさなどの快感情（Positive Affect）に合わせるという父親の認識が，子どもの社会的行動に関連する可能性も示唆されるが，いずれも有意ではあるもの低い相関値しか示していない。母子の愛着関係は，社会的行動の項目との有意な相関を示している。一方でその相関を支えている変数間の構造やどのようなプロセスで関連を生じさせているのかについては因果関係を検討する必要がある。

　コントロール変数の中で，子どもの社会的行動と有意な相関が見られた要因は，子どもの気質で，人への自己主張（r = − .157**）と場面参加度（r = − .108*），遊びの広がり（r = − .149**），かかわりをもつ人数（r = − .151**）との間にいずれも負の相関を示し，気質において抑制傾向が強い程度であるほど，これらの社会的行動が低いことが示された。

　性別との間には，役割を取って遊ぶ（r = .133**），みたて・つもり（r = .166**）という子どもの社会的行動の2項目において有意な正の相関を示

し，女児の方が役割を取って遊んだり，みたてやつもりを使って遊ぶことが多いという傾向が強い。このことから，共分散構造分析を実施する際に，これらの影響を統制して分析することには意味があると考えられ，分析モデル2を使って分析を進める。その他の相関では，子どもの社会的行動と父親役割の顕現性との間に正の相関が，母親の育児不安との間に負の相関が，母親の干渉的養育行動との間に負の相関がみられたが，いずれも弱い相関を示している。

　また，母子の愛着関係を構成する3項目と交差項との相関は，いずれも.70以上を示していたため，独立変数間の相関が非常に高く，先述したように多重共線性の問題が発生する。したがって，先述したように，交差項については共分散構造分析には含めないこととする。独立変数間の相関が低いほど，互いに類似していないほど，予測はより正確になる（南風原，2002）とされているからである。

第4節　研究2の因果モデルの検討

1．分析モデル2と実際のデータとの適合度の評価

　未就園児の社会的行動の評価を従属変数とした分析モデル2（図13 p. 117）（包括的理論で説明可能な分析モデル）をもとに，共分散構造分析を行い，図25[15] には結果を示した。クロンバックの内的整合性指数を確認した上で，母親の育児不安を尺度化し，父親の育児参加は，世話・遊び別に尺度化（分析モデル1では7項目で尺度化）して用いた。

　最初に分析モデルの全体的評価について言及する。$\chi^2(407) = 531.815$で有意水準1％以下であり，分析モデルと実際のデータとの間に有意差があるこ

---

[15] 図中の数字は，分析の結果求められた標準化された解（因子負荷量はλ，因果係数はγ）

表14　研究2で用いた変数間の相関表（変数1～31までの相関値は表13に示したので省略する）

(N＝448)

変数名	就業時間	夫婦間の教育歴差	夫婦間性別役割分業	子ども数	通った年度	子どもの性別	子どもの気質	風呂に入れる	食事の世話	寝かしつけ	身体を使った遊び	外遊び	室内遊び	絵本読み聞かせ	父親としての自分が好き	親となっての人間的成長した	育児支援の数	ひとりで育てる圧迫感	我慢ばかりしている	子どもがわずらわしい
				コントロール変数				父親の育児参加							父親役割の顕現性		育児不安			
人への自己主張	-0.044	0.030	-0.026	-0.052	-0.061	0.043	-0.157 **	0.000	-0.068	0.038	0.094 *	0.028	0.001	-0.013	0.106 *	0.118 *	0.061	-0.037	-0.156 **	-0.053
場面参加度	-0.016	0.019	0.068	0.035	-0.061	-0.002	-0.108 *	0.000	-0.053	0.035	0.081	0.044	0.040	0.058	0.093 *	0.096 *	0.040	-0.003	-0.088	0.003
遊びの目的理解	0.014	0.007	0.048	0.059	-0.045	0.096 *	-0.051	0.019	-0.103 *	0.027	0.004	0.016	-0.118 *	0.006	0.094 *	0.082	0.046	0.016	-0.101 *	-0.044
遊びの役割をとる	0.014	0.002	0.036	0.064	-0.022	0.133 **	-0.108 *	0.035	-0.033	0.015	0.017	0.031	-0.036	0.068	0.118 *	0.073 *	-0.007	0.029	-0.085	-0.008
みたて・つもり遊び	-0.016	-0.034	-0.006	0.061	0.044	0.166 **	-0.029	0.062	-0.086	0.065	0.056	-0.015	-0.014	0.066	0.040	0.016	0.024	-0.020	-0.102 *	-0.060
遊びの広がり	-0.051	-0.040	0.059	0.067	-0.041	-0.052	-0.149 **	0.009	-0.110 *	0.028	0.029	0.029	-0.009	0.079	0.135 **	0.071	0.047	-0.050	-0.101 *	-0.034
かかわりを持つ人数	-0.035	0.021	0.048	0.014	0.030	-0.027	-0.151 **	0.014	-0.102 *	-0.012	0.077	0.009	0.026	0.088	0.072	0.106 *	-0.010	0.013	-0.102 *	0.003
イメージ遊びへの参加	0.001	-0.027	0.089	0.062	0.004	0.058	-0.087	0.022	-0.104 *	-0.001	0.048	-0.012	-0.018	0.079	0.139 **	0.016	0.007	-0.045	-0.113 *	-0.092

*p＜.05, **p＜.01

表14　研究2で用いた変数間の相関表（変数1〜31までの相関値は表13に示したので省略する）　つづき
(N=448)

変数名	干渉的養育行動			母子の愛着関係			父親の子どもとの関係関与性					子どもの社会的行動						
	中途半端を直す	先回りして言う	けんかをすぐ止める	ストレス時の愛着行動	母子分離の際の愛着行動	平常時の母子の安定関係	子どもの言う事が面白い	短所より長所に目がいく	子どもの興味に合わせる	方略の多様さ	機嫌がわかる	人への自己主張	場面参加度	遊びの目的理解	遊びの役割をとる	みたて・つもり遊び	遊びの広がり	かかわりを持つ人数
人への自己主張	-0.004	-0.019	-0.014	0.257 **	0.282 **	0.251 **	0.061	0.065	0.121 **	0.092	0.102 *	1.000						
場面参加度	0.032	-0.010	-0.003	0.242 **	0.314 **	0.202 **	0.041	0.057	0.122 **	0.035	0.039	0.488 **	1.000					
遊びの目的理解	0.013	-0.020	0.000	0.262 **	0.305 **	0.206 **	0.090	0.075	0.096 *	0.069	0.088	0.457 **	0.524 **	1.000				
遊びの役割をとる	0.000	0.008	-0.020	0.229 **	0.238 **	0.203 **	0.118 *	0.054	0.122 **	0.032	0.090	0.419 **	0.483 **	0.597 **	1.000			
みたて・つもり遊び	0.060	0.046	0.023	0.215 **	0.265 **	0.198 **	0.135 **	0.017	0.074	0.015	0.067	0.410 **	0.326 **	0.511 **	0.496 **	1.000		
遊びの広がり	-0.046	-0.058	-0.051	0.292 **	0.362 **	0.201 **	0.058	0.040	0.135 **	0.075	0.060	0.503 **	0.709 **	0.623 **	0.522 **	0.369 **	1.000	
かかわりを持つ人数	0.042	0.041	0.057	0.280 **	0.312 **	0.241 **	0.082	0.065	0.098 *	0.061	0.017	0.482 **	0.584 **	0.548 **	0.529 **	0.409 **	0.630 **	1.000
イメージ遊びへの参加	-0.020	-0.059	-0.067	0.231 **	0.304 **	0.224 **	0.079	0.055	0.126 **	0.039	0.051	0.456 **	0.610 **	0.577 **	0.610 **	0.429 **	0.688 **	0.604 **

$*p<.05, **p<.01$

とから，研究1と同様に，標本数の規模が大きくても左右されない指標として，モデルの適合度が1.00に近いほど良好とされる GFI（Goodness-of-Fit-Index）指標を用いて検討する。図25には χ^2 の下にその値を掲載した。GFI = .934で，.900以上の値を示し，1.000に近いと考えられる。これを変数の自由度で調整した AGFI（Adjusted-Goodness-of-Fit-Index）の値も AGFI = .914であり，はずれの度合いを示す RMSEA（Root Mean Square Error of Approximation）も RMSEA = .026と基準値の0.050よりはるかに小さい。したがって，ここで設定した分析モデル2の適合度は許容範囲であり，データの共分散行列を十分に説明しうると考えられる。

2．研究2の分析結果の評価

　父親役割の顕現性（アイデンティティ），父親の子どもとの関係関与性，母親の干渉的養育行動，母子の愛着関係，子どもの社会的行動という構成概念間の関連性に対応する因果係数によって，図25の分析結果を説明する。まず λ の検討については，研究1と同様，いずれの構成概念も用いた測定尺度と適切に対応していることが示され（項目はいずれも有意水準1％以下の有意な値を示した）ている。未就園児の社会的行動として用いた8項目も，有意水準1％以下の有意な値を示し，仮説17は支持されることが確認された。次に主題となる構成概念間の関連性（γ）については，父親の育児量が多くなると，父親の子どもとの関係関与性が高まること（$\gamma = .344^{**}$）が確認され，さらに，関係関与性から未就園児の社会的行動への因果係数が有意になること（$\gamma = .149^{*}$）も明らかになり，父親のペアレンティングによって未就学児の社会的行動がより促進されることが確かめられた。

　社会構造的要因については，父親の就業時間が短いほど，父親の育児量が多くなること（$\gamma = -.193^{**}$）が明らかになり，仮説1は研究1と同様に支持された。夫婦間の相対的な資源差が大きいほど，育児量が少なくなること（$\gamma = -.098^{*}$）が新たに確かめられたことから，研究2では仮説2が支持さ

第6章 研究2 両親のペアレンティングが社会的行動に及ぼす影響 171

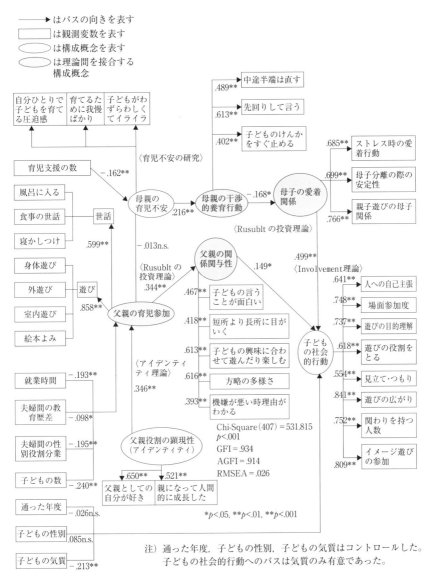

図25 研究2．分析結果 両親のペアレンティングが子どもの社会的行動を規定する要因 共分散構造分析
(N = 448)

れた。また夫婦間の性別役割分業の程度が低いほど，父親の育児参加が多く
なることが確かめられ（$\gamma = -.195**$），仮説3は支持されている。子どもの
数は，父親の育児量への因果係数は負の値（$\gamma = -.244**$）を示したことか
ら，研究1と同様に子どもが少ないほど育児量が多くなるという方向性にな
っている。したがって仮説4は支持されなかった。

　構成概念間の因果関係については，父親役割の顕現性が高いほど，父親の
育児量が多くなることが確かめられ（$\gamma = .346**$），仮説12は支持されている。
育児量が父親の子どもとの関係関与性を規定すること（$\gamma = .344**$）が確か
められ，研究1と同様に仮説15も支持されることがわかった。父親の関係関
与性から従属変数である未就園児の社会的行動への因果係数は正値を示し有
意であること（$\gamma = .149*$）が確かめられ，仮説18が支持されたのである。

　すなわち，父親役割の顕現性が高いほど，父親の育児量が多くなること
（アイデンティティ理論）が確認され，父親の育児量が多いほど，子どもとの
関係関与性は高められ（Rusbultの投資理論），父親の子どもとの関係関与性が
高いほど，子どもの社会的行動は高まる（Involvement理論）というプロセス
が支持されている。父親のペアレンティングは，未就園児の社会的行動を支
えていることが確認できたと考えられる。アイデンティティ理論，投資理論，
Involvement理論を包括的な枠組みにとりいれたことが支持されたものと考
えられる。

　母親については，利用する子育て支援の数が多いことは，母親の育児不安
を低めるというパスは有意で（$\gamma = -.162**$）あることから，仮説5は支持
されるのである。しかし研究1と同様，父親の育児量が母親の育児不安を低
めるという因果係数は，$\gamma = -.013$で方向性はマイナスであるが，統計的に
有意な結果はみられていない。育児不安が高いほど母親の子どもへの干渉的
養育行動が多くなること（$\gamma = .216**$）が確かめられ，仮説7は支持されて
いる。また，母親の干渉的養育行動が多くなるほど，子どもとの愛着関係が
低められこと（$\gamma = -.168*$）が示され，仮説16が支持される。最後に，母親

第6章 研究2 両親のペアレンティングが社会的行動に及ぼす影響 173

の子どもとの愛着関係が高いほど，未就園児の社会的行動が促されることを示す因果係数は $\gamma = .499^{**}$ で，正の有意な値をとるために，仮説19は支持されたといえる。

　母親のペアレンティングから子どもへの影響については，育児支援の数が増えるほど，育児不安が低くなり，さらに干渉的養育行動が減少し（育児不安の研究から導かれる仮説），それに合わせて母親の子どもとの愛着関係は高まる（Rusbult の投資理論）と言える。さらにこうして規定された母親の子どもとの愛着関係が未就園児の社会的行動に及ぼす影響（Involvement 理論）も支持され，ペアレンティングから未就園児の社会的行動へのプロセスが確かめられたのである。

　分析モデルにおける仮説1～仮説19の結果をまとめてみると，父親においてはアイデンティティ理論，Rusbult の投資理論，Involvement 理論は支持され，母親では育児不安の研究から導かれる仮説の一部と Rusbult の投資理論，Involvement 理論が支持されることがわかった。母親が要請した時にタイムリーに得られる「母親が利用する育児支援」の変数に関しては，先述したように，夫による支援も含まれている。利用する育児支援の支援者について詳しく検討すると，父親（夫）を選択した母親が全体の75％以上を占めているため，母親が利用する育児支援の大半は，夫による子どもの世話や相談が含まれ，母親の育児不安の低減に貢献していることが予想されるのである。したがって，そのような点からみると，父親の育児参加からのパスは有意ではなかったが，父親によるタイミングのよい育児支援の重要性が示唆されたと言える。

　以上より，コペアレントの視点から，ペアレンティングを構造化し，父親と母親のペアレンティングがどのように未就園児の社会的行動に影響を及ぼすかについて検討したところ，父親の時間的制約，夫婦間の性別役割分業の程度，さらに父親役割の顕現性が父親の育児量に関連し，それが父子関係に関連し，母親の育児支援の利用が多いほど，育児不安が低減し，それが母親

の干渉的養育行動を減らし，さらに子どもとの愛着関係を促進することに関連し，さらにそのような両親のペアレンティングの影響性のプロセスによって，集団場面における未就園児の社会的行動を促すことができるという包括的理論枠組みは有効なモデルであることが支持されたといえる。

第7章 考察と結論

第1節 研究課題に対する結果のまとめ

　本研究の目的は，就園前の子どもをもつ家庭において，父親と母親が子どもにかかわることが，家庭外の集団場面に参加する際に，どのように子どもの社会的行動に関連しているのかについて明らかにすることであった。

　まず第一の課題は，育児に関する個別の理論で検討されてきた概念，たとえば父親の育児量，父子・母子の関係性，親役割意識，母親の育児不安，母親の子どもへのかかわり，社会構造的要因（夫婦間の性別役割分業，夫婦の教育歴，時間的制約，育児ニーズ）を用いて，従来の理論的枠組みを検討した上で，両親のペアレンティングの構造を明らかにすることであった。とくに構造の軸とした Rusbult（1980; 1983）の投資理論では，育児量と親子の関係関与性との関連を明確に説明するが，個人内要因間の関連のみで説明するという問題点が挙げられた。さらに，日本の専業主婦家庭では，父親についてはこの理論枠組みは支持されている（加藤，2009b）ものの，母親は未だ検討されていない。そこで専業主婦家庭における両親によるコペアレントの実態に注目して，Rusbult の投資理論の欠点を補うと共に，理論を組み合わせて拡張するよう試みた。

　個人内要因だけを捉えている従来の理論枠組みから，父親と母親の要因を同時に扱う理論枠組みに拡張するためには，Belsky のプロセスモデルに準拠した理論を組み合わせた構造を提示する必要があった。Belsky のプロセスモデルにあるペアレンティング概念に対して，コペアレントという視点と子どもにとってのアクセスのしやすさの概念に基づきペアレンティングを構

造化し，組み合わせて，仮説的プロセスモデルを提示することにした。

　研究1では，母親のペアレンティングに関しては，育児不安が解消されるような育児支援が整い，父親の育児量が多くなれば，干渉的養育行動を減らし，愛着関係に影響を与えるとした。父親のペアレンティングに関しては，仕事要因，夫婦間の衡平さ，育児ニーズが育児量に影響しており，さらに父親が役割の重要性を認識している場合には，育児への動機づけが高まり，それが育児量を増加させることを媒介して，関係の維持に寄与するというプロセスが導かれた。このプロセスを実証的に検討した結果，両親のペアレンティングの構造が支持されたのである。

　本研究の第二の課題は，両親のペアレンティングが未就園児の社会的行動をどのように規定しているのかについて，概念間の関連を包括的に捉えた理論を構築し実証的に検討することであった。本来のBelskyのプロセスモデルでは，親の生育歴とパーソナリティがペアレンティングに影響を及ぼすと仮定しているのだが，本研究のプロセスモデルでは，Bronfenbrennerの生態学的モデルに基づき，社会構造的要因が両親のペアレンティングを規定している点に焦点を移している。すなわち，現代の日本における両親のペアレンティングは社会構造的に規定されるという立場に立ち，先行研究を参考にして，子どもの社会的行動に影響を及ぼすプロセスについて，仮説的な包括的理論を提示して，その妥当性の検討を試みることにした。

　研究2において実際のデータを投入し分析した結果，未就園児をもつ専業主婦家庭の両親のペアレンティングの構造は，仕事要因を示す父親の就業時間，夫婦関係を示す夫婦間の相対的資源差要因と夫婦間の性別役割分業要因，母親の社会的ネットワークを示す育児支援の利用によって規定され，母親の子どもとの愛着関係と父親の子どもとの関係性という人間関係の多様性を子どもが学ぶという仮説的包括的理論によって，集団場面における子どもの社会的行動の変動の21％が説明できた。「子どもとの関係性」（母親の子どもとの愛着関係，父親の子どもとの関係関与性）から，社会的行動への標準偏回帰係

数（$\beta = .479{***}$）は有意で，親子関係が，未就園児の社会的行動に及ぼす影響は大きい。また研究2の結果から，「父子関係・母子関係」は，Rusbultの投資理論とInvolvement理論とを接合する概念であること，「母親の干渉的養育行動」は，育児不安の研究とRusbultの投資理論とを接合すること，父親の「育児参加」は，社会構造的要因，アイデンティティ理論とRusbultの投資理論とを接合する構成概念であることが支持されたと考えられる。本研究によって仮説的に構築された包括的理論は実証的にも支持されたのである。

1. 研究1　両親のペアレンティングのプロセスモデル

　分析の結果明らかになったことは，次のとおりである。

　第一に，包括的理論枠組みに実際の値を投入して検討したところ，ペアレンティングの構造化が支持されたことである。本研究ではコペアレントを横軸に，子どもにとってのアクセスのしやすさを縦軸に設定することによって，母子関係とともに父子関係が高まるほど，子どもにとっての親へのアクセスのしやすさが高まると捉えている。

　父親役割の顕現性，つまり父親としての役割を重視しているほど，父親の育児量は多くなること（アイデンティティ理論）が確認され，父親の育児量が多いほど，子どもとの関係関与性は高められる（Rusbultの投資理論）ことが確認された。

　母親が育児支援を利用しているほど，育児不安が低減することが確かめられ，育児不安が低いほど，母親の子どもへの干渉的養育行動が少なくなる（育児不安の研究によって導かれる仮説）ことが確認された。干渉的養育行動とは，子どもが作ったものに手直ししたり，やろうとすることに手や口を出すなど子どもの自発性を妨げるような不適切な養育行動である。さらに子どもへの干渉的養育行動が少なくなるほど，子どもとの愛着関係が安定することにつながっており（Rusbultの投資理論），子どもにとっては母親へのアクセス

しやすさが促進されることがわかった。すなわち，母親が必要な時に子ども
を預けられることや相談できることが，育児不安を低め，それが不適切な養
育行動を減少させ，子どもとの関係性を促進するというプロセスが支持され
た。

　第二に，父親の育児量が増えると，母親の育児不安を低めるという因果関
係は，育児不安の一連の研究から導かれる仮説の一部と考えられるが，統計
的に有意にはならなかった。その理由として，母親が利用する育児支援には，
父親が子どもの世話をすることや母親の相談相手になることも含まれており
（父親による育児支援を得ている母親は75％以上を占めることが示された），単に父
親の育児量が多いことよりは，母親が要請した時に，タイムリーに育児支援
が（父親からの支援も含めて）提供されることの方が，育児不安を低めること
が確かめられており，それが母親の干渉的養育行動を減少させ，関係性を促
進するというプロセスで説明する妥当性が確かめられたのである。未就園児
を育てている家庭では，父親の育児量を単純に増やすよりは，両親の相互性
を高め協力して子どもに向き合うようなコペアレンティングという育児の実
践が求められているのだろう。

　第三に，ペアレンティングを構造化するにあたり，複数の理論を組み合わ
せる際の接合点については，母親の干渉的養育行動，父親の育児量は，個々
の理論を結びつける有効な概念と考えられる。理論と理論を組み合わせる場
合，共通した概念で説明されている必要がある。接合点が共通概念であるこ
とにより，異なる理論同士を結びつけることができ，その概念間の因果関係
について有意性を実証的に確認することにより，包括的枠組みの妥当性が支
持される。

　本研究では，「父親の育児量」は，アイデンティティ理論とRusbultの投
資理論の共通概念であり，父親役割の顕現性，育児量，関係関与性の概念間
の因果係数が統計的に有意であることが確かめられた。さらに，「母親の干
渉的養育行動」は，育児不安の研究から導かれる仮説とRusbultの投資理論

の共通概念と見なすことができ，育児不安，干渉的養育行動，愛着関係の概念間の因果係数が有意であることも確かめられている。

「父親の育児量」は，アイデンティティ理論と Rusbult の投資理論の接合点であるとともに，先述したように Lamb ら（1985）の直接的相互作用と見なすこともできる。Lamb ら（1985）の概念に従って説明を試みると，まず父親については，父親役割について重要と捉えているほど，子どもと直接に相互作用をもつことが増え，その結果，父親の子どもとの関係が維持され，子どもからみると，父親の利用可能性が高まり，アクセスしやすくなると捉えることができる。ここで父親役割の顕現性は Lamb ら（1985）の責任感の概念と重なる概念である。したがって，育児量，父親役割の顕現性，関係関与性の 3 概念は，それぞれ，父親の関与を示す直接的相互作用，責任感，アクセシビリティと見なせると考えられる。どちらも父親のペアレンティングを論じる際の概念なので，当然の帰結とも考えられる。

母親については，「育児不安」は，過重負担や孤立した育児による漠然とした不安と定義されていることから，親としての「責任（responsibility）を感じすぎること」と捉えることもできる。Lamb ら（1985）の 3 概念を援用して説明すると，責任感が強すぎると，子どもへの干渉的養育行動という直接的相互作用に影響を及ぼし，そのことが，子どもとの関係性にも関連すると捉えることができる。したがって，母親の育児不安，干渉的養育行動，愛着関係というプロセスは，父親と同様 Lamb ら（1985）が説明しているように，責任感が直接的相互作用を媒介して，子どもにとってのアクセスしやすさを規定するというプロセスと重ねることができよう。

しかしながら父親との違いは，母親の責任感は子どもとの直接的相互作用にマイナスの関連をもつ可能性が示唆されたことである。したがって，Lamb ら（1985）が父親で説明しているような責任感から直接的相互作用への正の因果関係については，未就園児をもつ専業主婦に適用すると，逆に負の関連をもつことが示唆されるのである。しかし今後，共働き世帯が増加す

ると，両親いずれにも Lamb ら（1985）の提示した因果関係（責任感が直接的相互作用を増やし，子どもにとってのアクセシビリティを高める）があてはまる可能性もあるだろう。

　第四に，人口動態というマクロレベルでは，日本は急速な少子高齢化の進行を背負い，それに対応しなければならないことから，当然育児にも影響を与えている。Bronfenbrenner（1979）のいうエクソシステムに該当するような従来の労働慣行や職場環境の要因が，長い就業時間の維持につながってしまい，家族生活における父親と子どもとの関係に制約を生じさせる可能性が示唆される。今後さらに母親の育児不安を高めることが危惧される。

　結果をみると，本研究で用いた就業時間は長ければ長いほど，父親の育児量を減少させ，子どもとの関係関与性を低めるプロセスが確認されている。最近の日本では，長時間労働が改善されず，職場環境は悪化しているとされ，父親の育児参加の必要性が注目されているにもかかわらず，他国と比較して育児量は少なく，さらにあまり増えていないという実態が示されていること（国立女性教育会館，2006）からも裏づけられる結果と言える。

　このような実態が子どもにどのように影響を及ぼすかについては，あまり検討されてこなかったが，本研究において，父親の就業時間（時間的制約要因）が長いほど育児量が有意に少なく，育児量の少なさが父子関係にも関連していくというプロセスを示せた意義は大きい。父親の仕事要因が父親の育児量を経由して，子どもと父親との関係性にまで，影響を及ぼしている。このようなプロセスが支持されたのである。日本の就業上の制約というような大きな構造が父子関係に影響するプロセスが示されたことから，少子化を克服するためには，積極的な職場改革が必要になっていることが示唆される。

　メゾレベルでは夫婦間の性別役割分業が顕著で，母性規範，三歳児神話などの社会規範が強い場合，夫婦は協力的とはいえない。父親の役割が重要と認識している場合でも，役割の重要性に従って遂行することができにくい状況になりがちと考えられるのである。各家庭では個人的努力により，父子，

母子，夫婦の関係性が積み重ねられ変化しうると考えられるが，父親と母親のペアレンティングは，メゾレベルから影響を受けていることが明らかになった。

一方研究結果より，子どもの育児ニーズが高まると父親の育児量が減少するという負の因果関係は，従来の知見とは逆の方向で有意性を示した。本来の親としての機能という面から考えると，父親は，子どもの数に応じて直接的相互作用を増やし，子どもにとってのアクセスしやすさを高める方が，父親のペアレンティングを活性化することになり，母親も歓迎すると考えられるが，データをあてはめてみた結果，育児ニーズが高まると，父親は育児量を手控えることが示されている。

すなわち，子どもが多くなるにつれて，育児量が減少するという因果関係が確認されたことは，本研究では父親回答による対象児（2歳児）に関する質問項目を用いたため，子どもが多くなると，対象児への育児量が減少することを反映した可能性があること，または専業主婦家庭においては，子どもが増えるにつれて育児ニーズは高まるものの，子ども同士の関係が活性化するなどの要因によって，父親の育児量が減少することも示唆される。本来子どもの数は，夫婦が選択した結果と考えてみると，子どもが少なければペアレンティングを夫婦でシェアするが，子どもが多くなると，父親の年齢が上がることから，就業時間が長くなるなど仕事による拘束時間が増す可能性や，複数の子どもを育てる費用がかかるために就業時間を増やして収入を高くする可能性も考えられる。

さらには子どもを複数育てている家庭においては，育児のうち世話は女性，遊びは男性というように分業化が進む結果，遊び行動に比べて世話行動に要する時間が長くなることが男女間のジェンダー葛藤を生んでいると見なすこともできる。多賀（2006）は，男性の生きる意味が揺らいでいると指摘し，仕事と育児の間で，「ワーク・ライフ・バランス」の権利を主張することができない男性は，葛藤を抱えるものと予想され，逃避的選択の結果とも言え

182

る。分析モデル1のペアレンティングの構造には，父親要因・母親要因を投入したが，年齢は投入されていないため，子どもの数が増えると，父親が稼得役割を担当する方が年功序列の後ろ循があって収入が増えて，夫婦間の性別役割分業が顕著になると捉えることも可能である。

　包括的な理論枠組みで検討することによるメリットは，このように理論間の相互的調整の可能性がいくつかの経路で説明できることにもある。

2．研究2　ペアレンティングの構造と子どもの社会的行動との関連

　研究2の目的は，両親のペアレンティングが，未就園児の集団場面における社会的行動に影響をもつかどうかについてInvolvement理論に基づいた包括的理論を提示（分析モデル2）し，データをあてはめ，実証的に検討することであった。

　社会的行動は広義には，ある個人がある集団に参加し，その集団における意味，シンボルやイメージを共有し，体現したり表出することで，新たに発展させたり創出してゆくための，ある個人の個性化と他者との関係性を土台とした行動と捉えられている。本研究で従属変数として用いた子どもの社会的行動は，Blumer（1969＝1991）のシンボリック相互作用論に基づくものと位置づけられている。

　たとえば，他児や保育者で構成される集団場面での自由遊びは，「他者とともに存在し，意味を共有している状況」であると捉えることができる。したがって，集団場面において，他者の役割を取り入れること，自分の役割を主張して相手を調整すること，他者が行動することに合わせて自ら行動する傾向は，その集団を構成するメンバーによって創出される社会的な現象であると考え，こうした子ども達の社会的行動を行動観察によって捉えることとした。本研究の未就園児の社会的行動は，集団における遊び場面で他者とイメージを共有する相互行為としたが，これまで発達心理学が対象としてきたように，子どもたちが育ってきた社会的文脈において，豊かな感情体験をす

ることによって発揮されるものと考えられる（Saarni, 1999＝2005）。

　研究2で実証的に検討した結果，母子の愛着関係と父親の子どもとの関係関与性は双方とも，直接子どもの社会的行動に関連することが示された。すなわち，父親と母親とのペアレンティング構造によって，子どもは両親に多様性を学び，集団場面において子どもの社会的行動として発揮されることが明らかになった。従来母親の子どもとの愛着関係が，子どもの社会的行動に及ぼす影響は確認されてきたが，本研究では包括的理論枠組みによって，両親からの影響を受けて，子どもの社会的行動が育まれることが確かめられた。

　実際のデータをあてはめて検討した結果から，従来は父親の育児量の多さが，子どもの発達を促進すると考えられてきたが，父親が子どもの面白さ，長所に気づいたり，同じレベルで楽しむというような相互性ばかりでなく，機嫌の悪い理由が理解できることやぐずった時に気持ちを切り換えることができるなど，子どもの感情調整に関わるという父子関係によって，子どもの社会的行動を高めることが示唆されたのである。特に未就園児の不快感情を理解できたり，つきあったり，切り替えようと努めることなどが，質問項目には反映されており，関係がこじれそうになった時の展開のうまさによって，父子関係を築くことができ，それがさらに未就園児の集団場面における社会的行動に影響することが確かめられている。母親要因については，平常時の関係のよさばかりでなく，子どもがストレスを抱えた時に母親を拠りどころとすることができるか，母親と分離する時の探索活動の安定性が，未就園児が集団に参加する際の社会的行動を促進することが示されたのである。

　このようにペアレンティングの構造から，子どもの社会的行動には，親子の関係性が直接関連していることが明らかになり，育児量と関係性の因果関係が確認されたと考えられる。

　近年，日本では急速な少子高齢化が進行しており，マクロレベルの対応が大幅に遅れていることを序論で指摘したが，家庭における育児を本研究で提示したようなプロセスモデルの枠組みで捉えてみると，集団保育に入る前に

親子の関係性を安定に導くようなプロセスを辿っていくように支援することによって、ひいては子どもの集団場面における社会的行動を活性化し、発達を促すことが明らかにされた。

第2節　両親のペアレンティングが未就園児の社会的行動に影響するプロセス

　プロセスモデルは、父親に関しては、時間的制約、夫婦間の性別役割分業、育児ニーズ、夫婦間の相対的資源差、父親役割の顕現性のうち、抑制要因を克服し、促進要因をどうやったら高めることができるかを考える上で示唆に富むと考えられる。とくに父親役割の顕現性の要因を検討した研究は日本ではまだ多くはなく、本研究によって育児量を促進する要因であることが明らかになった点は、評価できる。実証的検討の結果、日本の顕著な夫婦間の性別役割分業の背景には、メゾレベルにおいて従来のジェンダー関係を強固に維持するしくみが存在していることが窺われる。対応策としては、父親の育児量（遊びと世話行動双方）を促進するような対策の充実、すなわち父親役割の顕現性に焦点化した取り組みが必要になる。コペアレントという視点から父親要因と母親要因を組み合わせた包括的枠組みで検討してみると、日本の家族の問題点が浮かび上がる。今後は、社会構造的要因から育児の実態への影響だけではなく、父親の意識改革について検討することによって、さらに日本のジェンダー関係を調整する効果が期待できる。

　このモデルの範囲内では、母親は、育児支援を利用し子どもへの密着しすぎを抑制することで、育児不安を予防し、子どもへの干渉的行動を減少させ、そのことによって、母親の子どもとの愛着関係が安定化し、ひいては子どもの社会的行動によい影響を及ぼすというプロセスを明らかにできた点は評価できる。さらに、両親のペアレンティングの構造が集団場面における子どもの社会的行動に及ぼす影響について、説明率は20％程度（重回帰分析を実施し

た）であった。両親のペアレンティングが未就園児の集団場面の社会的行動に，部分的とはいえ，影響を及ぼすとするプロセスが明らかになったことから，父親を含めた保護者支援の意義が確認されたといえる。

　理論枠組みの特徴は，まず Belsky（1984）のプロセスモデルに準拠していること，図6（p.35）に示したように，日本特有の育児の状況を規定する社会構造的要因を取り上げていることである。さらに育児不安の研究から導かれる仮説，アイデンティティ理論，Rusbult の投資理論，Involvement 理論を組み合わせた包括的理論を構築していることにより，未就園児をもつ日本の実態に即して組み立てられていることである。

　包括的理論では，まず母親について，社会的ネットワークである育児支援によって母親の育児不安が規定され，それが干渉的養育行動に影響を与え，干渉的養育行動が増えるほど，母子の関係性は低迷し，子どもの社会的行動にはマイナスの関連をもつプロセスが支持されている。さらに父親については，時間的制約，性別役割分業，相対的資源差，育児ニーズ，父親役割の顕現性が父親の育児参加を規定し，育児参加が増えるほど，関係関与性が高まり，社会的行動が促進されるというプロセスが明らかになった。

　したがって，本研究では，ペアレンティングが子どもの社会的行動に関連するというプロセスを，先行研究による理論を組み合わせて包括的にモデル化することで，実証可能性を高めたと考えられる。その結果，具体的なプロセスに即して因果関係の説明が可能になるため，実践に生かすことができると考えられる。

　父親のペアレンティングについては，先述したプロセスを踏むことによって，子どもの社会的行動に影響を及ぼすという結論が得られたことから，夫婦間の性別役割分業や母性規範，長時間労働などの親を取り巻く環境など，日本の状況を変える必要が生じていることが示唆される。

　父親のペアレンティングは，社会構造的要因からの影響が大きく，状況依存的である傾向を示し，母親のペアレンティングは，孤立化を抑制するよう

な育児支援が整えば，干渉的養育行動を低減させ，愛着関係に影響を与えることが確認でき，社会的ネットワークが育児不安に影響するという従来の育児不安の研究の知見を引き継ぐ傾向を示している。一見すると，プロセスモデルを形成している構成概念は，父親と母親との間で異なっている。本研究は従来の研究を参考にして，先行研究から得た知見を踏襲するように理論を組み合わせたため，よく使われてきた構成概念を用いて仮説的な包括的理論を構築した。新しい知見としては，未就園児は家庭で養育されることによって，父子関係，母子関係という多様な関係性から学んだことを，集団場面において社会的行動として体現するというプロセスの有効性が認められたことである。

これは Bronfenbrenner の生態学的モデルに即して説明すると，親子関係から仲間関係という集団場面への移行について，ミクロからメゾシステムへの影響性を明らかにしたものと指摘することができ，そういう意味では，より小さいシステムがより大きいシステムに影響することを示していることから，影響の双方向性を示唆したものと捉えることができる。

先行研究に基づくことによって，Rusbult の投資理論について問題点を改善できた点，父親と母親要因を組み込んで Coparent の視点を主張した点，Lamb らの父親の関与のうち，子どもにとってのアクセスのしやすさに注目し，親子の関係性をとり上げた点が，新しい包括的理論の構築につながっている。したがって，本研究は，未就園児の集団場面における社会的行動に影響を与えるというプロセスを，包括的理論によって説明する可能性を示し，より豊かな視点を提供したと捉えられる。

1．プロセスとしてのペアレンティング

ここではペアレンティングの構造がどのように子どもの社会的行動を規定するのかについて，ペアレンティングの構成概念間のつながりについて考察する。

包括的理論を構築することによって，社会構造的要因が父親と母親のペアレンティングに影響し，従属変数である子どもの社会的行動を説明するプロセスを確認することができ，さらに父親と母親のペアレンティングは父親役割の顕現性，育児参加，育児支援，育児不安，干渉的養育行動，関係関与性，愛着関係の概念で構造化されている。

Minuchin（1985）は，家族療法において蓄積された知見から，家族と個人の発達をシステム的に捉えているが，ペアレンティングに伴う感情，認知や行動は，かなり広い背景要因の中で検討されなければならないと述べている。たとえば，家族要因，人生で出会う様々な経験（快も不快も含め），夫婦関係，親を支援する社会的システムのような要因が影響を及ぼすとされている。

本研究では，両親のペアレンティングについて，Belskyのプロセスモデルに準拠して，社会構造的要因とコペアレントを中軸に構造を捉えることによって，子どもの社会的行動へのプロセスを位置づけることができたと考えられる。支持された仮説は一方向のパスで，両親から子どもへの方向性であるが，先述したように双方向性や相乗的相互作用を含んだシステムとして機能している可能性もあろう。

包括的理論枠組みで捉えることによって，たとえば，父親の育児量が少ない時には，社会構造的要因や父親役割の顕現性が及ぼす効果について検討し，具体的な方策に結びつけることが可能になる。反面育児量が多いわりには，子どもとうまく関係が築けない父親に関しては，子どもにとってのアクセスのしやすさにつなげられるにはどうしたらよいかについて，ペアレンティング教育に盛り込む必要があろう。

さらに機能不全や子どもに対する不適切な養育（マルトリートメント）があるケースに対しては，ペアレンティングの構造における父親役割の顕現性，育児量，社会的育児支援，育児不安，干渉的養育行動，関係関与性，愛着関係のいずれかの構成概念に対して，夫婦相互の牽制の度合い，調整や協力による影響が生じる可能性をふまえて，介入を試みることも必要である。包括

的理論をベースにして，ペアレンティングの構造における問題点を改善するように働きかけることによって，子どもの社会的行動を促進することができると考えられる。

Involvement 理論では，（母親だけでなく）父親が子どもに関わるほど，人間関係の多様性を学び，ネットワークが拡大し，ひいては子どもによい影響をもたらすとされていたが，父親の子どもとの関係関与性と母親の子どもとの愛着関係，さらにはその交差項が子どもの社会的行動を規定することが実証的に確かめられたことによって，子どもの社会的行動へのプロセスを詳細に説明する可能性を広げたといえよう。一方，ここでいう多様性とは，コペアレントの概念やペアレンティングをシェアすることに焦点化すると，たとえば，父親の子どもとの愛着関係と母親の子どもとの関係関与性というように本研究とは異なる観点からでも成立する可能性がある。

一方，縦断研究ではないために，あくまである時点の関連性を示したに過ぎない点を，心にとどめるべきであろう。実際にその後の子どもの社会的行動が予測できるようになれば，この包括的理論の説明力はさらに高まるであろう。また，他の発達の側面，たとえば，情緒発達などへの影響についても検討することが課題として残されている。

しかしながら，一方向的ではあるがプロセスとしてのペアレンティングを実証的に示すことができた点は重要である。父親と母親によるコペアレントの視点と子どもにとってのアクセスのしやすさは，日本における家庭の養育を考える上で，キーワードとして有効であろう。

2．育児不安が母子関係に関連するプロセス

母親に関して従来の育児不安の研究（牧野，1982; 牧野・中西，1985）では，母親が育児に直接参加するほど自信がなくなっていくような，母親の孤立感の存在を示しているが，その中で，母親の子どもに対する「世話」は1960年以降増えているものの，「遊び」行動は20年で減少していると述べている。

すなわち母親は,「子どもと遊ぶ」時間を父親に譲り,「子どもの世話」を専ら担当するようになっている可能性が示唆されるのである。最近の調査（国立女性教育会館, 2006）においても, 子どもと遊ぶ時間は父親より母親の方が少ないことが明らかにされている。その一方で, 幼児をもつ家庭においては, 子どもが友だちと遊ぶ機会が1995年は56.1%, 2000年は51.9%, 2005年は47.0%と減少していることが示されており（ベネッセ教育研究開発センター, 2006）, 子どもの遊び相手が母親のみ, としている家庭が増加している。

この結果を考慮すると, 子どもと遊ぶ時間を確保することによって, 高橋（1979）の指摘するような遊びの楽しさを母子の間で体験できる活動を増やすこと, 不適切な養育行動を減らすことが必要になっていると考えられる。日本の母親は, 子どもの世話を重ねることによってのみ, 子どもとの関係を維持したり, 子どもの発達に影響を及ぼすわけではなく, 母親自身も子どもとの関係を楽しめるような支援が必要になっていると考えられる。東・柏木・Hess（1981）によれば, 母親が子どもに受容的で, 暖かく, 活動を促すように関わることで, 知的発達を促進するとしている。

現代の母親には子どもと楽しむ心のゆとりが必要である。ところが, 夫婦間の性別役割分業を細かく見ていくと,「夫は仕事, 妻は育児と家事」というだけでなく,「夫は仕事と可能ならば子どもと遊ぶ, 妻は子どもの世話, 家事」という構図が窺えるのである。子どもの世話は非常に大切な営みであるが, 今後, 世話や家事を父親と母親が協力して行うこと, 母親が子どもと遊ぶことに注目する必要があると考えられる。

2歳児は発達に伴い, 不快感情を親に向けてくる時期であり, 親として, それにどう対応するか試される時期とも捉えられている。実際に母親が世話と遊びのどちらによって, 育児不安を募らせているのかについて検討することが必要であろう。

3．育児への資源の投入が関係に及ぼす影響

　加藤（2007b）は就業する父親と母親を対象として，13歳未満の子どもを
もつ親を対象として，育児量が多くなると親子関係を良好にするかどうかに
ついて検討した結果，Rusbult の投資理論で説明できることを明らかにして
いる。研究1において，Rusbult の投資理論は，父親，母親双方で支持され
たのだが，未就園児をもつ専業主婦家庭において，この理論が支持された意
味は大きいと考えられる。

　専業主婦家庭においては，父親の育児量が従属変数として扱われることが
多かったが，本研究では，育児量が増えると，父親の子どもとの関係関与性
を高めることも確認されたので，どのように父子関係を継続させるかが次の
課題となるだろう。すなわち子どもとの関係関与性から，子どもの社会的行
動への因果関係は有意なパスを示したことを受けて，たとえば離婚家庭など
で，同居していない父親についても，子どもとの関係を維持する要因を検討
することによって，親子関係をより広く捉える必要があると考えられる。

　父親は，子どもとの遊びや世話が多いほど子どもとの関係関与性が高まる
と考えられることから，育児量が増えるほど，子どもの面白がることにあわ
せて一緒に遊んだり楽しむというような，子どものレベルに合わせた対応を
父親自らも楽しむことが可能になり，子どもの気持ちをいろいろな方略を用
いて切り替えることができるようになり，2歳児の気持ちのムラや波など子
どもの不快感情がなぜ生じたのかについて手がかりを見つけられるようにな
る。そのような父親と子どもとの関係の維持が母親と子どもとの愛着関係の
安定性とともに，子どもの社会的行動を高めると説明できる。

　これまで日本の母親は，育児の過重負担が大きくクローズアップされてお
り，育児は楽しめないものとされてきた。しかしながら，Rusbult の投資理
論を中心にペアレンティングを構造化して，包括的な枠組みで捉えることに
よって，育児支援を利用すれば育児不安は低減し，それが子どもへの干渉的

養育行動を低減させ，子どもとの愛着関係が高まるというプロセスが確かめられたことは意義深い。もともと Rusbult の投資理論は，親がもてる資源を子どもに投資すればするほど，関係が継続するという枠組みであるが，専業主婦に適用する場合には，不適切な行動が減少するほど，関係は維持されるというように修正することによって，Rusbult の投資理論が支持されたと言える。すなわち，社会的交換理論の立場からは，リスクの少ない投資がなされるほど，利益は大きいと言い換えることができることから，そのプロセスが支持されることによって，Involvement 理論で説明できる可能性が確認されたのである。

　これまで Rusbult の投資理論はさまざまな研究領域に適用されてきたが，本研究において夫婦間の性別役割分業が根強い，日本の専業主婦家庭の父親と母親に適用できることが示されたために，ほぼ育児量と関係性との因果関係を広げて捉えることができたと考えられる。

　研究2では，まず父親については，世話行動と，遊び行動が増加するほど，子どもとの関係を築くことが明らかになった。今後，日本の父親は，日常的な世話，遊び行動を積み重ね，子どもとの関係が形成され維持されれば，子どもの集団参加に関しても貢献することが明らかにされたのである。子どもと土曜日・日曜日など休日を使って特別なかかわりをすることが養育ではなく，日常の生活の中に関係づくりのヒントがある。

　それと同時に母親の結果からは，専業主婦が育児支援を利用できない状況にあると，母親の干渉的養育行動が増える傾向がみられることから，母親の要請に耳を傾け，タイミングのよい育児支援をふやすことによって，育児不安を低め，干渉的養育行動を減少させ，子どもとの愛着関係を促進することが，子どもの社会的行動にも寄与することが明らかになった。NICHD（2006＝2009）の結果から，家庭外の保育の利用の有無に関わらず，母親の子どもとの愛着関係が子どもの発達と関連することが明らかになっていることからも，母子の愛着関係を育てることには，一定の意味がある。そのために，

母親の干渉的養育行動，育児不安，育児支援量，親子関係の形成に対する支援が必要であると考えられる。

干渉的養育行動とは，親が子どもに干渉し侵入的で，子どもがまるで親の思い通りになるかのようにコントロールしたり，親の示す方向に子どもを従わせようとするような行動である。このような不適切な養育行動（マルトリートメント）を抑制するばかりでなく，加藤・近藤（2007）が検討しているように，子どもの自発性を尊重するようなかかわり，適度な限界設定（Erickson, Sroufe & Egeland, 1985）及び応答的な行動（Ainsworth, et al., 1978）と，関係の維持との関連を確かめる必要もあろう。

すなわち，母親が子どもの動機や視点，個性を認めたり尊重したりするように行動する―子どもの意思や自己主張を受けとめ，ことばで伝えることによって，子どもの自発性を支えたり，子どもと話し合ってルールをきめることなど―ことが増えると，それだけ関係が維持され，その結果，集団場面の社会的行動が促されることになろう。

本研究の分析によって，子どもからみると，母親と父親の双方と直接的相互作用を重ねることによって，多様性や相互性を学び，親子関係が高まることによって，社会的行動を促進することが示された。父母の多様性を捉えるには，父子関係を行動観察によって捉えることも可能であろうし，母親に対して，主観的な関係関与性について自己評価して捉えることも可能である。父母間の調整やけん制もあると考えられることから，多様性を構造的に検討することによって，さらに精緻化することが求められる。

一方で，母親の子どもとの関係性を経由せずに，直接，社会的行動に影響を与える要因もある。研究1の階層的重回帰分析の結果をみると，母親の育児不安は，他の要因が一定である場合には，子どもの社会的行動を規定する要因であることが確かめられている。未就園児の社会的行動と母親の育児不安との関連が有意であることから，できるだけ早い段階で育児不安を低くするような援助が求められる。

4．父親の育児を規定する要因

　研究対象を「専業主婦家庭の父親」に限定したにもかかわらず，父親が回答した育児行動の分布が広いことが示された。子どもは多様な特徴をもっているために，育児行動（子どもへの資源の投入）の頻度も多様になることは想像できよう。しかしながら，それに比べると，子どもとの関係関与性の幅は狭く，あまり多様とは言えない。ペアレンティングを構造化することによって，父子関係が調整されている可能性もある。専業主婦家庭でかつ未就園児を育てている対象に絞って検討しているが，就業時間，夫婦間の性別役割分業度，子どもの数，育児参加度，子どもとの関係関与性は多様であることが示されており，これは父親のペアレンティングをプロセスで捉えることの意義を示すといえよう。

　従来のモデルでは，父親の育児量は母親の就業の有無によって影響を受け，母親が就業に費やす時間の長さが，父親の育児量に正の影響を与えるとされてきた。また，夫と妻の権力には，その社会経済的資源差（収入や教育，職業などの違い）が反映されると考えることによって，差が大きいほど育児には不平等が生じると考えるので，専業主婦家庭では父親の育児量が少なくなるとした家族社会学における知見が積み重ねられてきた。

　しかし，包括的な枠組みによって，各家庭が個々の状況に応じて互いに調整しあうという現状に即した支援につながる可能性が示される。先述したようにBronfenbrennerの生態学的モデルに依拠すると，マクロ，エクソシステムと見なすことができる社会構造的要因から，メゾ，ミクロシステムとしてのペアレンティングへの影響まで，複眼的に捉えることができる。

5．干渉的養育行動が関係に及ぼす影響

　2歳児は，自我の成長と共に激しい自己主張が，他者との感情のぶつかりあいやトラブルにつながる事もある時期である。親子の間に情緒的相互作用

が多くなり，それにともなって，わが子の特徴と向き合わざるを得ず，行動調整や感情調整が必要になると推測される。したがって，子どもが自己を表出したとき，主に母親が子どもに対応することが増えるが，その際に，母親の干渉的養育行動が多くなると，Rusbult の投資理論によって，子どもとの関係性を維持しにくいということが明らかにされた。

専業主婦家庭では，日常における母子間の距離の近さによって，どうしても干渉的養育行動が多くならざるをえない。しかし本研究では育児支援がより多く利用でき，育児不安が低いならば，干渉的養育行動を減少させるという結果が示されたことから，母親の利用できる育児支援，両親によるコペアレント，両親以外[16] のペアレンティングをどう組み合わせれば，子どもにとって幸せ（ウェルビーイング）なのかについて，考えてみることも必要と考えられる。このような結果については，育児を支えるネットワークが母親のリスクを回避するという研究（松田，2008）においても明らかにされていることからも裏づけられよう。

6．父親のアイデンティティが育児量に及ぼす影響

本研究によって，父親役割の顕現性が高い男性ほど，育児量が多いことが，日本の父親においても明らかにされた点は，父親研究にとって意義があると考えられる。すなわち，日本の父親の育児量を増やす手立てについて，従来の社会構造的要因だけでなく，父親がより主体的に育児に取り組めるような自己の構え，父親のアイデンティティに注目した支援につながる。

たとえば，父親の個人的体験レベルの自覚やそれによる自己変革という視点から，自分自身が育てられた体験や父親になってからの思いを整理する時間や機会が必要であり，このような主体的な育児体験を積み上げることによって，父子関係への影響が予測できるのである。

---

[16] 例えば，祖父母，親戚，専門家，ベビーシッター等，子どもを育てることに関わる人々のこと。

第3節　包括的理論からみた両親のペアレンティングの構造

1. 従来の理論を組み合わせた理論的枠組みの意義

　本研究は，先行研究の知見をもとに理論を組み合わせてそれを実証しようとした研究と位置づけることができる。著者は子育て支援の現場で親子支援に長年かかわる中で，実態を理論では説明しきれないというずれを感じながら，実践と研究を共に進めてきた。現代の家族のあり方は多様で複雑化しており，Bengtson（2005）や Klein（2005）が主張しているように，子どもを育む場についていくつかの視点から考えることが必要である。ところが一方で，理論の組み合わせによって実態を説明しようとする試みは，いわばパッチワークのようになりがちである。

　本研究では，Belsky（1984）のペアレンティングを規定する要因間のプロセスモデルにヒントを得て，構成概念間の関連性について，理論を組み合わせて未就園児の社会的行動を説明しようとした。特に Rusbult（1980, 1983）の関係関与性の概念は，育児量と，親子の相互作用の結果築くことができる親子関係の質との関連を説明するために，重要な概念であった。親子関係を継続させることが，子どもの社会的行動に正の関連をもつというプロセスについては，Involvement 理論（石井クンツ，2009）を組み合わせて同じモデル上で同時に検討する研究2につながっている。

　これまで父親の育児について，子どもに合わせて日常生活を営む（世話する）こと，興味や関心につきあうというようなかかわりについて検討されることは少なかった。先行研究においては，父親の育児量が子どもの発達にどのように影響を及ぼすかについて，理論に基づいた研究が少なかったことと，日本の父親の現状を，主に欧米の理論的枠組みによって説明することが難しいと考えられてきたことによって，限界があったものと考えられる。

ところが，現代社会においてさまざまな家族構造の下で育てられる子ども
が存在し，父親，祖父母，養父母などが主たる養育者である場合も少なくは
ない。少子高齢社会の到来を受けて，女性の社会進出はますます求められて
いくだろう。子ども達はその中で，養育者との関係だけでなく，ペアレンテ
ィングをアレンジメントする結果，さまざまな養育者に育てられることによ
って，その子の持ち味を集団の中で発揮するようになるだろう。

　本研究では欧米の理論と日本の育児不安の研究を組み合わせた包括的理論
を実証的に検討するために，調査対象については未就園児をもつ専業主婦家
庭に絞っている。母親が主たる養育者（Primary care taker）である家庭に限
定されていたため，第二養育者である父親とのペアレンティングの構造が子
どもの社会的行動に及ぼす影響について，プロセスモデルの妥当性が確認で
きたともいえよう。今後は第二養育者を父親に限定するというわけではない。

　本研究では，育児に関わる時間的制約などの社会構造的要因と親子関係と
いうミクロシステムとの関連性について実証的に明らかにすることによって，
日本において両親が子どもを育てる意味をより広い視点から捉えている。家
族の構造，夫婦間の性別役割分業，時間的制約，育児ニーズ，利用している
育児支援と，父親の育児量，母親の育児不安，父親役割の顕現性，母親の養
育行動，直接的な関係性という異なる視点でペアレンティングを捉えること
によって，未就園児の社会的行動につながるプロセスモデルの有効性が確か
められたと考えられる。したがって，理論的裏付けのある包括的理論枠組み
を作成して検討したことには意義があろう。

2．包括的理論枠組みの検討

　父親と母親のペアレンティングが，子どもとの関係性を高め，子どもの社
会的行動に貢献するという変数間の構造について，考察を深めていく。

　従属変数である社会的行動に関する重回帰分析の結果（表14 pp. 168-169）
では，他の条件が一定である場合の規定要因について明らかにしている。①

父親の子どもとの関係関与性の度合い，②母親が育児不安を感じる度合い，が子どもの社会的行動を規定することが確認された。すなわち，この分析結果だけでは，子どもの社会的行動が，どのように父親，母親のペアレンティングと関連するのかを明らかにすることはできないので，媒介変数を使って仮説的プロセスを作成した。

　本研究で用いたプロセスモデルの特徴として次の点があげられる。

①ペアレンティングの構造について，コペアレントをキーワードとして，そのプロセスを表すと予想される構成概念を用いたこと。具体的には，父親の育児量と関係関与性，母親の育児不安，干渉的養育行動，愛着関係であるとし，それを支える要因は，父親役割の顕現性，育児支援の数，就業時間，夫婦の相対的資源差，夫婦間の性別役割分業，子どもの数の要因を，理論間が接合できるようにつなげて，集団場面における子どもの社会的行動への影響を導いている。

②従来の理論と理論とを「接合する」要因については，定義づけて取り上げたこと，

③親子関係は相互的であるため，親から子どもへの影響性ばかりでなく，子どもから親への影響も当然考えられる。したがって，双方向の影響性の可能性も考慮して，Lamb らのアクセシビリティをキーワードとして，子どもにとっての関係を捉えられるよう工夫したことである。

　日本の親が置かれている社会構造的要因と，未就園児の集団場面における社会的行動という従属変数までをつなぐプロセスについては，両親に関する多様な側面を取り上げることにより，包括的理論を導くことが可能になったと考えられる。

　従属変数の人への自己主張，場面への参加度，遊びの目的の理解，イメージを共有する遊びへの参加度は，自発的に集団場面に参加して，他者とイメ

ージやつもりを共有しながら，共に場面を構成していく側面と捉えることができる。未就園児が家庭において，このような社会的行動の発達を遂げる機会はあるのだろうか。たとえば，Sawyer（1997）が取り上げているふり遊びやCharon（2007）が指摘した準備ステージでは，他者とともにあり，意味を共有している状況が必要であることが示されており，さらにシンボリック相互作用論の立場では，子どもは自己の発達に合わせて，関与する社会的集団の態度を取り入れることができると考えられている。このような子どもの社会的行動の特徴をみると，イメージを共有して他者と遊べるという土台があって，他者や保育者を含めた集団に参加する機会があると，そこで自己主張することと他者を理解し自己調整することを体験することよって，集団場面において，他児とうまくやっていく力が促されると考えられるのである。

　一方，月齢36ヶ月の子どもをもつ家族の構造を想定してみると，この包括的枠組みでは，両親のペアレンティングに影響する要因，子どもの社会的行動に影響する要因は，父母間で異なっていた。月齢36ヶ月というある一時点の社会的行動を従属変数とすることによって，両親のペアレンティングは子どもの社会的行動に影響を与えることが示されたが，子どもの社会的行動は，集団の中で発達的変化を遂げることが予想される。また子どもが，集団場面において学んだ社会的行動を，逆に家庭に持ち込み，父親と母親のペアレンティングにも変化が生じる可能性もある。その結果父親，母親の子どもへの働きかけに影響を及ぼすという，逆方向の影響性をもつ可能性があるだろう。当然，育児量，関係関与性も変化すると考えられるので，様々な要因の変化や発達の可能性を考慮すると，この包括的理論枠組みは，子どもの発達に合わせて変化する可能性があり，包括的理論の妥当性については引き続き検討することが必要になるだろう。またBelskyのペアレンティングを規定するプロセスモデル（1984）では，子どもの特徴がペアレンティング，子どもの発達に影響を及ぼしていることも示している。

　本研究では，子どもの気質など遺伝的要因が影響することを統制した上で，

両親のペアレンティングが子どもの集団場面における社会的行動に関連することについて検討しており，より実態に近いものになったと考えられる。

3．就園前の2歳児は父母から何を学ぶのか

　包括的理論に基づき，両親と子どもの関係性によって，未就園児の集団への適応だけでなく，他者への自己主張や場面を構成すること，意図を共有すること，イメージを用いた遊びを総合した社会的行動が促されることが確かめられた。

　一方，Harris（1995）はグループ社会化理論を提示し，子どもにとっては親よりも集団場面の経験という状況が子どもの社会化への寄与が大きいと主張しているが，今回の結果からは，説明力は小さいものの，両親から子どもへの影響に関するプロセスが説明できたと考えられる。

　この結果を受けて，子ども主体に考えてみると，ひとりでは対応できない状況になったとしても親が必ず助けてくれるから安全であるという基本的な信頼感をもち，探索にむかうという安定した愛着関係に支えられる（Pederson & Moran, 1995）こと，興味や関心に合わせてもらえたり，ぐずった時機嫌の悪い時にその理由を理解してもらえること，多様な方略を用いて気持ちを安定させてもらえること，などを両親のペアレンティングから学び，集団場面では，遊びに参加することができ，他者とイメージを共有してふり遊びやごっこ遊びを楽しむことができると説明することができる。

　すなわち，母親による子どもへのかかわりが愛着関係の安定性にむすびつくといった，単線の情緒的絆を基盤として社会的行動を身につけるわけではなく，継続的な父子関係と共に両輪によって学ぶ。ひとり親のケースでは，子どもには複数の多様なペアレンティング（社会的育児[17]，祖父母など）をアレンジすることによって，集団場面での社会的行動を学ぶと考えられる。

---

17 保育施設や保育ママ，ベビーシッター，支援員などの専門家や地域の子育て支援の担い手を指す

Cabrera, Tamis-LeMonda, Bradley, Hofferth & Lamb（2000）の研究では，アメリカの父親は子どもに関わる時間が増えているとされているが，現実は子どもへの責任を担っている第二養育者でもなく，「第一の（母親の）ヘルパー」であると指摘している。少子化，顕著な夫婦間の性別役割分業，父親の育児量の少なさ，長時間勤務，母性規範，親子関係の変容など日本の課題を挙げたが，他の国においても，程度の差はあれ，家族のあり方に課題を抱えている可能性がある。欧米，北欧，アジア諸国など他の国において複数の養育者によるペアレンティングの構造から，子どもは何を学ぶのかについて検討することは，課題を解決するための示唆を与えてくれると考えられる。

4．Involvement 理論をめぐって

Involvement 理論では，子どもの何らかの行動を従属変数として，両親の子どもとの関係性との関連を理論的に説明する。本研究では，この理論を援用して，両親のペアレンティングの構造が，未就園児の集団適応だけでなく，遊びを理解したり，自己主張したり，他者とイメージを共有するというような社会的行動を促すことを明らかにした。

本研究では，Involvement 理論と Rusbult の投資理論とを，関係性の概念を接合点として組み合わせたが，この理論は，相互依存性理論に基づくものであり，子どもと親との関係性が相互依存の上に成り立つという前提に立っている。たとえば，「子どもが気に入るように，親が気を使う」，「子どもが安心できるように，声をかける」，「親が喜ぶように，お手伝いをする」というように，関係は相互依存的に形成される。育児では，親子間で見つめ合う，表情から察しあう，コミュニケーションをとる，モノのやりとり，葛藤，いざこざ，不安，いらだちなど日々の交流の積み重ねによってこそ，関係が継続すると捉えている。

さらに関係関与性という概念は，Lamb ら（1985）の提示したアクセシビリティの概念に該当する。すなわち，親が子どもの個性を理解した上で，子

どもが親にアクセスしやすいように調整して対応するからこそ，関係関与性
と社会的行動との関連の有意性が確かめられたと考えられる。こうして未就
園児とその親の現状に合わせて理論間の接合点を工夫したことによって，本
研究では Involvement 理論と Rusbult の投資理論をつなぐことができたと考
えられる。

　一方，母親に関しては，Involvement 理論と Rusbult の投資理論との接合
点は，母子の愛着関係とした。これまで愛着関係と子どもの発達との正の関
連は確かめられており，母親の子どもとの関係性が高まるほど，社会的行動
は高まるとする仮説は成り立つ。接合点は母子の愛着関係とするので，Rus-
bult の投資理論で愛着関係と母親の育児行動の頻度との関連を説明できるの
かについて検討した。

　日本では，育児不安が高い母親は，子どもへの不適切なかかわりが多くな
ることが明らかにされている（牧野，1982; 牧野・中西，1985）。未就園児を持
つ母親は，育児不安が高まることによって，子どもへの干渉的養育行動が増
える可能性が考えられ，その結果子どもとの愛着関係が不安定になることが
予想される。したがって，母親の干渉的養育行動が減少するほど，母子の愛
着関係が安定する，すなわち，子どもへの不適切な養育行動が減少すること
が関係性を継続させる－と Rusbult の投資理論を拡張した仮説を設定するこ
とで，Involvement 理論と組み合わせて，説明可能になった。実証的検討の
結果，父親と同様に母親に関する 2 つの理論の組み合わせは有効であること
が確認できた。

　このように，日本の育児不安の研究から導かれる仮説を重視して，Rus-
bult の投資理論と Involvement 理論を組み合わせたことによって，日本のペ
アレンティングの実態に即した有効な包括的理論を提示することができたと
考えられるのである。

　今後，両親の多様性については，再検討する余地は残している。すなわち，
本研究では父親に関しては自己評価による主観的な関係関与性を用い，母親

202

に関しては行動観察による愛着の安定性を用いているが，たとえば母親に関しては自己評価による主観的な関係関与性を用い，父親に関しては行動観察による愛着の安定性を用いて，Involvement 理論の有効性を検討する可能性もある。

第4節　ペアレンティング理論の可能性

　本研究では先行研究をもとに，ペアレンティングを規定する要因と両親のペアレンティングの構造がどのように子どもに影響を与えるのかについて，Rusbult（1980; 1983）の投資理論の枠組み，アイデンティティ理論，Involvement 理論を組み合わせた包括的理論を構築したが，各理論の効用と限界について検討する。

1．Involvement 理論

　石井クンツ（2009）は，（母親だけでなく）父親が子どもに関わるほど，子どもは人間関係の多様性を学び，ネットワークが拡大し，ひいては子どもによい影響をもたらすという明快な説明を Involvement 理論としている。

　本研究ではペアレンティングと子どもの社会的行動をつなげる理論として適用することによって，実際の子どもの社会的行動への貢献を説明できたと考えられる。従来父親が子どもに多く関わることは子どもによい影響を与えるという枠組みは取り上げられてきたが，それがどのような媒介変数によってどのようなプロセスで子どもに影響を与えるのかという点について明らかにすることは容易ではない。子どもへの影響性を説明するためには，子どもの要因として発達時期の範囲，気質，親の要因や家族構造など膨大な変数について検討する必要があり，複雑な要因が影響するものと考えられるからである。

　Involvement 理論の視点から，父親側の要因と子どもの社会的行動との関

連をどのように説明できるかについて考察すると，関係関与性が高まることによって，子どもにとっても大人への親密性が増大することから，人間関係の多様性を学ぶことにつながる。そのことによって集団場面では，遊びにおいて関わる人数が増える可能性も予想されるのである。父親との共行動が増加することによって，体験が深まり，生活範囲を広げる可能性が示唆されることから，集団において遊びが広がることが推測される。このように体験が豊かになることによって，表象的思考が活性化し，イメージの共有が促進されることにより，集団での遊びの目的が理解できることにより見通しが持てるようになり，ごっこ遊びにおいては役割取得が促進されることが予想されるのである。

ペアレンティングを構造化する際にInvolvement理論を適用したことに関して，近年は日本において，父親の「遊び」行動が母親より上回っているために，父母の違いについては，「遊び」と「世話」にかかわる時間の差と説明する可能性も考えられるだろう。つまり，母親にとっては，育児を担っているという閉塞感は，母性規範が背景にあるため，「世話」偏重の育児になりつつあることによると説明できる。父親は主に遊びを通して子どもとの関係を維持し，子どもの社会的行動を促進するが，母親は世話や日常生活を通して，不適切な働きかけが少なければ，愛着関係を安定させ，子どもの社会的行動に貢献するものと説明できる。本研究で適用したInvolvement理論は，父親と母親との人間関係の多様性が子どもに寄与すると説明するが，日本においては母親による「世話」行動が多いことから，父親との違いを反映していると考えられるのである。

2．Rusbultの投資理論

加藤（2007b）では，Rusbultの投資理論の視点から，父親，有業の母親の育児量が増えるほど，親のディストレスが低いほど，育児への価値づけが高いほど，子どもとの関係は維持されることが確認できたとしているが，親子

関係を Rusbult の投資理論ではどう定義するかは明らかにされていない。Rusbult（1983）は，主に恋愛関係に適用しており，概念を様々な関係に応用してほしいとは述べているが，親子関係に用いた研究は少ない。交換理論から派生した理論であることに基づけば，父親が育児にエネルギーを投入すると，それだけ父親に見返りとして子どもとの関係を築くことができると捉えることが自然であろう。

　本研究では，父親の子どもとの関係関与性について，子どもの興味のあることに合わせて一緒に遊んだり楽しめるというような親子の相互作用の肯定的な側面，さらに子どもの情緒への対応としては，ぐずったときに子どもの気持ちを切り換えることができるような，多様な方略による情緒の調整が可能である側面や，子どもが機嫌の悪い時にその理由が理解できたりするような，子どもの情緒に対する認知の正確さの側面によって，子どもとの相互性を発展させ，子どもと関与することによって育児効力感につながる可能性を示す概念として，関係関与性の項目を作成している。その結果未就園児を育てる日本の父親には Rusbult の投資理論の有効性が確認されたと言えよう。

　しかし今後育児量が増えると，父親にとっては両面価値的な関係関与性を担うことになる可能性は残されている。その結果父親の育児負担感が増すことによって，葛藤を抱える関係性になることも推測される。

　今回の分析においては，「父親役割の顕現性」というアイデンティティに関する概念を取り入れ，父親役割を重要に捉えていることが，育児量を高めるという因果関係を仮定している。動機づけられた育児参加であるゆえに，頻度が増えると，子どもとの関係関与性は高まるとしたペアレンティングの仮説的プロセスの有効性が確認されたと言えるのである。

　母親のペアレンティングでは，関係関与性を母子の愛着関係に置き換えて，Rusbult の投資理論で説明しようと試みた。Schneider-Rosen & Cicchetti（1984）の研究では，不適切な養育を受けた子どもは不安定な愛着関係を示すことが多いことを明らかにしている。たとえば子どもへの干渉的養育行動

（不適切な養育）が多くなるほど，母子の愛着関係が不安定になることが推測される。このことから，仮説「干渉的養育行動が少なくなるほど，母子の愛着関係は安定する（関係を脅かす働きかけが少なくなれば関係は継続する）」として設定し，この因果関係の有意性が認められている。専業主婦を対象とした本研究において，Rusbult の投資理論の適用範囲を広げることができたと捉えることができる。Rusbult の投資理論を中心に理論を組み立てて適用した結果，日本の両親のペアレンティングの状況を説明できるような結果が得られた意義は大きいと考えられる。

　関係関与性という概念を捉えた研究者の中でも Johnson, Caughlin & Huston（1999）は，関係関与性を 3 因子構造とする立場をとり，関係を維持するためには，愛情ばかりでなく，義務や社会的規範が内包されているとした。つまり Johnson ら（1999）の立場は，関係関与性の両面価値的な側面にも視点をもつ立場といえる。すなわち，この立場では，育児の中で義務を伴った役割遂行にも目を向け，両面価値的な関係について考えることができる。ペアレンティングには当然アンビバレントな側面があり，父親研究の今後の課題としたい。

3．アイデンティティ理論

　本研究によって，父親役割の顕現性が高い男性ほど，よく育児参加することが，日本の父親においても明らかにされた。日本の父親は，父親役割を重視しているほど，育児に資源の投入をし，それが子どもとの関係関与性に影響を及ぼし，子どもの社会的行動に影響を及ぼすという仮説的プロセスが支持され，実証的に示すことができた。一方 Shwalb ら（1997）は，日本の父親は父親役割を重要と認識していても，育児量が増加しないことを指摘しており，育児量の増加を促すために引き続き努める必要がある。Parental Role Commitment（O'Neil & Greenberger, 1994）という概念は，親役割へのコミットメントの度合いを示す概念であるが，日本の父親は仕事コミットメントが

強く，この親役割へのコミットメントは相対的に低いので，ペアレンティングの構造の中に，父親のアイデンティティを位置づけることは有効であろう。

　本研究の包括的理論的枠組みにおいて，父親役割の顕現性を位置づけたことによって，役割の重要性から育児量，育児量から関係関与性，関係関与性から子どもの社会的行動への因果係数が有意になることを確認することができ，さらに父親の育児量は，理論を組み立てるための有効な接合点であることが確認され，こうしたプロセスが支持されたことには意義があると考えられる。

　アイデンティティ理論の枠組みでは，父親自身が育てられた体験や，これまでの人生における経験の積み重ね，わが子と接してきた体験の蓄積やまわりの状況などによって，どのくらい父親であることを重要に思っているか（すなわちアイデンティティ）が獲得されると捉えている。すなわち父親に関連した状況に依存したアイデンティティを取り上げている。この概念は価値づけや動機づけ，自己評価が，目の前にいる子どもとかかわる頻度に影響を与えると捉える。たとえば Ihinger-Tallman, Pasley & Buehler（1993）や Marsiglio, Amato, Day & Lamb（2000）は，父親役割の顕現性について，「父親であることについてもともと父親が意味づけ，重要視することである」と定義しており，心理的重要性が，育児量を規定すると説明するのである。

　一方，先行研究では，育児量が父親役割の顕現性によって規定されるという研究が多いが，父親が育児参加すればするほど，父親役割の顕現性が高まるという逆方向の仮説は成り立たないのだろうか。アイデンティティ理論は比較的新しい理論的枠組みであると考えられるため，体験がどのようなメカニズムで父親役割の顕現性に取り込まれるか，対象に関する知識が増えることによって父親役割の顕現性が顕著になるかどうか，社会構造的要因からの影響については説明されていないため，今後実証的に検討することが必要であろう。

第5節　本研究の結論

　本研究では，Belsky（1984）のペアレンティングを規定するプロセスモデルに準拠することによって，父親と母親によるペアレンティングの構造を構成する概念間の関連について，Rusbult の投資理論を中心として，社会構造的要因，アイデンティティ理論，育児不安の研究，Involvement 理論を応用して未就園児の社会的行動に影響を及ぼすプロセスモデルを作成し，それを包括的理論と捉えて実証的に検討した。その結果，概念間の因果関係の有意性が確かめられ，プロセスを包括的理論で説明することができたと考えられる。したがって，未就園児の社会的行動を規定するペアレンティングのプロセスモデル（包括的理論）の妥当性が確認できた。

　さらにこの包括的理論を実証的に検討することによって，「父親の育児参加」「母親の干渉的養育行動」「父親の子どもとの関係関与性」「母親の子どもとの愛着関係」が理論間の接合点であることも支持されたことから，社会的行動を抑制する要因を低減させ，促進する要因を高めるような理論枠組みに沿った介入が可能になることが明らかにされたのである。

第6節　研究からのインプリケーション

1．父親と母親のペアレンティングに注目する必要性

　これまで，父親の育児参加が子どもにプラスの影響を及ぼすということは，検討されてきたが，父子関係の背景にある父親の動機，父親の子どもとの関係関与性が，どのように子どもの社会的行動を規定するかについて明確にされていなかったため，子どもの行動の促進要因や抑制要因が捉えきれなかったのである。本研究では，Belsky のプロセスモデルに着目し，そのモデル

で用いられている「ペアレンティング」の概念を構造化するために，先行研究で個別に用いられてきた概念間の関係を，各理論的枠組みを組み合わせることによって，新たな包括的理論を組み立てて，いくつかの仮説を設定した。

　包括的理論を提示し，実際のデータをあてはめてその適合度を検討することによって，解釈の幅は広がったと考えられる。さらに両親が子どもの社会的行動に及ぼす影響に関する Involvement 理論の妥当性を確かめることができたものと考える。このように包括的な理論枠組みによって子どもの社会的行動を説明できることが明らかにされたのである。

　ペアレンティングは複雑な営みであるが，その構造という側面からアプローチすることによって読み解くことができる。ミクロレベルの構造から，マクロな政策に反映できるインプリケーションを得るという方向性は難しいと考えられるが，やはり家族という小単位のミクロ世界で日々営まれる人間関係が，メゾシステムに関連し，ひいてはエクソシステムにも関連するという方向性も考えられたという意味では意義があるのである。

　たとえば，従来子育て世帯に対して予算を配分することによって少子化に歯止めをかけることができるとされてきているが，それよりも本研究によって得られた知見をもとに，母親だけでなく父親を対象としたペアレンティング教育の機会を拡大することによって，ひとりひとりの親が子どもと関係を築いていけるようなしくみの必要性を提言したい。

　さらにペアレンティング教育の中身に関しては，父親と母親のペアレンティングを規定する社会構造的要因のうち，仕事要因，夫婦間の相対的資源差，夫婦間の性別役割分業，育児ニーズ要因が父親のペアレンティングを経由して，子どもの社会的行動に影響を及ぼすプロセスが明らかにされたため，父親のペアレンティングは自己裁量によって規定されると捉えるだけでなく，父親のための両親学級などの参加を推進すること，仕事要因によって規定される側面，夫婦間の平等化によって規定される側面に注目することも重要である。したがって，政策としてペアレンティング教育に取り組む必要がある。

父親役割を果たすことで自らが成長するという視点や父親であることの重要性を認識することを，父親自身が掴み取っていくためにはどうしたらよいのかを検討する必要があろう。従来，父親の遊び行動に注目して，「育児は楽しい」ということが強調されてきたが，育児参加には世話行動も含まれており，世話を含めた育児参加によって，子どもとの関係性が高まり，そのことが子どもの社会的行動に影響を与えるという内容を含めること，未就園時期の子どもの社会的行動の発達には，父子関係も重要であり，とくに子どもとの相互性の中で，父親から子どもへの適切な感情調整を可能にするためには，子どもの不快感情を理解し，適切な対応ができるようになるプログラムが必要であることである。また，ひとり親家庭においてこの研究結果から示唆されたことは，第二養育者がいることによって，子どもの社会的行動が促進されると考えられることである。

最近の子ども事情をみると，仲間関係の形成が難しくなっており，集団を体験する経験は，コミュニティの崩壊に伴い減少している。その結果，子どもの社会的行動を育てる基盤が脆弱化しており，子どもの社会性の発達の遅れが危惧されている。とくに専業主婦家庭で，父親の育児量が少ない場合には，父親が関係関与性を高めることによって，子どもは多様な人間関係を学ぶ。すなわち，父親が子どもの機嫌の悪い理由を理解したり，ぐずったときにいろいろな方略を用いて子どもの気持ちを切り換えられたり，子どもの面白がることに合わせて一緒に遊んだり楽しむ，というような，父子の相互依存性に考慮した関係関与性を構成する項目は，子どもが集団場面に参加する際の社会的行動に影響を与える。もちろん夫婦間調整の影響も大きい。

子どもの社会的行動に関連するような親の働きかけについては，親の適切な構造化と限界設定（Erickson et al., 1985）も必要であろう。つまり，親が子どもとかかわる際に，場面を構成していく側面が必要である。また，子どもの特徴に応じて，応答性を発揮することも必要であろう。Sroufe（1996）が明らかにしているように，子どもの特徴に応じて，親からこうしたらとイメ

ージを提案したり，つもりを示して場面の構成や限界設定を伝えることが必要である。またうまく子どもに理解されないようだったら，伝え方を工夫したりやり方を修正したり様々な方法で，子どもに合わせようとすることも求められるだろう。子どもの興味を引くように，場面を構成することや子どもの行動に意味づけを与えて，イメージを共有することができるかどうか，それが子どもにとって効力をもつかどうかが試されている。子どもと親という視点から双方向的に捉えることによって，相互性が明らかになるだろう。

このように，子どもは家庭において親との相互性を学ぶことによって，集団場面における社会的行動として発揮できるのである。そのことによって，就園（保育所や幼稚園に入る）にあたっては，集団への参加というハードルを下げることができると考えられる。さらに父親が子どもにとっての相互性に関与することによるメリットは，父親の効力感を高め，育児参加を促進することにつながる可能性がある。

さらに母子の緊密な愛着関係に父親が介入することになっても，石井クンツ（2009）が指摘するように，子どもは人間関係の多様性を学び，子どもの生活範囲を広げ，社会性を高めることにつながるのである。

女性の就業率の固定化という実態を概観すると，出産後の父親に対して，ペアレンティング教育プログラムなどの導入が求められていることが示唆される。出産後6ヶ月間に夫婦間の性別役割分業が固定化し，その後職場復帰が遠のく実態が示されているのである。ペアレンティング教育を導入することによって，母親にとっても，父親にとっても，子どもにとってもメリットのある政策となることが期待される。加藤（2008b）によれば，母子関係を経年比較すると，1990年代前半よりも2003〜05年の方が，母親の干渉的養育行動が多くなっていることを示唆しており，個々の家庭の努力に任せるだけでなく，子どもの発達まで視野に入れた幅の広い育児支援が求められているのである。

何をどのように教育すればよいかについては，無理なく両親のニーズとす

り合わせながら，親役割の果たし方を学ぶ機会の提供が，取り組むべき課題としてあげられる（加藤・飯長，2006）。男性の育児量を増やすためにも，中心的課題として，父親へのペアレンティング教育が実施されるべきである。

　森岡（2005）によれば，従来は日本の背景として集団主義を仮定していたので，政策・制度による連帯主義的な所得再配分システムが採用されて，家族は有効に機能しているとされてきた。しかしながら，急速な少子高齢化に対して，日本は適切な対応をとりきれておらず，混乱が顕在化していると捉えることができる。すなわち，日本の家族は急激な変化に対応できず，不安定な状況にあり，なんらかの対策を講じなければ，生まれてくる子ども達の健やかな成長にとっては，マイナスに作用すると考えられるのである。

　子どもの個性や発達に応じた親機能を高めるプログラムの導入によって，親と子の関係性を促進する必要がある。そのためには，本研究において示唆されるような，父親が主体的に子どもに関わるようになるシステムを取り入れることが望ましい。一貫性のあるペアレンティング教育を提案することは易しいことではないが，子どもとの関係関与性を高めるような親機能を促進することが，今後さらに必要になると考えられる。

　日本では，現在のところペアレンティング教育は中学生以上の準備教育として整備されている。本研究によって，父親の親としての存在意義を明確にし，父子相互作用の契機を創出し，父親としての手ごたえが感じられるようにサポートすることが必要である。たとえば，Duggan, Anne, Fuddy, Loretta, McFarlane, Elizabeth, Burrell, Lori, Windham, Amy, Higman, Susan & Calvin（2004）は，児童虐待の危険性がある家庭に対して，父親を対象とした訪問による介入プログラムを実施しており，その効果についても分析している。問題点として，父親の暴力の程度に応じて訪問のプログラムを変えざるを得ないし，家族の構造も影響を与えており，結果的に多様なプログラムにならざるを得ず，子どもへの対応に対して明確な効果を明らかにすることができない点をあげている。

ペアレンティング教育の課題として，家族の構造的側面や実態に深く切り込んだ研究によって，家族の多様性に対応できることが求められ，さらにその結果を参考にプログラムを提案したり，再構成する必要が示唆される。このように，ペアレンティング教育の分野では，従来の研究をベースとした研究の蓄積が望まれるのである。

しかしながら今後の課題も指摘できる。つまり，本研究では，子どもとの関係性について，父親には関係関与性の変数を用い，母親には子どもとの愛着関係の安定性の変数を用いたが，専業主婦に対しても関係関与性の変数を用いてこの包括的枠組みを検討してみる必要もあろう。母親に父親に用いたような関係関与性の項目を尋ねることによって，同じように子どもの社会的行動へのパスが確認されるかどうか検討してみる必要がある。

本研究の包括的理論枠組みでは，ペアレンティング教育の内容は，父親と母親とでは異なるということが示されたと言えよう。

２．日本の育児における性別役割分業を変えるために

日本では，夫婦間の性別役割分業の実態はなかなか変化しない。性別役割分業が著しい家庭の父親ほど育児量が少ないことが確かめられている。しかも父親の育児量は，子どもの数が少ないほど多く，家庭内需要が増加すると手控えるかあるいは子ども一人当たりの参加量が減少する，という結果が示され，先行研究とは逆の方向性がみられたことから，日本の育児においてはジェンダーの葛藤の視点から捉えて考察することには意義があると考えられるのである。

母親は子どもの数が増えると育児量がかなり多くなると感じ，子どもに対する世話の時間のやりくりや，（下の子に母親の手を取られるために）甘えられない子どもの気持ちのケアをどうするかが，悩みの中でも突出している。それに対し，本研究では父親は子どもの数が多い人ほど，育児参加が少ないことが示されたことから，育児ニーズ（または家庭内需要）に対する認識が母親

と異なることが示唆されるのである。加藤（2009a）の父親同士の「子どもとの関係づくり」に関するグループ・ディスカッションの質的分析においては，家庭内の親子関係が複雑になると，父親は母子の密着した関係の中にどう入っていくか迷ったり悩みつつも立ち止まってしまう状況に対して，「主体的に調整できない」という概念として抽出されている。つまり，母子の緊密な関係が父親の育児参加を抑制するという父親の様子が語られているのである。

初めて子どもをもつ両親について，Stern（1995＝2000）は，母親は，母親像，自己像，子どもに関するイメージの編成（母性のコンステレーション）という新しい心的構造を創り上げるとする。母親は子どもとの緊密な関係を失いたくないと強く感じるため，排他的になって，父親は育児のサポーター的役割に甘んじるしかなくなると説明している。こうした母子関係をみながら，父親は「夫は仕事，妻は家庭」という性別役割分業を維持し，父親の育児参加量自体が減ってしまう可能性も推測されるのである。どうすればこの閉塞状況を変えて，主体的な父親の子どもとの関係づくりを促進することができるのであろうか。こうした育児期にある夫婦関係における相互調整は，青木（2000）によれば，深いところで生じており意識化することは難しいが，今後のペアレンティング教育の課題として，夫婦間の相互調整についても検討することが必要である。

その際の視点として，(1)家族の相互作用はどのようにしたら変化を生み出せるのか，(2)家族の相互作用の背景には，ジェンダー関係が明示的にも暗示的にも影響を及ぼしていると考えられるが，夫と妻にとって，常に不均衡や権力の不平等の下にあるわけでなく，いろいろな側面をもっている。したがって，どのような状況で変化が生じると考えられるのか可能性を考えてみることも必要である。

家庭内でのジェンダー関係を捉える際に，West & Zimmerman（1987）の提示したDoing Genderの概念は，日常の行動からジェンダー関係が作られていくというプロセスとして捉えることができる。親の個人的特性の違い，

夫婦間の性別役割分業などの暗黙の権力関係や，構造的アプローチにとらわれることなく，社会的相互関係のプロセス自体を重視する概念として注目されてきた。たとえば，母親が抑うつ的となる緊急事態では，父親は男性であり性差は存在するが，いったん夫婦間の性別役割分業を棚上げし，家事や育児に関する行動を積み重ね，自分なりのジェンダーアイデンティティを構築していくのである。その家族の日常の相互関係によって，育児参加が増加したり，子どもとの関係性が高められ，つまり子どもへの影響をプラスにすることが可能になる。

このように Doing Gender の概念は，「いまここで」生じている相互関係を重視する概念として位置づけられる。しかし一方，専業主婦家庭において，緊急事態が生じない場合には，相互関係自体が現状維持されてしまうという限界がある。たとえば，McBride, Schoppe & Ranem（2002）は，子育てストレス，親の育児参加，子どもの気質に関する認知との関係を，父親の場合，母親の場合とで検討したが，ストレスと子どもの気質に関する認知との間の関連性が，父母で異なることを明らかにしている。つまり，子どもの気質が難しいと感じているほど，ストレスをもちやすいのは母親であり，子どもの気質の認知，育児参加との間の関連は，子どもの性別，親の性別の組み合わせによっても影響を受けることを明らかにしている。

この結果からは，父親と母親とでは，認知自体に差異があることが示唆されるのである。ところが Doing Gender では，そういう条件があったとしても，日常の行動や社会的相互関係を実際に積み重ねていくプロセス自体を重視することによって，ジェンダー関係が構築されると考え，家庭における自らの役割も，積み重ねることによって獲得されるものと考えるのである。

この Doing Gender（West & Zimmerman, 1987）の概念を踏まえた上で，最近，Deutsch（2007）は，Undoing Gender 概念を提示し，ジェンダー意識による抵抗によって，従来の行動を変えようとしないという側面についても検討する必要があると指摘している。たとえば Hallerod（2005）の研究をとり

あげてみると，妻よりも収入が少ない夫の場合，従来の研究からは，夫の担う育児量は相対的に高くなると推測されるが，夫が妻より相対的資源が少ないにもかかわらず，却って仕事を増やして育児をしないという例を挙げて，より仕事を重視するためにジェンダー意識による抵抗を示すケースについて検討している。つまり，このケースでは，West & Zimmerman の Doing Gender 概念を用いて説明することはできない。

このような一連の研究から，日本の父親においても，なかなか育児量が増加しない背景には，夫婦間の性別役割分業への固執というようなジェンダー意識による抵抗が作用すると推測されるのである。父親としての役割をどのように捉えているか，そして家庭においてどのように子どもに働きかけるか，のようなプロセスを重視して取り上げることによって，ジェンダー意識による抵抗など Undoing Gender のプロセスが働いていることが明らかになる可能性も示唆される。

本研究では，父親のアイデンティティが育児量に影響を及ぼすことが明らかにされたが，日本のように父親の育児量がなかなか増加しない背景には，ジェンダー意識による抵抗が存在する可能性が推測される。とくに専業主婦家庭において，父親役割の顕現性が育児量に影響を及ぼすことから，日常生活において父親としての体験を振り返る機会や，加藤（2009a）が検討しているようなフォーカス・グループ・インタビューなどの試みによって語りから明確化していく試みが有効であると考えられる。

Aldous（1990）は，ワーク・ライフ・バランスの問題について，仕事や業績にプラスになるような家庭生活における行動や態度ならば，取り入れやすいが，家庭生活と仕事との関連について明確な証拠が示されない場合には，ワーク・ライフ・バランスが進まないとしている。しかしながら Sieber（1974）は，ある役割を果たすことによって得られた資源は，他の役割を果たす際にも使われるとしている。すなわち，仕事上の役割によって得た能力が育児に有効に機能する可能性も考えられるのである。今後，仕事と育児の

要因間の関連性を明らかにすることが必要であると考える。

第7節　本研究の限界と今後の課題

　本研究の限界として，データの特徴を述べておく必要がある。首都圏における教育歴が高めの専業主婦家庭における両親を対象としたため，一般化するには限界があると考えられる。日本では格差の問題が子どもに及ぼす影響について問題とされているが，本研究の対象は父親の教育歴は大学卒業以上が8割を占めて，母親の教育歴は短大卒業が51.2％，大学卒業以上が36.3％であることから，高学歴の対象である。したがって，ペアレンティングの構造から子どもの社会的行動への関連についての影響はかなり大きいと考えられるであろう。したがって一般化する際には，慎重でなければならない。

　Harris（1995）のグループ社会化理論に基づけば，子どもの社会的行動は親から生物学的にあるいは遺伝学的に規定されるものを除くと，両親の行動による影響はきわめて小さいとされており，子どもが経験する集団や状況による貢献が大きいとされる。したがってこの理論によれば，本研究で得られた，両親から子どもの社会的行動への有意なパスは，遺伝的な関連によると説明されることになる。つまり，親が人に対する親和性が高い場合は，子どもの社会的行動も高くなるという結果に過ぎないという解釈になる。

　しかし Parke, Simplins, McDowell, Kim, Killian, Dennis, Flyr, Wild & Rah（2002）によれば，子どもの社会的行動は遺伝学的要因とペアレンティングとの相互作用によると考えられている。遺伝学的要因とペアレンティング要因，参加する集団の要因を分離して影響性を検討することは現実的に困難と考えられることが推測される。たとえば，どの集団（保育所，幼稚園，遊び仲間）を経験するか，いつ参加するかは両親によって選択されると考えられ，子どもが仲間関係を形成する際には両親がアドバイスすることもあると考えられることから，両親の影響は決定的ではないが，子どもの遺伝学的要

因に配慮しながら，子どもの社会的行動に対して重要な調整を及ぼすと考えられるのである。したがって，本研究の結果については，生得的に規定される部分があることに留意しつつも，ペアレンティングの構造から子どもの社会的行動への関連について明らかにしたことでは意義がある。

　前述したように，全国を対象としても3歳未満の子どもをもつフルタイム就業の母親は，現在までのところ全体の30％に満たないことが示されており，通っている保育環境や集団の状況は多様である。さらに，幼児期には子どもの遊び相手として選択されるのが，専ら母親であるとした家庭が80％以上を占めているにもかかわらず，幼稚園や保育所に就園する前の子どもに関して，集団場面の社会的行動を捉えた研究はあまり見られないことからも，本研究は父母の影響を明らかにした希少な研究であることが指摘できる。

　また父親，母親，子どもに協力を要請して得られたマッチングデータなので，母親の影響を検討してきた従来の研究とは異なり，父親から子どもの社会的行動へのパスが確認された意義は大きい。この時期の子どもの社会的行動に関する評定が，データとして得られている研究はほとんど見られないことからも，本研究において，子どもの社会的行動の観察評定を用いて，父親の育児参加と母親の子どもへのかかわりがどのように子どもの社会的行動に影響を及ぼしているのかを明らかにできたという点では，重要な意義があると考えられる。

　今後の課題としては，本研究では子どもの社会的行動に両親の多様性が寄与することが明らかになったが，両親のペアレンティングから子どもの社会的行動への影響性を前提としたために，子どもの社会的行動が両親のペアレンティングの構造に影響を与えるような，相乗的相互作用については，明らかにされていない。今後子どもから両親への影響を明らかにすることによって，システムを捉えることになると考えられる。

　親のどのような要因が，親子の関係性要因を媒介して，子どもの社会的行動に影響をするのかについて，包括的理論を構築した意義は大きいものの，

さらに検討することによって，親子の双方向的なシステムを説明することが
必要である。

　そうすることによって，本研究で明らかになった抑制要因と促進要因を，
社会的育児と連携して捉えられるようになる。たとえば，親子をとりまく環
境において，子育て支援の拠点は増加しているが，近年，児童虐待に関する
相談業務が激増していることや，親による虐待事件が増加していることから
も活用されているとは言えないと考えられる。しかし本研究によって，母親
の利用できる育児支援が育児不安を解消し，ひいては子どもの社会的行動を
促進することが確認されたことから，枠を広げて，子どもの社会的行動が親
子関係に変化を引き起こし，母親の社会的ネットワークの規模を拡大するこ
とにつながり，それを基盤として母親のペアレンティング機能に関連して子
どもの社会的行動への影響を循環するシステムとして捉える可能性もある。

　さらに IT 環境の発展によって，物理的距離や置かれている状況を超えて，
都合のよい時間帯に，さまざまな人とオンラインネットワークでつながるこ
ともできる時代が到来していることから，青木（2006），石井クンツ（2009）
が指摘するように，子どもを中心とした家庭を超えるような社会的ネットワ
ークを持つことによって，父親と母親のエクソシステムにも影響を及ぼし，
それが父親と母親のペアレンティングに関連する可能性について検討する必
要がある。つまり，子どもと親をエクソシステムの視点からも相乗的相互作
用をもつ循環するシステムとして捉える視点を包括的理論枠組みに取り入れ
ることが今後の課題である。

　本研究では，2 歳児をもつ父親と母親を対象としたが，その前後の年齢，
家族の構造のちがい，格差などをどのように理論的枠組みにとりこんで理論
を構築するかについても検討することが課題である。さらに，本研究で得ら
れた影響性が，変化していくか，持続するのかについて縦断研究に取り組む
ことも課題である。

　Roggman, Fitzgerald, Bradley & Raikes（2002）は，従来の父親の機能に

ついて，子どもの世話，遊ぶ，教える，サポートする，子どもにとってのロールモデルあるいは権威を持つ人として行動する，としているが，父親の定義は，家族，社会，歴史文化的枠組みの構造の中にはめ込まれており，新たな役割については捉えきれていないという見方もできる。今後，さらに広い視点から子どもへの影響性を研究することが求められている。たとえば，Ishii-Kuntz & Coltrane（1992）[18]と加藤・石井クンツ・牧野・土谷（1998）がほぼ同じ分析モデルを用いてアメリカと日本の父親について分析しているように，本研究で用いた分析モデルを，スウェーデン，フランス，オランダ，アメリカ，韓国などで父親－母親－子どもの調査をもとに実際のデータをあてはめて，検討したいと考えている。

　一方，父親・母親の仕事要因，たとえば，仕事の自己裁量性や問題解決力，意思決定プロセスのあり方などが，育児量，子どもとの関係関与性に及ぼす影響について検討することによって，仕事と育児とのつながりをさらに明らかにすることが必要であると考える。

　また，子どもの発達に及ぼす父親，母親の影響に関する研究は，乳児期以降青年期まで追跡する縦断研究においても，さまざまな結果が示されており，残念ながら理論上の整合性が認められているわけではない（Thompson, 2000）。したがって，これからの研究課題としては，本研究で支持された包括的理論枠組みを横軸にしつつ，子どもの発達という変化，父親，母親のライフコースという時間軸を縦軸にすえて，ペアレンティング教育について提案し，その効果を検討することによって，養育者はどのように子どもの発達に寄与するか―という視点で，プロセスを説明することが求められるのである。

　父親の多様なライフコースという視点からは，本研究で得られた概念モデルには多様性を捉えられるように改善を図らなくてはならないだろう。但し，本研究で用いた概念図，概念モデル，分析モデルをたたき台として用いて，

---

[18]アメリカの父親の就業時間が短く，末子の年齢が大きく，子どもの数が多いほど，母親が有業であり，就業にたいする父親の態度が肯定的であるほど，父親の育児参加は多いことが示されている。

父親・母親の属性，家族の構造，子どもの年齢，発達領域を超えて適用できる，融通性のある「父親の育児参加と母親のかかわりが子どもの発達に関連することを説明するプロセスモデル」を提案し，検証することが今後の課題である。その際，先述したようにエクソ，メゾ，ミクロの視点を取り入れる必要があると考えられる。また社会構造的要因，文化的，歴史的視点などから置かれている状況をマクロの視点から位置づける工夫が求められるだろう。本研究では，母親の変数も取り入れて検討することによって，より応用可能なペアレンティング教育への示唆を得ることが可能になった。そのことによって，日本の子どもの社会的行動における親の役割について新しい示唆を得ることができ，さらに父親を対象とするペアレンティング教育の可能性を広げたともいえよう。先行研究において，これまで積み重ねられてきた理論のパワーには目を見張るものがあった。そのような先行研究のパワーに後押しされて，個別に検討されてきた理論枠組みを試行的に組み合わせてみるチャンスをこの論文で得られたことは研究面での大きな刺激になった。今後もこのような取り組みが拡張できることを願っている。

あ と が き

　本書は，2010年度お茶の水女子大学大学院人間文化研究科に提出した博士学位論文（博甲第622号）「父親と母親のペアレンティングはどのように未就園児の社会的行動に影響を及ぼすのか―包括的理論の構築とその実証的検討」に加筆・修正をしたのち，平成28年度「川口短期大学研究叢書」の出版助成を受けて，刊行されました。川口短期大学峯岸進学長はじめ，こども学科本田貴侶学科長，川口短期大学研究叢書刊行委員会に心よりお礼申し上げます。

　博士論文を執筆する際には，指導教授であるお茶の水女子大学基盤研究院人間科学系　石井クンツ昌子教授には，非常にていねいにご指導をいただきました。研究に対する情熱，真摯な態度，研究に必要な広い視野と論理の組み立て，それを裏づける理論の学習，統計分析法など，研究者としての態度とスキルについて，多くを学ばせていただきました。さらに現在まで継続している『IT 社会の子育てと家族・友人関係：日本，韓国，米国，スウェーデンの国際比較から』の研究代表のお立場から，他の研究メンバーとともに厳しいご指導をいただいております。心より感謝申し上げます。

　またお茶の水女子大学名誉教授（現　宇都宮共和大学副学長）牧野カツコ先生には，私が長年勤務しておりました日立家庭教育研究所の実践の重要性や研究につなげる面白さを教えていただきました。先生は日立家庭教育研究所の立ち上げに関わられ，長年日立教育財団の家庭教育研究委員を務められました。IT 社会の子育てと家族関係の研究においてもご指導いただき，感謝しております。

　博士論文の副査としてご指導いただきましたお茶の水女子大学人間文化創成科学研究科　榊原洋一教授，菅原ますみ教授，平岡公一教授，青木紀久代

准教授には，審査会の過程で，包括的理論枠組みの構想，分析方法，文献，結果の解釈，考察の書き方など多くのご指導により，博士論文としてまとめることができました。さらに帝京大学　近藤清美教授には，愛着理論についてご教示頂き，ご一緒に研究する機会も得ることができ，実践と研究を統合する姿勢を学ばせていただきました。

　以前勤務していた財団法人小平記念日立教育振興財団　日立家庭教育研究所は，平成27年3月にその使命を終えましたが，家庭教育研究所に通ってくださったご家族の方々には，研究所の活動に対してご理解，ご協力いただきましたことに心よりお礼申し上げます。親子教室の保育士スタッフ，心理スタッフ，日立製作所の方々，家庭教育研究委員会の先生方には，これまで大変お世話になり，皆様との日々があったからこそ，今の私があることを思って感謝しております。

　風間書房の風間敬子さん，斉藤宗親さんには，きめ細かく確かな編集作業を進めていただき，本書の出版に至りました。ここに感謝申し上げます。

　このようにたくさんの方々のご支援を受けて，博士論文を本書にまとめ，刊行助成を受けることができたことに，この場をお借りしてお礼申し上げます。

　そして何よりも夫と息子たちに感謝しております。

　このように本研究は，多くのご支援のもと完成することができました。記して心より感謝いたします。

　2017年2月

　　　　　　　　　　　　　　　　　　　　　　　　　加藤邦子

文献リスト

Adams, J. M., & Jones, W. H. (1999). Interpersonal Commitment in Historical Perspective, In J. M. Adams & W. H. Jones (Eds.), *Handbook of Interpersonal Commitment and Relationship Stability*. NY: Kluwer Academic/Plenum Publishers.

Ainsworth, M. D. S., Blehar, M. C., Waters, E., & Wall, S. (Eds.). (1978). *Patterns of attachment: A Psychological study of the strange Situation*, Hillsdale, NJ: Erlbaum.

Aldous, J. (1990). Specification and speculation concerning the politics of workplace family policies. *Journal of Family Issues*, 11: 355-367.

Amato, P. R., & Gilbreth, J. G. (1999). Nonresidential fathers and children's well-being: a meta-analysis. *Journal of Marriage and the Family*, 61, No. 2: 557-573.

Amato, P. R., & Rivera, F. (1999). Paternal Involvement and Children's Bedhavior Problems, *Journal of Marriage and the Family*, 61: 375-384.

安藤智子，岩藤裕美，荒牧美佐子，無藤隆．(2006). 幼稚園児をもつ夫の帰宅時間と妻の育児不安の検討：子どもの数による比較，小児保健研究，65, No. 6: 771-779.

Aneshensel, C. S., Rutter, C. M., & Lachenbruch, P. A. (1991). Social Structure, Stress, and Mental Health: Competing Conceptual and Analytic Models, *American Sociological review*, 56: 166-178.

青木紀久代．(2000). 少子化とライフプラン．青木紀久代・神宮英夫（編），子どもを持たないこころ．京都：北大路書房．

青木紀久代．(2006). 平成17年度　児童関連サービス調査研究等事業報告書　インターネットによる子育てサークルのネットワーク化に関する調査研究．こども未来財団．

麻生武．(1996). ファンタジーと現実．東京：金子書房：27-139.

東洋，柏木惠子，Hess, R. D. (1981). 母親の態度・行動と子どもの知的発達：日米比較研究，東京：東京大学出版会．

Baumrind, D. (1971). Current patterns of parental authority. *Developmental Psychology Monographs*, 4, No. 1: 1-103.

Belsky, J. (1979). Mother-Father-Infant Interaction: A Naturalistic observational study. *Developmental Psychology*, **15**: 601-607.

Belsky, J. (1984). The Determinants of Parenting: A Process Model, *Child Development*, **55**: 83-96.

Belsky, J. (1986). A family analysis of parental influence on infant exploratory competence. In F. A. Pedersen (Ed.), *The Father-Infant Relationship: Observational studies in a family context*. New York: Praeger. 依田明 (監訳). 父子関係の心理学. 東京：新曜社. 101-126. (Original Work published 1980).

Belsky, J., Crnic, K., & Gable, S. (1995). The determinants of coparenting in families with toddler boys: spousal differences and daily hasseles, *Child Development*, **66**: 629-642.

Belsky, J., Gilstrap, B. & Rovine, M. (1984). The Pennsylvania infant and family development project, 1: stability and change in mother-infant and father-infant interaction in a family setting at one, three, and nine months. *Child Development*, **55**: 692-705.

Belsky, J., & Most, R. K. (1981). From exploration to play: a cross-aectional study of infant free play behavior. *Developmental Psychology*, **17**, No. 5: 630-639.

ベネッセ教育研究開発センター. (2006). 第3回ベネッセ幼児の生活アンケート報告書.

Bengtson, V. L., Acock, A. C., Allen, K. R., Dilworth-Anderson, P., & Klein, D. M. (2005). *Sourcebook of family theory & study*. Thousand Oaks, CA: Sage.

Bird, C. (1997). Gender differences in the social and economic burdens of parenting and psychological distress. *Journal of Marriage and the Family*, **59**: 809-823.

Biringen, Z., & Robinson, J. (1991). Emotional Availability in mother-child interactions: A Reconceptualization for research, *American Journal of Orthopsychiatric Association*, **61**, No. 2: 258-271.

Blau, P. M. (1964). *Exchange and Power in Social life*. NY: John Wiley & Sons.

Blumer, H. G. (1991). *Symbolic Interactionism: Perspective and Method*. Englewood Cliffs: Printice-Hall. 後藤将之 (訳). シンボリック相互作用論, 東京：勁草書房. (Original Work published 1969).

Bornstein, M. H. (2002). Parenting Infants', In M. H. Bornstein. (Ed.). *Handbook of parenting*, Vol. 1. Children and parenting. (second ed.). NJ: Lawrence Erlbaum.

Bornstein, M. H., Gini, M., Suwalsky, J. T. D., Putnick, D. L., & Haynes, M. (2006). Emotional availability in mother-child dyads: short-term stability and continuity from variable-centered and person-centered perspectives, *Merrill-Palmer Quarterly*, Vol. 52, No. 3: 547-571.

Bouchard, G. (2007). Fathers' motivation for involvement with their children, *Fathering*, 15,

Boyum, L. A., & Parke, R. D. (1995). The role of family emotional expressiveness in the development of children's social competence, *Journal of Marriage and the Family*, 57: 593-608.

Bowlby, J. (1976). *Attachment and Loss, Vol. 1. Attachment*, London: The Hogarth Press. 黒田実郎他（訳）. 母子関係の理論Ⅰ 愛着行動. 東京：岩崎学術出版社. (Original Work published 1969).

Broberg, A., Hwang, C. P., Wessels, H., & Lamb, M. E. (1997). Effects of day care on the development of cognitive abilities in 8-year-olds: A longitudinal study, *Developmental Psychology*, 33: 62-69.

Bronfenbrenner, U. (1979). *The Ecology of Human Development*. Cambridge, M.A.: Harvard Univ. Press.

Brotherson, S. E., & Dollahite, D. C. (1997). Generative ingenuity in fatherwork with young children with special needs, In A. J. Hawkins & D. C. Dollahite (Eds.), *Generative Fathering: beyond deficit perspectives*. CA: Sage.

Burke, P. J., & Tully, J. C. (1977). The measurement of role identity. *Social Forces*, 55, No. 4: 881-897.

Cabrera, N. J., Fitzgerald, H. E., Bradley, R. H., & Roggman, L. (2007). Modeling the dynamics of paternal influences on children over the life course, *Applied Development Science*, 11, No. 4: 185-189.

Cabrera, N. J., Shannon, J. D., & Tamis-LeMonda, C. (2007). Fathers' influence on their children's cognitive and emotional development: From toddlers to pre-K. *Applied Developmental Science*, 11(4). Special issue: Fatherhood: Understanding the impact of fathers on child development.: 208-213.

Cabrera, N. J., Tamis-LeMonda, C. S., Bradley, R. H., Hofferth, S., & Lamb, M. E. (2000). Fatherhood in the 21st century, *Child Development*, 71, No. 1: 127-136.

Cassidy, J. (1988). Child-mother attachment and the self in six-years-olds. *Child Development*, 59: 121-134.

Charon, J. H. (2007). *Symbolic interactionism: an introduction, and interpretation, an integration* (9th ed.). NJ: Prentice Hall: 74-78.

Clark-Stewart, K. A. (1986). The father's Contribution to children's cognitive and social development early childhood. In F. Pedersen (Ed.), *The father-infant relationship: Observational studies in a family context.* New York: Praeger, 依田明 (監訳). 父子関係の心理学. 東京：新曜社.：127-164. (Original Work published 1980).

Clark-Stewart, K. A., & Friedman, S. (1987). Child Development: Infancy through Adolescence. NY: John Wiley & Sons.

Coltrane, S. (2000). Research on household labor: modeling and measuring the social embeddedness of routine family work. *Journal of Marriage and Family*, **62**: 1208-1233.

Coltrane, S., & Ishii-Kuntz, M. (1992). Men's housework: a life course perspective. *Journal of Marriage and the Family*, **54**, No. 1: 43-57.

Cook, K. S., & Emerson, R. M. (1978). Power, equity and commitment in exchange network. *American Sociological Review*, **43**: 721-739.

Cowan, C. P., & Cowan, C. A. (2000). *When parteners become parents: The big life change for couples.* NY: Lawrence Erlbaum Associates.

Cox, M. J., Owen, M. T., Henderson, V. K., & Margand, N. A. (1992). Prediction of infant-father and infant-mother attachment. *Developmental Psychology*, **28**: 474-483.

Crokenberg, S. & Litman, C. (1990). Autonomy as competence in 2-year-olds: Maternal correlates of child defiance, compliance, and self-assertion. *Developmental Psychology*, **26**, No. 6: 961-971.

Crockett, L. J., Eggebeen, D. J., & Hawkins, A. J. (1993). Father's presence and young children's behavioral and cognitive adjustment, *Journal of Family Issues*, **14**, No. 3: 355-377.

Davidov, M., & Grusec, J. E. (2006). Untangling the links of parental responsiveness to distress and warmth to child outcomes. *Child Development*, **77**, No. 1: 44-58.

DeHart, G. B., Sroufe, L. A., & Cooper, R. G. (Eds.). (2003). *Child Development: Its nature and Course* (fifth ed.). N.Y.: McGraw Hill.

Demo, D. H., & Cox, M. J. (2000). Families with young children: a review of research in the 1990s, *Journal of Marriage and the Family*, **62**: 876-895.

Deutsch, F. M. (2007). Undoing Gender, *Gender & Society*, **21**, No. 1: 106-127.

Dienhart, A. (1998). *Reshaping Fatherhood: The social construction of shared par-*

enting. Thousand Oaks, CA: Sage.

Dienhart, A., & Daly, K. (1997). Men and women cocreating father involvement in a nongenerative culture. In A. J. Hawkins & D. C. Dollahite (Eds.), *Generative Fathering: Beyond Deficit Perspective*. CA: Sage.

Doherty, I. J., Kouneski, E. F., & Erickson, M. F. (1998). Responsible Fathering: An overview and conceptual framework, *Journal of Marriage and the Family*, **60**: 277-292.

Dollahite, D. C., Hawkins, A. J., & Brotherson, S. E. (1997). Fatherwork: a conceptual ethic of fathering as generative work, In A. J. Hawkins & D. C. Dollahite (Eds.), *Generative fathering beyond deficit perspectives*. Thousand Oaks, CA: Sage.

Duggan, A., Fuddy, L., McFarlane, E., Burrell, L., Windham, A., Higman, S., & Sia, C. (2004). Evaluating a statewide home visiting program to prevent child abuse in at-risk families of newborns: fathers' participation and outcomes. *Child Maltreatment*, **9**, Issue 1: 3-17.

Durkheim, E. (1971). *De la division du travail social*, Parls, P. U. F., 田原音和 (訳). 社会分業論. 東京：青木書店：355-359. (Original Work published 1893).

Easterbrooks, M. A., & Goldberg, W. A. (1984). Toddler development in the family: impact of father involvement and parenting characteristics, *Child Development*, **55**: 740-752.

江原由美子. (2004). ジェンダー意識の変容と結婚回避. 目黒依子・西岡八郎 (共編著). 少子化のジェンダー分析. 東京：勁草書房.

Edwards, C. P., & Liu, Wen-Li. (2002). Parenting Toddlers, In M. H. Bornstein. (Ed.). *Handbook of parenting*, Vol. 1. Children and parenting. (second ed.). NJ: Lawrence Erlbaum: 45-71.

Eisenberg, N., Fabes, R. A., & Murphy, B. C. (1996). Parents' reactions to children's negative emotions: relations to children's social competence and comforting behavior. *Child Development*, **67**: 2227-2247.

Emde, R. N. (1980). Emotional availability: a reciprocal reward system for infants and parents with implications for prevention of psychosocial disorders, In P. N. Taylar (Ed.), *Parent-infant relationships*, NY: Grune Stratton.

遠藤利彦. 江上由美子・鈴木さゆり. (1991). 母親の養育意識. 養育行動の規定因に関する探索的研究. 東京大学教育学部紀要, 31, 131-152.

Erickson, M. F., Sroufe, L. A., & Egeland, B. (1985). The relationship between quali-
ty of attachment and behavior problems in preschool in a high-risk sample., In
I. Bretherton & E. Waters (Eds.), *Growing points of attachment theory and
research. Monographs of the society for Research in Child Development*, 50:
147–166.

Erikson, E. H. (1989). *The life cycle completed*, NY: Norton. 村瀬孝雄・近藤邦夫
(訳). ライフサイクル, その完結. 東京：みすず書房. (Original Work pub-
lished 1982).

Evenson, R. J., & Simon, R. W. (2005). Clarifying the relationship between panrent-
hood and depression, *Journal of Health and Social Behavior*, 46: 341–358.

Fabes, R. A., Eisenberg, N., & Eisenberg, L. (1993). Behavioral and physiological
correlates of children's reactions to others in distress, *Developmental Psycholo-
gy*, 29, No. 4: 655–663.

Fabes, R. A., Eisenberg, N., Karbon, M., Bernzweig, J., Speer, A. L., & Carlo, G.
(1994). Socialization of children's vicarious emotional responding and prosocial
behavior: relations with mothers' perceptions of children's emotional reactivity,
Developmental Psychology, 30, No. 1: 44–55.

Farrell, D., & Rusbult, C. E. (1981). Exchange variables as predictors of job satis-
faction, job commitment, and turnover: the impact of rewards, costs, alterna-
tives, and investments. *Organizational Behavior and Human Performance*, 28:
78–95.

Feldman, R. (2003). Infant-mother and infant-father synchrony: the coregulation
of positive arousal, *Infant Mental Health Journal*, 24, No. 1: 1–24.

Fenson, L., & Ramsay, D. S. (1980). Decentration and integration of the child's play
in the second year. *Child Development*, 51: 171–178.

Figueredo, A. J., & McCloskey, L. A. (1993). Sex, money, and paternity: the evolu-
sionary psychology of domestic violence. *Ethology and Sociobiology*, 14:
353–379.

Fox, G. L., & Bruce, C. (2001). Conditional fatherhood: identity theory and parental
investment theory as alternative sources of explanation of fathering. *Journal of
Marriage and Family*, 63: 394–403.

藤本哲史. (2001). 働く親の就労特徴と子どもとの同伴行動. 渡辺秀樹編, 現代日本
の親子関係（家族生活についての全国調査（NFRJ98）報告書 No. 2-2）. 日本家

族社会学会・全国家族調査（NFR）研究会.

藤崎宏子. (2004). 福祉政策と家族変動－2つの制度領域間のインターフェイス－, 福祉社会学研究, 1：113-125. 東京：東信堂.

Fursternberg, F. F. Jr. (1990). Divorce and the American family, *Annual Review of Sociology*, 16: 379-403.

Gable, S., Crnic, K., & Belsky, J. (1994). Coparenting within the family system: influences on children's development. *Family Relations*, 43: 380-86.

Garvey, C. (1980). *Play*. England: Harvard University Press. 高橋たまき（訳).「ごっこ」の構造－子どもの遊びの世界－. 東京：サイエンス社. (Original Work published 1977).

Giddens, A. (1995). *The transformation of intimacy: sexuality, love and eroticism in modern societies*. Cambridge, England: Polity Press. 松尾精文・松川昭子（訳). 親密性の変容－近代社会におけるセクシュアリティ, 愛情, エロティシズム, 東京：而立書房. (Original Work published 1992).

Glenn, N. D., & McLanahan, S. (1982). Children and marital happiness: A further specification of the relationship, *Journal of Marriage & the Family*, 44, No. 1: 63-72.

Greenstein, T. N. (1996). Husbands' participation in domestic labor: Interactive effects of wives' and husbands' gender ideologies. *Journal of Marriage and Family*, 58: 585-595.

Grossmann, K., Grossmann, K. E., Fremmer-Bombik, E., Kindler, H., Scheuerer-Englisch, H., & Zimmermann, P. (2002). The uniqueness of the child-father attachment relationship: fathers' sensitive and challenging play as a pivotal variable in a 16-year longitudinal study, *Social Development*, 11, No. 3: 307-331.

Grusec, J. E. (2001). Parenting: attitudes and beliefs. In N. J. Smelser, & P. B. Baltes, *International encyclopediaof the social & behavioral sciences*. Exeter, UK: Cambridge University Press: 11038-11041.

南風原朝和. (2002). 心理統計学の基礎：統合的理解のために. 東京：有斐閣.

Halleröd, B. (2005). Sharing of housework and money among Swedish couples: Do they behave rationally? *European Sociological review*, 21: 273-288.

繁多進. (1987). 幼児期の父子関係：2・3歳児の父親へのアタッチメント, 白百合女子大学紀要, 23：93-110.

Harris, J. R. (1995). Where is the child's environment? A group socialization theory of development. *Psychological Review*, **102**, No. 3: 458-489.

Hawkins, A. J., Christiansen, S. L., Sargent, K. P., & Hill, E. J. (1993). Rethinking fathers' involvement in child care: a developmental perspective. *Journal of Family Issues*, **14**, No. 4: 531-549.

Henley, K., & Pasley, K. (2005). Conditions affecting the association between father identity and father involvement, *Fathering*, **3**, No. 1: 59-80.

Hodapp, R. M., Goldfield, E. C., & Boyatzis, C. J. (1984). The use of effectiveness of maternal scaffolding in mother-infant games. *Child Development*, **55**: 772-781.

Hoffman, M. L. (1994). Discipline and internarization. *Developmental Psychology*, **30**: 26-28.

Homans, G. C. (1961). *Social behavior: its elementary forms*. Harcourt Brace Jovanovich, 橋本茂（訳）.（1978）. 社会行動―その基本形態. 東京：誠信書房.

本田和子.（2007）. 子どもが忌避される時代―なぜ子どもはうまれにくくなったのか, 東京：新曜社.

保坂恵美子.（2005）. 少子高齢化からみたジェンダー. 保坂恵美子（編著）. 比較ジェンダー論―ジェンダー学への多角的アプローチ. 京都：ミネルヴァ書房.

Ihinger-Tallman, M., Pasley, K., & Buehler, C. (1993). Developing a middle-range theory of father involvement postdivorce. *Journal of Family Issues*, **14**, No. 4: 57-77.

Impett, E. A., Beals, K. P., & Peplau, L. A. (2001). Testing the investment model of relatonship commitment and stability in a longitudinal study of married couples. *Current Psychology*, **20**, Issue 4: 312-327.

Isabella, R. A., & Belsky, J. (1991). Interactional synchrony and the origins of infant-mother attachment. *Child Development*, **62**: 373-384.

Ishii-Kuntz, M. (1992). Are Japanese families 'fatherless'? *Sociology and Sociological Research*, **76**: 105-110.

Ishii-Kuntz, M. (1993). Japanese fathers: work demands and family patterns. In J. C. Hood (Ed.), *Men, Work and Family*, Newbury Park: Sage: 45-67.

Ishii-Kuntz, M. (1996). A perspective on changes in men's work and fatherhood in Japan. *Asian Cultural Studies*, **22**: 91-107.

Ishii-Kuntz, M. (1998). Fathers' involvement and children's social network: a comparison between Japan and the United States, 家庭教育研究所紀要, **20**: 5-16.

Ishii-Kuntz, M. (2003). Balancing fatherhood and work: emergence of diverse masculinities in contemporary Japan. In J. E. Roberson & N. Suzuki (Eds.), *Men and masculinities in contemporary Japan- dislocating the salaryman doxa*, NY: RoutledgeCurzon: 198-216.

石井クンツ昌子. (2004). 父親の子育て参加と就学児の社会性に関する日米比較調査. 家族社会学研究, **16**, No. 1: 83-93.

石井クンツ昌子. (2007). 父親と青少年期の子どもの発達－父親は子どもの社会性にどのような影響を与えているのか. 耳塚寛明, 牧野カツコ (編著). 学力とトランジッションの危機－閉ざされた大人への道, 東京：金子書房：125-142.

石井クンツ昌子. (2009). 父親の役割と子育て参加－その現状と規定要因, 家族への影響について. 季刊家庭経済研究, **81**: 16-23.

石井クンツ昌子. (2009). IT 社会における育児期のインフォーマルネットワークと親子関係：日米比較から, 科研課題研究報告書.

Ishii-Kuntz, M., & Coltrane, S. (1992). Predicting the sharing of household labor: are parenting and housework distinct? *Sociological Perspectives*, **35**, No. 4: 629-647.

Ishii-Kuntz, M., Makino, K., Kato, K., & Tsuchiya, M. (2004). Japanese fathers of preschoolers and their involvement in child care. *Journal of Marriage and the Family*, **66**: 779-791.

Isley, S. L., O'Neil, R., Clatfelter, D., & Parke, R. D. (1999). Parent and child expressed affect and children's social competence: modeling direct and indirect pathways, *Developmental Psychology*, **35**, No. 2: 547-560.

岩間暁子. (2004). 既婚男女の出生意欲にみられるジェンダー構造, 目黒依子・西岡八郎. (編著). 少子化のジェンダー分析. 東京：勁草書房.

Johnson, D. J. & Rusbult, C. E. (1989). Resisting temptation: devaluation of alternative partners as a means of maintaining commitment in close relationships. *Journal of Personality and Social psychology*, **6**: 967-980.

Johnson, M. P., Caughlin, J. P., & Huston, T. L. (1999). The tripartite nature of marital commitment: personal, moral, and structural reasons to stay married. *Journal of Marriage and the Family*, **61**: 160-177.

Jöreskog, K. G., & Sörbom, D. (1986). *Lisrel User's guide*, Mooresville. In Scientific Software.

賀茂美則. (2001). Determinants of the quality of psychological relationship between parents and children in Japan. 渡辺秀樹編. 現代日本の親子関係（家族生

活についての全国調査（NFRJ98）報告書 No.2-2）．日本家族社会学会・全国家族調査（NFR）研究会．

賀茂美則．（2004）．親子関係の質とその決定要因，In 渡辺秀樹・稲葉昭英・嶋崎尚子．（編著）．現代家族の構造と変容．東京：東京大学出版会．

金子勇．（2006）．少子化する高齢社会．東京：日本放送出版協会．

柏木惠子．（編著）．（1993）．父親の発達心理学－父性の現在とその周辺．東京：川島書店．

柏木惠子，若松素子．（1999）．親となる」ことによる人格発達：生涯発達的視点から親を研究する試み．発達心理学研究，**5**: 72-83．

春日キスヨ．（1989）．父子家庭を生きる－男と親の間－．東京：勁草書房．

加藤邦子．（2001）．母子の相互関係の３つのタイプのちがい－３歳児の社会性への影響．家庭教育研究所紀要，**23**: 121-130．

加藤邦子．（2004）．男性における仕事と育児の両立要因－充実感をもつためのモデルの検討．家庭教育研究所紀要，**26**: 110-127．

加藤邦子．（2007a）．母親の抑うつと育児への対処・子どもの育てにくさとの関連－２歳児の情緒発達リスク．家庭教育研究所紀要，**29**：107-117．

加藤邦子．（2007b）．父親，母親が子どもへのコミットメントを維持する要因．家族社会学研究，**19**，No.2: 7-19．

加藤邦子．（2008a）．父子相互のふり遊びにおけるイメージ共有過程の質的分析：シンボリック相互作用論の立場から．人間文化創成科学論叢，**11**: 477-487．

加藤邦子．（2008b）．２歳～３歳の子どもとその親の関係性のコホート比較－1992～1994年と2003～2005年－，家族関係学，**27**: 59-72．

加藤邦子．（2009a）．育児期の父親が子どもとの関係性を高める要因－フォーカス・グループ・インタビューの質的分析．*PROCEEDINGS*，**08**: 23-35．

加藤邦子．（2009b）．父親の子どもへのコミットメントを規定する要因－Rusublt の投資理論の拡張モデルを専業主婦家庭に用いて．*PROCEEDINGS*，**08**: 37-47．

加藤邦子，飯長喜一郎　編著．（2006）．子育て世代，応援します！ －保育と幼児教育の場で取り組む“親の支援”プログラム．東京：ぎょうせい．

加藤邦子，石井クンツ昌子，牧野カツコ，土谷みち子．（2002）．父親の育児かかわり及び母親の育児不安が３歳児の社会性に及ぼす影響：社会的背景の異なる２つのコホート比較から．発達心理学研究，**13**，No.1：30-41．

加藤邦子，近藤清美．（2007）．３歳児における父子と母子の遊びタイプの比較．発達心理学研究，**18**，No.1: 35-44．

加藤邦子，中野由美子，土谷みち子，小野寺敦子，数井みゆき．(1996)．養育行動の柔軟性・硬さと育児参加．牧野カツコ，中野由美子，柏木惠子．(編)．子どもの発達と父親の役割．京都：ミネルヴァ書房：135-146.

Karrass, J., & Braungart-Rieker, J. M. (2004). Infant negative emotionality and attachment: Implications for preschool intelligence. *International Journal of Behavioral Development*, 28 (3): 221-229.

数井みゆき，無藤隆，園田菜摘．(1996)．子どもの発達と母子関係・夫婦関係：幼児を持つ家族について．発達心理学研究，13, No. 1: 31-40.

数井みゆき，中野由美子，土谷みち子，加藤邦子，綿引伴子．(1996)．子どもとのかかわり，父母比較，牧野カツコ，中野由美子，柏木惠子 (編)，子どもの発達と父親の役割．京都：ミネルヴァ書房：98-106.

Kelley, H. H, & Thibaut, J. W. (1995). *Interpersonal relations: a theory of interdependence*. N Y: John Wiley & Sons, 黒川正流 (監訳)．対人関係論．東京：誠信書房．(Original Work published 1978).

Kessler, R. C., & McRae, J. A. Jr. (1982). The effect of wives' employment on the mental health of married men and women. *American Sociological Review*, 47: 216-227.

Klein, D. M. (2005). The Cyclical Process of Theory and Data in Science, In V. L. Bengtson, A. C.Acock, K. R. Allen, P. Dilworth-Anderson & D. M. Klein (Eds.), *Sourcebook of Family & Research*, Thousand Oaks: Sage: 17-18.

Klein, D. M., & White, J. M. (1996). *Family Theories*. Thousand Oaks, C.A.: Sage.

Knoester, C., Petts, R. J., & Eggebeen, D. J. (2007). Commitments to fathering and the well-being and social participation of new, disadvantaged fathers. *Journal of Marriage and the Family*, 69: 991-1004.

Kochanska, G., Aksan, N., Prisco, T. R., & Adams, E. E. (2008). Mother-child and father-child mutually responsive orientation in the first 2 years and children's outcomes at preschool age: mechanisms of influence. *Child Development*, 79, No. 1: 30-44.

小嶋秀夫．(1993)．"発達"，森岡清美，塩原勉，本間康平 (編集代表)．新社会学辞典，東京：有斐閣．

経済企画庁．(1992)．国民生活白書．平成 4 年版．

国立女性教育会館 (編.)．(2006)．平成16年度・17年度 家庭教育に関する国際比較調査報告書．

国立社会保障・人口問題研究所．（2000）．現代日本の家族変動：第2回全国家庭動向
調査．

国立社会保障・人口問題研究所．（2007）．現代日本の家族変動：第3回全国家庭動向
調査．

近藤清美．（2001）．アタッチメントの形成と発達．岡野恒也（監修）．社会性の比較
発達心理学．東京：ブレーン出版．

Koslowsky, M.（2001）. Career Commitment as a Predictor of Behavioral Outcomes. *The Journal of Social Psychology*, **127**, Issue 5: 435-444.

厚生労働省．（2001）．第1回21世紀出生児縦断調査（平成13年度）．

厚生労働省．（2007）．平成19年度　雇用均等基本調査．

厚生労働省．（2008）．労働経済白書　平成20年版．

厚生労働省（2016）．Electronic. Reference file:///C:/Users/User/AppData/Local/Microsoft/
Windows/INetCache/IE/9FDUFJIL/kyoten_kasho26.pdf. Retrieved August 14, 2016.

厚生労働省（2015）．Electronic Reference. http://www.mhlw.go.jp/stf/houdou/0000099975.html. Retrieved August 15, 2016.

Kuczynski, L., & Kochanska, G.（1990）. Development of children's noncompliance strategies from toddlerhood to age 5. *Developmental Psychology*, **26**: 398-408.

Lamb, M. E.（Ed.）.（1981）. *The Role of The Father in Child Development*. NY: John Wiley Sons. 久米稔，服部広子，小関賢，三島正英．（訳）．父親の役割：乳幼児の発達とかかわり．東京：家政教育社．（Original Work published 1976）.

Lamb, M. E.（1982）. Annotation paternal influences on early socio-emotional development. *Journal of Child Psychology and Psychiatry*, **23**, No. 2: 185-190.

Lamb, M. E.（1987）. Predictive implications of individual differences in attachment. *Journal of Consulting and Clinical Psychology*, **55**: 817-824.

Lamb, M. E.（Ed.）.（2004）. *The Role of The Father in Child Development (4th ed.)*. Hoboken, NJ: John Wiley Sons.

Lamb, M. E., Pleck, J. H., Charnov, E. L., & Levine, J. A.（1985）. Paternal behavior in humans. *American Zoologist*, **25**: 883-894.

Lamb, M. E., Bornstein, M. H.（Eds.）.（2011）. Social and Personality Development. NY: Psychology Press.

Lapsley, D. K., & Power, F. C.（1988）. *Self, ego, and identity: integrative approach-*

es. NY: Springer-Verlag.

LaRossa, R. (1988). Fatherhood and social change. *Family Relations*, **37**: 451-457.

LaRossa, R., & Reitzes, D. C. (1993). Continuity and change in middle class fatherhood, 1925-1939: The culture-conduct connection. *Journal of Marriage and the Family*, **55**: 455-468.

Leslie, L. A., Anderson, E. A., & Branson, M. P. (1991). Responsibility for Children: the role of gender and employment. *Journal of Family Issues*, **12**, No. 2: 197-210.

Levant, R. F. (1988). Education for Fatherhood, In P. Bronstein & C. P. Cowan (Eds.), *Fatherhood today: men's changing role in the family*. NY: John Wiley & Sons, 253-275.

Lewis, C., & Lamb, M. E. (2003). Fathers' influences on children's development: the evidence from two-parent families. *European Journal of Psychology of Education*, **18**: 211-228.

Lewis, T. E. (2000). Fathers' involvement and perceptions of childrearing in two-parent families. *Dissertation Abstracts International*. **60**, 8A: 2799.

Lindesmith, A. R., Strauss, A., & Denzin, N. K. (1981). *Social Psychology (5th ed.)*. Holt, Rinehart and Winston. 船津　衛（訳）．社会心理学－シンボリック相互作用論の展開．東京：恒星社厚生閣．（Original Work published 1978）.

Maccoby, E. E., Depner, C. E., & Mnookin, R. H. (1990). Co-parenting in the second year after divorce. *Journal of Marriage and the Family*, **52**: 141-155.

MacDonald, K., & Parke, R. D. (1984). Bridging the Gap: Parent-Child Play Interaction and Peer Interactive Competence, *Child Development*, **55**: 1265-1277.

Macfie, M., Houts, R. M., McElwain, N. L., & Cox, M. J. (2005). The Effect of Father-Toddler and Mother-Toddler Role Reversal on the Development of Behavior Problems in Kindergarten, Social Development, **14**: 514-531.

牧野カツコ．(1982)．乳幼児をもつ母親の生活と育児不安，家庭教育研究所紀要，3: 34-56.

牧野カツコ．(1983)．働く母親と育児不安，家庭教育研究所紀要，4: 67-76.

牧野カツコ．(1988)．育児不安の概念とその影響要因についての再検討，家庭教育研究所紀要，10: 23-31.

牧野カツコ．(1992)．子育て：Child rearing, Parenting, 家族関係学，11: 29-37.

牧野カツコ．(2006)．子育て支援，国立女性教育会館（編）．平成16年度・17年度家庭教育に関する国際比較調査報告書．197-238.

牧野カツコ，中西幸夫．（1985）．乳幼児をもつ母親の育児不安―父親の生活および意識との関連，家庭教育研究所紀要，6: 11-24.

Marks, S. R. (1994). What is a pattern of commitment. *Journal of Marriage and the Family*, 56: 112-115.

Marks, S. R., & McDermid, S. M. (1996). Multiple roles and the self: A theory of role balance. *Journal of Marriage and the Family*, 58: 417-432.

Marsiglio, W. (1995). Fathers' diverse life course patterns and roles: theory and social interventions. In W. Marsiglio (Ed.), *Fatherhood: contemporary theory, research, and social policy*. Thousand Oaks, CA: Sage: 8-101.

Marsiglio, W., Amato, P., Day, R. D., & Lamb, M. E. (2000). Scholarship on fatherhood in the 1990s and beyond. *Journal of Marriage and the Family*, 62: 1173-1191.

Marsiglio, W., Cohan, M. (2000). Contextualizing father involvement and paternal influence: sociological and qualitative themes. *Marriage & Family Review*, 29 (2-3), Special issue: fatherhood: research, interventions and policies. Part I: 75-95.

Mattanah, J. F. (2005a). Authoritative parenting, parental scaffolding of long-division mathematics, and children's academic competence in fourth grade. *Journal of Applied Developmental Psychology*, 26, No. 1: 85-106.

Mattanah, J. F. (2005b). Authoritative parenting and the encouragement of autonomy. In P. A. Cowan, C. P. Cowan, C. Ablow, V. K. Johnson, & J. R. Measelle. *The Family Context of Parenting in Children's Adaptation to Elementary School*. Mahwah, NJ: Lawrence Erlbaum.

松田茂樹．（2006）．育児期の夫と妻のワーク・ファミリー・コンフリクト―合理性見解対ジェンダー役割見解―．家族社会学研究，18，No. 1: 7-16.

松田茂樹．（2008）．何が育児を支えるのか―中庸なネットワークの強さ．東京：勁草書房．

McBride, B. A., & Mills, G. A. (1993). Comparison of mother and father involvement with their preschool age children. *Early Childhood Research Quarterly*, 8, No. 4: 457-477.

McBride, B. A., & Rane, T. R. (1997). Role identity, role investments, and paternal involvement: Implications for parenting programs for men. *Early Childhood Research Quarterly*, 12, No. 2: 173-197.

McBride, B. A., & Rane, T. R. (1998). Parenting alliance as a predictor of father involvement: an exploratory study. *Family Relations*, **47**, No. 3: 229-236.

McBride, B. A., Schoppe, S. J., & Ranem, T. R. (2002). Child characteristics, parenting stress, and paternal involvement: fathers versus mothers, *Journal of Marriage and Family*, **64**: 998-1011.

McCartney, K., & Phillips, D. (2006). *Blackwell Handbook of Early Childhood development*. MA: Blackwell.

McHale, J. P., Lauretti, A., Talbot, J., & Puuquette, C. (2002). Retrospect and prospect in the psychological study of coparenting and family process. In J. P. MaHale, & W. S. Grolnick. Retrospect and prospect in the psychological study of families. Mahwah, NJ: Lawrence Erlbaum: 127-165.

McLanahan, S., & Adams, J. (1987). Parenthood and psychological well-being, *Annual Review of Sociology*, **5**: 237-257.

Mead, G. H. (1973). *Mind, Self and Society—from the standpoint a Social behaviorist*. Chicago: Chicago University of Chicago Press. 稲葉三千男，滝沢正樹，中野収（訳.），精神・自我・社会 現代社会学体系10．東京：青木書店．(Original work published 1934).

目黒依子．(1987). 個人化する家族．東京：勁草書房．

目黒依子，西岡八郎（編著）．(2004). 少子化のジェンダー分析．東京：勁草書房．

Minuchin, P. (1985). Families and individual development: Provocations from the field of family therapy. *Child Development*, **56**: 289-302.

森岡清美．(2005). 発展する家族社会学―継承・摂取・創造．東京：有斐閣．

文部科学省．(2009). 幼稚園教育要領．

内閣府．ElectricReference. http://www8.cao.go.jp/shoushi/shoushika/whitepaper/measures/w-2015/27webgaiyoh/html/gb1_s1-1.html. Retrieved August 14, 2016.

永井暁子．(2004). 男性の育児参加．渡辺秀樹，稲葉昭英，嶋崎尚子．(編). 現代家族の構造と変容：全国家族調査［NFRJ98］による計量分析，東京：東京大学出版会．

永井暁子．(2005). 子との関係．研究代表　藤見純子．第 2 回家族についての全国調査（NFRJ03）第一次報告書．，日本家族社会学会全国家族調査委員会：77-111.

中村雅彦．(1990). 大学生の友人関係の発展過程に関する研究―関係関与性を予測する社会的交換モデルの比較検討．社会心理学研究，**5**, No. 1: 29-41.

中野由美子．（1992）．3歳児の発達と父子関係．家庭教育研究所紀要，14: 124-129.

中野由美子．（1999）．若い母親たちの現状と心理．中野由美子・土谷みち子．（編著）．21世紀の親子支援：保育者へのメッセージ．東京：ブレーン出版：68-101.

中野由美子，久慈洋子，岸千代子，奥野幾子，舟橋李子．（1985）．研究所報告 乳幼児期の親子関係と子どもの発達，遊び研究と今後の研究方向．家庭教育研究所紀要，6: 79-113.

中野由美子，久慈洋子，岸千代子，舟橋李子．（1986）．研究所報告 遊ぶ力の発達過程と関連要因．家庭教育研究所紀要，7: 71-77.

中津郁子．（1993）．幼稚園生活における幼児の不安感情（その1）：母親の育児不安・生活意識との関連性について．日本保育学会46回大会論文集：788-789.

Nangle, S. M., Kelley, M. L., Fals-Stewart, W., & Levant, R. F. (2003). Work and family variables as related to paternal engagement, responsibility, and accessibility in dual-earner couples with young children. *Fathering*, **1**, No. 1: 71-90.

直井道子．（2007）．「家庭の教育力」言説について思うこと．家族社会学研究，19，No. 2: 5-6.

NICHD Early Child Care Research Network. (2003). Does Quality of Child Care Affect Child Outcomes at Age41/2? *Developmental Pscyhology*, **39**, No. 3: 451-469.

NICHD Early Child Care Research Network. (2009). *The NICHD Study of Early Child Care and Youth Development: Findings for Children up to Age 4 1/2 Years*. U.S.A.: National Institute of Health. 日本子ども学会（編）．菅原ますみ・松本聡子（訳）．保育の質と子どもの発達 アメリカ国立小児保健・人間発達研究所の長期追跡研究から．東京：赤ちゃんとママ社．(Original Work published 2006).

日本女子社会教育会．（1995）．家庭教育に関する国際比較調査報告書―子どもの家庭生活についての調査.

西岡八郎．（2004）．男性の家庭役割とジェンダーシステム―夫の家事・育児行動を規定する要因．目黒依子・西岡八郎（編）．少子化のジェンダー分析．東京：勁草書房：174-196.

庭野晃子．（2007）．父親が子どもの「世話役割」へ移行する過程―役割と意識との関係から．家族社会学研究，18: 103-114.

OECD.（2005）．*Babies and Bosses: Reconciling Work and Family Life- Austria, Ireland and Japan- volume 2*. OECD. 高木郁朗（監訳）．麻生裕子，久保田喜美，

松信ひろみ（訳）．国際比較：仕事と家族生活の両立－日本・オーストリア，ア
イルランド．東京：明石書店．（Original Work published 2003）．

尾形和男，宮下一博．（1999）．父親の協力的関わりと母親のストレス，子どもの社会
性発達及び父親の成長．家族心理学研究，**13**, No. 2: 87-102.

O'Neil, R. & Greenberger, E., (1994). Patterns of commitment to work and parent-
ing: implications for role strain. *Journal of Marriage and the Family,* **56**(1):
101-118.

大日向雅美．（2001）．子育ての背景，子ども虐待への取り組み．別冊発達26．京都：
ミネルヴァ書房：118-126.

Osborne, C., & McLanahan, S. (2007). Partnership Instability and Child Well-Being,
Journal of Marriage and Family, **69**, No. 4: 1065-1083.

Palkovitz, R. (2002). Involved Fathering and Child Development: Advanced Our
Understanding of Good Fathering. In C. S. Tamis-LeMonda & N. Cabrera
(Eds.), *Handbook of Father Involvement: Multidisciplinary Perspective.* N.J.:
Lawrence Erlbaum Associates: 119-140.

Parcel, T. L., & Menaghan, E. G. (1994). Early parental work, family social capital,
and early childhood outcomes. *American Journal of Sociology,* **99**: 972-1009.

Parke, R. D. (1995). Fathers and Families. In M. H. Bornstein (Ed.), *Handbook of
Parenting. Vol. 3.* Mahwah, NJ: Laurence Erlbaum Associates: 27-63.

Parke, R. D., & Buriel, R. (1998). Socialization in the Family: Ethnic and Ecological
perspectives. In W. Damon & N. Eisenberg (Eds.), *Handbook of Child Psychol-
ogy, Vol. 3. Social, Emotional, and Personality development (5ᵗʰ ed.).* NY: Wi-
ley: 463-552.

Parke, R. D., Cassidy, J., Burks, V. M., Carson, J. L., & Boyum, L. (1992). Familial
Contribution to Peer Competence among Young Children: The Role of Interac-
tive and Affective Processes. In R. D. Parke & G. W. Ladd (Eds.), *Family-Peer
Relationships: Modes of Linkage.* Hillsdale, NJ: Erlbaum: 107-134.

Parke, R. D., & Sawin, D. B. (1986). The Family in Early Infancy: Social Interac-
tional and Attitudinal Analyses. In F. A. Pedersen (Ed.), *The Father-Infant
Relationship: Observational Studies in a Family Setting.* NY: Praeger: 44-70.
依田明監訳，1986，父子関係の心理学．東京：新曜社．（Original Work pub-
lished 1980）．

Parke, R. D., Simpkins, S. D., McDowell, D. J., Kim, M., Killian, C., Dennis, J., Flyr, M.

L., Wild, M., & Rah, Y. (2006). Relative contributions of families and peers to children's development. In P. K. Smith, & C. H. Hart (Eds.), Blackwell handbook of childhood social development. Oxford: Blackwell: 156-177.

Parsons, T., & Bales, R. F. (1981). *Family: Socialization and Interaction Process.* NY: Free Press. 橋爪貞雄, 溝口謙三, 高木正太郎, 武藤孝典, 山村賢明 (訳). 家族：核家族と子どもの社会化合本. 名古屋：黎明書房. (Original Work published 1955).

Pearlin, L. I. (1989). The Sociological Study of Stress. *Journal of Health and Social Behavior,* **30**: 241-256.

Pedersen, F. A., Anderson, B. J., & Cain, R. L. (1986). Parent-infant and husband-wife interactions observed at age five months. F. A. Pedersen (Ed), *The Father-Infant Relationship.* NY: Praeger. 依田明 (監訳), 1986, 父子関係の心理学. 東京：新曜社. (Originl Work published 1980).

Pederson, D. R., & Moran, G. (1995). A categorical description of infant-mother relationships in the home and its relation to Q-sort measures of infant-mother interaction. In E. Waters, B. E. Vaughn, G. Posada, & K. Kondo-Ikemura (Eds.), Caregiving, Cultural, and Cognitive Perspectives on Secure-Base Behavior and Working Models: New Growing Points of Attachment Theory and Research, *Mongraphs of the Society for Research in Child Development,* **244**, Vol. 60, No. 2-3: 111-132.

Pettit, G. S., & Dodge, K. A. (1993). Family interaction patterns and children's conduct problems at home and school. *School Psychology Review,* **22**, Issue 3: 403-421.

Pettit, G. S., & Mize, J. (1993). Substance and style: Understanding the Ways in Which Parents Teach Children About Social Relationships, In S. Dick (Ed.), *Learning about Relationships.* Thousand Oaks: Sage.

Phares, V. (1996). Conducting nonsexist research, prevention, and treatment with fathers and mothers: a call for a change. *Psychology of Women Quarterly,* **20**: 55-77.

Pleck, J. H. (1985). *Working Wives/Working Husband.* Beverly Hills: Sage: 119-136.

Pleck, J. H., & Masciadrelli, B. P. (2004). Paternal involvement by U.S. residential fathers: levels, souces, and consequences, In M. E. Lamb (Ed.), *The Role of the Father in Child Development (4th ed.).* NY: John Wiley and Sons: 222-271.

Pleck, J. H. (2007). Why could father involvement benefit children? theoretical perspectives. *Applied Development Science*, 11, No. 4: 196-203.

Rallings, E. M., & Nye, F. I. (1979). Wife-mother employment, family, and society, W. R. Burr, R. Hill, F. I. Nye & I. L. Reiss (Eds.), *Contemporary theories about the family, Vol. 1*, NY: The Free Press: 203-226.

Rane, T. R., & McBride, B. A. (2000). Identity theory as a guide to understanding fathers' involvement with their children. *Journal of Family Issues*, 21, No. 3: 347-366.

Rhatigan, D. L., & Axsom, D. K. (2006). Using the Investment Model to Understand Battered Women's Commitment to Abusive Relationships. *Journal of Family Violence*, 21: 153-162.

Roggman, L. A., Fitzgerald, H. E., Bradley, R. H., & Raikes, H. (2002). Methodological, measurement and design issues in studying fathers: an interdisciplinary perspective. In C. S. Tamis-LeMonda & N. Cabrera (Eds.), *Handbook of Father Involvement: Multidisciplinary perspectives*. Mahwah, NJ: Erlbaum: 1-30.

Ross, C. E. (1987). The division of labor at Home. *Social Forces*, 65 No. 3: 816-833.

Ross, C. E., & Willigen, M. V. (1996). Gender, Parenthood, and Anger. *Journal of Marriage and the Family*, 58: 572-584.

Rubin, K. T., Hastings, P. D., Stewar, S. L., Henderson, H. A., & Chen, X. (1997). The consistency and concomitants of inhibition: some of the children, all of the time. *Child Development*, 68, No. 3: 467-483.

Rusbult, C. E. (1980). Commitment and satisfaction in romantic associations: a test of the investment model. *Journal of Experimental Social Psychology*, 16: 172-186.

Rusbult, C. E. (1983). A longitudinal test of the investment model: the development (and Deterioration) of satisfaction and commitment in heterosexual involvements. *Journal of Personality and Social Psychology*, 45 No. 1: 101-117.

Rusbult, C. E., & Martz, J. M. (1995). Remaining in an abusive relationship: an investment model analysis of nonvoluntary dependence. *Personality and Social Psychology Bulletin*, 21: 558-571.

Rusbult, C. E. & Farrell, D. (1983). A longtitudinal test of the investment model: the impact on job satisfaction, job commitment, and turnover of variations in rewards, costs, alternatives, and investments. *Journal of Applied Psychology*,

68, No. 3: 429-238.

Rutter, M. (1987). Psychosocial resilience and protective mechanism. *American Journal of Orthopsychiatry,* **57** No. 3: 316-331.

Saarni, C. (1999). *The Development of Emotional Competence,* NY: Guilford Press.

Sameroff, A. J. (1975). Transactional models in early social relationships, *Human Development,* **18**: 65-79.

Sarkadi, A., Kristiansson, R., Oberklaid, F., & Bremberg, S. (2008). Fathers' involvement and children's developmental outcomes: a systematic review of longitudinal studies. *Foundation Acta Pædiatrica/Acta Pædiatrica,* **97**: 153-158.

Sasaki, T. (2008). *What it means to be a good father?: a test of identity theory.* Unpublished doctoral dissertation, University of Texas at Austin.

Sawyer, R. K. (1997). *Pretend Play as Improvisation.* Mahwah, NJ: Lawrence Erlbaum Associates.

Schaffer, H. R. (2001). *Making Decisions about Children (Second ed.).* NY: Blackwell, Publishers. 無藤隆, 佐藤恵理子（訳）, 子どもの養育に心理学が言えること. 東京：新曜社.（Original Work published 1990).

Schaffer, H. R., & Emerson, P. E. (1964). The Development of Social Attachments in infancy. *Monographs of the Society for Research in Child Development,* **29**, No. 3: 1-77.

Schneider-Rosen, K., & Cicchetti, D. (1984). The relationship between affect and cognition in maltreated infants: Quality of attachment and the development of visual self-recognition. *Child Development,* **55**: 648-658.

Shwalb, D. W., Kawai, H., & Tsunetsugu, K. (1997). The middle class Japanese father: a survey of parents of preschoolers. *Journal of Applied Developmental Psychology,* **18**: 497-511.

Sieber, S. D. (1974). Toward a theory of role accumulation. *American Sociological Review,* **39** (August): 567-578.

Simon, R. W. (1995). Gender, multiple roles, role meaning, and mental health. *Journal of Health and Social Behavior,* **36**, No. 2: 182-194.

Simon, R. W. (1997). The Meanings Individuals attach to role identities and their implications for mental health. *Journal of Health and Social Behavior,* **38**, No. 3: 256-274.

Snarey, J., Son, L., Kuehne, V., Hauser, S., & Vailliant, G. (1987). The role of parenting in men's psychosocial development: a longitudinal study of early adulthood infertility and midlife generativity. *Developmental Psychology,* **23**: 593-603.

Sroufe, L. A. (1996). *Emotional development: the organization of emotional Life in the early years.* Cambridge: Cambridge University Press: 151-171.

Sroufe, L. A. & Rutter, M. (1984). The domain of developmental psychopathology. Child Development, **55**: 17-29.

総務庁統計局. (1999). 日本統計年鑑第48回平成11年版.

総務省統計局. (2006). 平成18年社会生活基本調査.

Stanley, S. M., & Markman, H. J. (1992). Assessing commitment in personal relationships. *Journal of Marriage and the Family,* **54**: 595-608.

Stern, D. N. (2000). *The Motherhood Constellation: a unified view of parent-child psychotherapy.* NY: Basic Books. 馬場禮子・青木紀久代 (訳). 親－乳幼児心理療法－母性のコンステレーション. 東京：岩崎学術出版社. (Original Work published 1995).

Stets, J. E., & Burke, P. J. (2000). Identity theory and social identity theory. *Social Psychology Quarterly,* **63**, No. 3: 224-237.

Steele, H., Steele, M., & Fonagy, P., (1996). Associations among attachment classifications of mother, father, and their infants. *Child Development,* **67**: 541-555.

Stryker, S., & Burke, P. (2000). The past, present, and future of an identity theory. *Social Psychology Quarterly,* **63** Issue 4: 284-297.

菅原ますみ. (2005). 抑うつと母子・家族関係. 坂本真士・丹野義彦・大野裕 (編). 抑うつの臨床心理学. 東京：東京大学出版会.

菅原ますみ, 北村俊則, 島悟, 戸田まり. (1996). 妊娠・出産と母子保健(18)：母親の抑うつと乳幼児期の子どもの行動特徴との関連. 第6回発達心理学会大会論文集：99.

菅原ますみ, 北村俊則, 戸田まり, 島悟, 佐藤達哉, 向井隆代. (1999). 子どもの問題行動の発達：Externalizing な問題傾向に関する生後11年間の縦断研究から. 発達心理学研究, **10**, No. 1: 32-45.

菅原ますみ, 島悟, 戸田まり, 佐藤達哉, 北村俊則. (1994). 乳幼児期に見られる行動特徴－日本語版 RITQ および TTS の検討－. 教育心理学研究, **42**: 315-323.

多賀太. (2006). 男らしさの社会学－揺らぐ男のライフコース. 京都：世界思想社.

高橋たまき. (1979). 乳幼児期の遊び－その発達プロセス. 東京：新曜社.

Tamis-LeMonda, C. S., Shannon, J. D., Cabrera, N. J., & Lamb, M. E. (2004). Fathers and mothers at play with their 2-and 3-year-olds: contributions to language and cognitive development. *Child Development,* **75**, No. 6: 1806-1820.

Tamis-LeMonda, C. S., & Cabrera, N. (1999). Perspectives on father involvement: research and policy, social policy report. *Society for Research in Child Development,* **13**, No. 2: 1-32.

田中佑子，中澤潤，中澤小百合．(1996)．父親の不在が母親の心理的ストレスに及ぼす影響―単身赴任と帯同赴任の比較―．教育心理学研究，**44**: 156-165.

Teti, D. M., O'Connell, M. A., & Reiner, C. D. (1996). Parenting sensitivity, parental depression and child health: The mediational role of parental self-efficacy. Early Development & Parenting, **5**, No. 4: 237-250.

Thompson, R. A. (2000). The legacy of early attachments. *Child Development,* **71**: 145-152.

土谷みち子，飯長喜一郎，加藤邦子，数井みゆき．(1996)．父親の養育行動の柔軟性と子どもの発達．牧野カツコ，中野由美子，柏木惠子（編）．子どもの発達と父親の役割．京都：ミネルヴァ書房：159-171.

恒吉僚子．(2007)．子どもたちの三つの「危機」：国際比較から見る日本の模索．東京：勁草書房．

Umberson, D., & Gove, W. R. (1989). Parenthood and psychological wellbeing: theory, measurement, and stage in the family life course. *Journal of Family Issues,* **10**: 440-462.

Umberson, D., Chen, M. D., House, J. S., Hopkins, K., & Slaten, E. (1996). The effect of social relationships on psychological well-being: are men and women really so different? *American Sociological Review,* **61**: 837-857.

Valiente, C., Eisenberg, N., Shepard, S. A., Fabes, R. A., Cumberland, A. J., Losoya,S. H., & Spinrad, T. L. (2004). The relations of mothers' negative expressivity to children's experience and expression of negative emotion. *Journal of Applied Developmental Psychology,* **25** No. 2: 215-235.

van Dam, Karen. (2005). Employee attitudes toward job changes: an application and extension of Rusbult and Farrell's investment model. *Journal of Occupational & Organizational Psychology,* **78**, Issue 2: 253-272.

Vaughn, S., Schumm, J. S., & Sinagub, J. M. (1999). *Focus group interviews in education and psychology.* Thousand Oaks, CA: Sage. 井下理（監訳）．グループ・インタビューの技法．東京：慶應義塾大学出版会．(Original Work published

1996).

山本嘉一郎，小野寺孝義（編著）．(1999)．Amos による共分散構造分析と解析事例．京都：ナカニシヤ出版．

柳原佳子．(1995)．ジェンダーと権力構造．家族社会学研究，**7**: 23-32.

Walster, E., Berscheid, E., & Walster, G. W. (1973). New directions in equity research. *Journal of Personality and Social Psychology*, **25**: 151-176.

West, C., & Zimmerman, D. H. (1987). Doing Gender. *Gender & Society*, **1**, No. 2: 125-151.

WHO. (2016). Electronic. Reference http://www.who.int/gho/publications/world_health_statistics/2016/en/Retrieved August 14, 2016.

Wilson, M. N., & D'Amico, M. (2001). Parenting in ethnic minority families: Uniterd States. In N. J. Smelser, & P. B. Baltes, *International encyclopedia of the social & behavioral sciences*. Exeter, UK: Cambridge University Press: 11042-11045.

Wu, Z., Hou, F., & Schimmele, C. M. (2008). Family structure and children's psychosocial outcomes. *Journal of Family Issues*, **29**, No. 12: 1600-1624.

人 名 索 引

A

Acock, A. C. 35
Ainsworth, M. D. S. 28, 59, 70, 86, 192
Amato, P. R. 29, 61, 66, 86, 206
安藤智子 62
青木紀久代 213, 218
麻生 武 88, 89
東 洋 80, 94, 189

B

Bales, R. F. 29, 96
Belsky, J. 2, 27, 28, 30, 33, 34, 35, 43, 52,
 61, 71, 77, 79, 88, 89, 93, 94, 106, 107,
 113, 114, 175, 176, 185, 187, 195, 198,
 207
Bengtson, V. L. 35, 195
Biringen, Z. 70
Blumer, H. G. 27, 47, 51, 182
Bornstein, M. H. 2, 22, 34, 95
Bowlby, J. 28, 59, 86
Boyum, L. A. 83
Bronfenbrenner, U. 7, 26, 33, 176, 180,
 186, 193
Brotherson, S. E. 58, 59, 82, 131
Burke, P. J. 40, 66, 67

C

Cabrera, N. J. 30, 82–84, 91, 99, 200
Cassidy, J. 59, 83

Charon, J. H. 51, 85, 198
Clarke-Stewart, K. A. 30, 49, 90
Coltrane, S. 104, 219
Cowan, C. P. 56, 103
Crokenberg, S. 80

D

DeHart, G. B. 50, 108
Deutsch, F. M. 214
Dienhart, A. 87
Doherty, I. J. 97
Dollahite, D. C. 58, 59, 82, 98

E

Easterbrooks, M. A. 83
江原由美子 15
Eisenberg, N. 84
Emde, R. N. 70
遠藤利彦 79
Erickson, M. F. 97, 192, 209
Erikson, E. H. 86, 98

F

Fabes, R. A. 84
藤崎宏子 18

G

Garvey, C. 52, 88
Grossmann, K. 71
Grusec, J. E. 2, 91

H

繁多　進　4, 30, 87
Harris, J. R.　199, 216
Hawkins, A. J.　82, 87, 98
本田和子　19

I

Ihinger-Tallman, M.　40, 61, 66, 100, 206
石井クンツ昌子，Ishii-Kuntz, Masako
　4, 6, 25, 64, 87, 101, 102, 106, 195, 202,
　210, 218, 219

K

賀茂美則　99, 101
柏木惠子　80, 94, 189
加藤邦子　58-60, 64, 85, 87, 91, 99, 101,
　108, 127, 131, 132, 175, 190, 192, 203,
　210, 211, 213, 215, 219
数井みゆき　85, 102
Kelley, H. H.　62
Klein, D. M.　35, 36, 195
Kochanska, G.　81, 95
小嶋秀夫　49
近藤清美　70, 74, 91, 192
Kuczynski, L.　95

L

Lamb, M. E.　2, 29-31, 42, 61, 65, 66, 76,
　85, 91, 96, 98, 99, 179, 180, 186, 197, 200,
　206
LaRossa, R.　20, 21

M

Maccoby, E. E.　18, 38, 56, 82, 86
MacDonald, K.　83
牧野カツコ　2, 4, 21, 38, 39, 45, 61, 69, 73,
　87, 93, 101, 132, 188, 201, 219
Marsiglio, W　61, 66, 100, 206
McBride, B. A.　96, 97, 100, 214
McHale, J. P.　56
Mead, G. H.　26, 47, 50, 51, 85, 89
目黒依子　19, 103
Minuchin, P.　187
Moran, G.　59, 60, 70, 132, 199

N

永井暁子　19, 102, 106
中村雅彦　63
中野由美子　4, 52, 53, 85, 87, 125
中津郁子　93
Natanson, M.　47
西岡八郎　102, 105

O

尾形和男　97
大日向雅美　5

P

Palkovitz, R.　97
Parke, R. D.　30, 61, 83, 103, 216
Parsons, T.　29, 96
Pedersen, F. A.　30, 85
Pederson, D. R.　59, 60, 70, 132, 199
Pettit, G. S.　55, 81

人名索引　249

Pleck, J. H.　30, 42, 44, 83, 97, 101

R

Rubin, K. T.　80
Rusbult, C. E.　31, 32, 37-39, 41, 42, 46,
　58, 60, 62-64, 71-76, 99, 100, 109-114,
　119, 120, 175-179, 185, 186, 190, 191,
　194, 195, 200-205, 207

S

Saarni, C.　3, 65, 183
Sameroff, A. J.　107
Sawyer, R. K.　55
Schaffer, H. R.　56
Shwalb, D. W.　5, 205
Sieber, S. D.　215
Snarey, J.　86
Sroufe, L. A.　3, 26, 50, 56, 65, 72, 108
Steele, H.　70

Stern, D. N.　213
Stets, J. E.　40
菅原ますみ　91, 93, 107

T

多賀　太　12, 102, 181
Tamis-LeMonda, C. S.　82, 84, 91, 99,
　200
Thibaut, J. W.　62
Thompson, R. A.　23, 219
土谷みち子　85, 87, 101, 219
恒吉僚子　54, 55, 57

V

Vaughn, S.　42

W

West, C.　213, 214
Wilson, M. N.　2

事 項 索 引

あ行

愛着　アタッチメント（attachment）
25, 30, 31, 37, 57, 58, 64

愛着関係　33, 41, 42, 50, 59, 60, 66, 70, 72,
74-77, 80, 81, 94, 109-116, 119, 120,
132-136, 139, 148, 149, 154-156, 158,
159, 164-174, 176-179, 183-188, 201-
205, 207-210

愛着理論　28, 33, 59, 70, 71, 74, 109

アイデンティティ理論　40, 42, 61, 66, 69,
72-76, 109, 111-113, 119, 157, 158, 172,
173, 177-179, 185, 202, 205-207

アクセシビリティ（accessibility）　31,
41, 43, 44, 73, 76, 97, 179, 180, 187, 197

足場作り（scaffolding）　80, 82

アノミー　15

Undoing Gender　214, 215

育児支援　25, 41, 61, 69, 73-75, 93, 107,
109, 111, 112, 141, 142, 144, 151, 176-
178, 184-187, 190-192, 194, 196, 210,
218

育児ニーズ（仮説）　21, 39, 43, 60, 96,
101-102, 105, 113, 118, 159, 175, 176,
181, 184, 185, 196, 208, 212

育児不安　25, 38-43, 61, 62, 65, 69, 72, 74,
75, 76, 93, 94, 109, 111-119, 154-159,
178-180, 184-190, 192, 194, 196-198,
201, 207

イメージ　32, 47, 51-57, 59, 66, 74, 77, 82,

85, 88, 89, 106, 117, 120, 127-129, 133,
136, 162, 166-169, 182, 198-200, 203,
210, 213

因果係数　137, 154, 157, 158, 170, 172,
173, 178, 179, 206

AGFI（Adjusted-Goodness-of-Fit-In-
dex）指標　137, 156, 170, 171

NICHD（国立小児保健・人間発達研究
所 National Institute of Child Health
and Human Development）　6, 55, 59,
81, 191

か行

家庭教育　64

家庭教育に関する国際比較調査　3, 14

関係関与性, コミットメント（commit-
ment）　31, 37, 58-59, 62-64, 72, 75, 77,
99, 109-116, 154-157, 161, 163-166, 170-
172, 176, 185, 187, 197, 201, 203-206

干渉的養育行動　61, 62, 73, 80, 84, 116,
118, 119, 132, 135, 143, 147, 148, 156,
177-179, 185-187, 191-194, 197, 201,
204-205

（子どもの）気質　79-81, 85, 93, 107, 114,
115, 117, 135, 149, 150, 155

虐待予防　25

教育歴　25, 43, 81, 96, 103, 104, 106, 121,
123, 129, 130, 135, 140, 150, 158, 164

共分散構造分析　130, 136-138, 140, 154,
155, 161, 165, 167, 171

事項索引　251

クロンバックの内的整合性指数　145-
　149, 167
顕現性　41, 68, 73, 74, 100, 109, 111, 113,
　114, 115, 119, 130, 135, 146, 150, 151,
　156, 157, 163, 167, 170-173
言語発達　84
交換理論　62, 63, 204
交差項　114, 133, 161, 163, 165, 167, 188
行動観察　43, 52, 54, 60, 81, 125, 127, 134,
　136, 163, 182, 192, 202
高齢化　8-11, 180, 183, 211
国立社会保障・人口問題研究所　14, 103
個人化　19, 103
コスト　31, 63
ごっこ遊び　26, 51, 53, 54, 66, 77, 89, 108,
　120, 128, 129, 162, 166
コペアレンティング（coparenting）　28,
　56, 178
コペアレント（coparent）　18, 22, 28, 38,
　41, 42, 44, 56, 72, 82, 89, 92, 106, 173,
　175, 177, 184, 188, 197
コミュニケーション　52, 86, 89, 108, 122,
　200
コントロール変数　136, 149, 155, 163,
　166, 168

さ行

ジェネラティビティ（generativity）　86,
　98
ジェンダー　9, 15, 16, 69, 101, 102, 104
GFI（Goodness-of-Fit-Index）指標
　137, 156, 170, 171
時間的制約　21, 25, 39, 45, 60, 96, 101,

113, 129, 139, 175, 180, 184, 185, 196
自己概念　66
自己主張　50, 53-56, 62, 73, 74, 82, 85, 89,
　108
自己調整　26, 77, 82, 85, 108
自己抑制　54, 56, 74
しつけ・しつけ方略　2, 55, 80, 82, 86, 94
児童虐待　20, 23, 211, 218
社会性　45, 54, 55, 65, 81, 87, 89, 90
社会生活基本調査　12, 13, 17
社会的交換理論　63, 191
重回帰分析　37, 99, 136, 137, 154, 163-
　165, 184, 192, 196
集団場面　32, 33, 40, 43, 44, 46, 47, 50,
　53-55, 77, 80-82, 108, 113, 118, 120-122,
　125-129, 133, 136, 161, 162, 165, 166,
　174
少子化　8-11, 19, 180, 200
シンボリック相互作用論　26, 27, 47, 51,
　52, 66, 85, 182
親密性　26, 55, 66
ストレス　59-61, 77, 79, 93, 94, 96, 104,
　106, 115, 116, 117, 119, 133-135, 144,
　148, 155, 171, 183, 214
青年期　2, 23, 219
性別役割分業　6, 9, 12, 13, 15-18, 21, 24,
　25, 28, 29, 33, 43-45, 60, 64, 72, 101-104,
　106-109, 141, 150, 151, 158, 164, 165,
　172, 173
責任（responsibility）　30, 33, 37, 42, 43,
　58, 62, 63, 76, 96-100, 104, 105, 179, 200
全国家庭動向調査　103
相互依存性理論　62, 200

相乗的相互作用論　107
相対的資源差（仮説）　102-104, 106-109, 140, 158, 159, 170, 184, 185, 197, 208
祖父母　21, 194, 196, 199

た行

第一養育者（primary caretaker）　5, 16, 196
第二養育者（secondary caretaker）　5, 99, 196, 200, 209
多重共線性　165, 167
多重役割　20, 46, 68, 69, 96
父親の仕事（father's work）　98
父親役割の顕現性　40, 42, 61, 66, 73, 74, 177-179, 184, 187, 194, 196, 197, 204-206, 215
長時間労働　12, 44, 64, 99, 129, 139, 143, 180, 185
直接的相互作用（engagement）　30, 42, 76, 97, 98, 179
Doing Gender　213-215
ディストレス　37, 38, 58, 91, 99, 101, 105, 203
投資理論　31, 32, 37-39, 41, 42, 46, 58, 60, 62-64, 67, 72-77, 99, 100, 109-113, 171-173, 175, 177-179, 190, 200, 202-205, 207

な行

21世紀出生児縦断調査　12

は行

標準化された解　154, 156, 167

敏感性，応答性（sensitivity）　55, 56, 70, 71, 81, 83, 91, 95
夫婦相互の牽制　187
フォーカス・グループ・インタビュー（focus group interview）　42, 215
プライベート　6, 19
プロセスモデル　27, 28, 32-35, 71, 77, 79, 106, 107, 114, 220
ペアレンティング教育　21-24, 122, 208, 210-213, 219, 220
ベネッセ教育研究開発センター　5, 46, 189
保育　1, 6, 7, 9, 10, 18, 54, 59
保育士・保育者　44, 47, 50, 52, 53, 54, 89, 108, 122, 126, 161
保育所（園）　23, 26, 54, 105
母性のコンステレーション　213

ま行

マルトリートメント（不適切な養育行動）　38, 39, 69, 75, 94, 112, 177, 187, 189, 201
見立て・つもり遊び　128, 162

や行

抑うつ　25, 81, 93, 94, 99
抑制傾向（気質）　114, 149, 166

ら行

ライフコース　83, 103
利益　31, 63, 191
離婚　2, 18, 56, 92, 100
リスク　191

事 項 索 引　253

理論の接合点　75, 76, 178, 179
臨床心理士　126
臨床発達心理士　126
労働経済白書　12

わ行

ワーク・ライフ・バランス　3, 22, 46,
　181, 215

【著者略歴】

加藤　邦子（かとう　くにこ）

1990年　　　　　横浜国立大学大学院修士課程修了
1990年〜2011年　財団法人小平記念日立教育財団日立家庭教育研究所勤務
2010年　　　　　お茶の水女子大学大学院人間文化研究科後期博士課程修了
現　在　　　　　川口短期大学こども学科教授

川口短期大学研究叢書　第1巻

両親のペアレンティングが未就園児の社会的行動に及ぼす影響
　　　―包括的理論の構築とその実証的検討―

2017年2月28日　初版第1刷発行

　　　　　　　　　　著　者　　　加　藤　邦　子

　　　　　　　　　　発行者　　　風　間　敬　子

発行所　　株式会社 風　間　書　房
〒101-0051　東京都千代田区神田神保町1-34
電話 03(3291)5729　FAX 03(3291)5757
振替 00110-5-1853

印刷　太平印刷社　　製本　井上製本所

©2017　Kuniko Kato　　　　　　　　　　NDC分類：375.8
ISBN978-4-7599-2172-4　　Printed in Japan
JCOPY〈(社)出版者著作権管理機構　委託出版物〉
本書の無断複製は，著作権法上での例外を除き禁じられています。複製される場合はそのつど事前に(社)出版者著作権管理機構（電話 03-3513-6969，FAX 03-3513-6979, e-mail: info@jcopy.or.jp）の許諾を得てください。